TRANSFORMACIÓN DIGITAL

LA NUEVA ESTRATEGIA EMPRESARIAL DEL SIGLO XXI

TRANSFORMACIÓN DIGITAL

LA NUEVA ESTRATEGIA EMPRESARIAL DEL SIGLO XXI

MIGUEL ÁNGEL TRABADO

SOCIAL BUSINESS

SOCIAL MEDIA

Responsable editorial: Víctor Manuel Ruiz Calderón
Adaptación de cubierta: Monchi Álvarez
Ilustración de cubierta: Eduardo Rodríguez Meliá
Ilustraciones páginas 20, 26, 32, 42, 92, 114, 128, 136, 142, 146, 158, 196, 246, 252, 262, 270 y 304 © Edgar Sanjuán Solé.
Imágenes páginas 7, 16, 308 y 312 © 2020 iStockphoto L.P.

Juan Ignacio Luca de Tena, 15. 28027 Madrid
Depósito legal: M. 8.192-2020
ISBN: 978-84-415-4279-2
Impreso en España

PAPEL DE FIBRA CERTIFICADO

A Carmen,
la luz que ilumina mi camino.

AGRADECIMIENTOS

Me gustaría dar las gracias a muchas personas, son tantos y tantas los que me han dado su cariño y apoyo durante todos estos años que me va a ser imposible incluirlos a todos.

Quiero dar las gracias a Carmen, mi compañera, mi pareja y mi mejor amiga, que siempre me ha apoyado de forma incondicional en todo lo que he hecho y siempre ha sido una fuente de inspiración constante. Han sido tantas vivencias y hemos compartido tanto, que podría escribir un libro solo con nuestras aventuras juntos. A mi amigo Pepe, porque es de esos tipos que siempre están y porque es como un hermano para mí. A mi madre, Julia, que siempre me inculcó lo importante que era estudiar y sobre todo luchar. A mi padre, Fermín, que ya no está entre nosotros, pero que me dejó como herencia gran parte de los valores que han guiado mi vida. A mis abuelos, que tampoco están, pero que siempre me trataron como a un príncipe. A mis hermanos: Mari, con su bondad y sus grandes valores; Fermín, con su devoción por el trabajo y por sus hijos; Edu, con su entusiasmo por la pesca y por sus niñas; y Nata, con su devoción por la música, el violonchelo y por las tertulias entre hermanos y amigos. A mis suegros, Francisco y Magdalena, que, aparte de haber educado a la persona más maravillosa del mundo, siempre me han tratado como a un hijo.

Un agradecimiento muy especial para Víctor Manuel Ruiz Calderón, responsable editorial, por haberme dado ánimos constantemente y por su paciencia; a José Daniel Barquero, que, además de escribir el prólogo de este libro, ha sido un gran referente en mi trayectoria profesional; a Mireia Las Heras, porque, además de escribir el epílogo de este ejemplar, me ha apoyado siempre, me ha tendido su mano y me ha inspirado y animado en todo lo que he hecho; y a Edgar Sanjuán, por poner la magia a este libro con sus diseños de *visual thinking*.

Doy las gracias también a mis amigos, esos grandes profesionales que han aportado su granito de arena incondicionalmente en este libro: Cristina Matute, Álex López, Miguel Florido, Èlia Guardiola, Álvaro Fontela, Jorge Ortega, Fernando Escribano, Iolanda Marchueta, Guillem Bosch, Ángel Farriols, Norbert Monfort, JJ Delgado, Carles Xifré y Alicia Rodríguez.

Quiero dar las gracias también a mis primeros maestros, Olga y Cacle, que fueron la clave de mi desarrollo intelectual en la adolescencia, y a todos los grandes profesores que influenciaron mi trayectoria profesional con su pasión y sus visiones.

A tod@s vosotr@s y a los que no he podido incluir por falta de espacio, gracias de todo corazón por haber estado siempre a mi lado.

SOBRE EL AUTOR

Miguel Ángel Trabado es un apasionado de la formación y un amante de los entornos digitales. Su primer trabajo como becario, con tan solo 20 años, fue ayudante de profesor. En su trayectoria profesional, destaca por haber sido director de E-commerce y Marketing digital para Western Europe en Henkel Beauty Care Professional y director global de formación.

Dirige con pasión el máster de Marketing Digital de ESERP y es tutor de varios programas. Es profesor en diferentes disciplinas en EUNCET, ESADE, INESDI o ESERP, entre otras destacadas escuelas de negocio, y ponente habitual en IESE.

Ha escrito artículos en español e inglés para entidades tan prestigiosas como HubSpot, Branders Magazine, Semrush, ESERP o EUNCET, entre otras.

Miguel Ángel ha colaborado en libros y *e-books* como *8 Mandates for social media marketing success*, de Kent Huffman, *Curso de Marketing Digital*, de Miguel Florido, *La empleabilidad en la era digital*, de Foxize School, o *Transformación digital: Cómo llevar tu departamento de Marketing a la cima*, de Inbound Cycle.

Ha participado como ponente en algunos de los eventos digitales más prestigiosos del panorama internacional, en España, Alemania y Latinoamérica.

Como consultor y formador, ha colaborado con empresas y organizaciones como Alcon, Essilor, Oticon, Medtrocic, Grupo DIA, Álex Rovira, Allianz, Henkel, Sandevid, IESE, Universidad Autónoma de Barcelona, Incasòl, Generalitat de Catalunya, Ministerio de Turismo de España, Cein, H-Farm, Autentic Beauty Concept, Mind The Gap o Novartis, entre otras.

Actualmente, ocupa la 5.ª posición del ranking global "*Top Marketing Professors on Twitter*", según *Social Media Marketing Magazine*, y la 13.ª del ranking de personas más influyentes en marketing en Twitter, según *Science of Marketing*.

Miguel Ángel es MBA y máster de Marketing Digital por ESERP y PMD por ESADE.

https://miguelangeltrabado.es/

info@miguelangeltrabado.es

https://www.linkedin.com/in/miguelangeltrabado/

https://www.instagram.com/miguelangeltrabado/?hl=es

https://twitter.com/MATrabado

ÍNDICE DE CONTENIDOS

PRÓLOGO

DR. JOSÉ DANIEL BARQUERO CABRERO

DIRECTOR GENERAL DE ESERP, PROFESOR, CATEDRÁTICO Y PRESIDENTE HONORÍFICO DEL CONSEJO SUPERIOR EUROPEO DE DOCTORES

Este nuevo libro, titulado *Transformación digital. La nueva estrategia empresarial del siglo XXI*, del profesor Miguel Ángel Trabado, es fruto de la preocupación de las universidades, escuelas universitarias, empresas, así como de la opinión pública en general y la especializada en particular, que necesita y requiere más información sobre este tema, de gran actualidad e interés, por la velocidad que adquiere esta transformación día a día.

El profesor Trabado es todo un referente y experto en marketing, acreditado a nivel internacional, pues ocupa la posición número 5 del "Top 50 Global Marketing Professors on Twitter", según *Social Media Marketing Magazine* y está en el "Top 20 global de Marketing influencers on Twitter", según *Science of Marketing.*

Francamente, es muy difícil hablar de la transformación digital cuando, mientras escribo estas líneas, ya están surgiendo nuevos soportes y plataformas tecnológicas dejando anticuadas a las vigentes y recién presentadas, a una velocidad sin precedentes, aunque deberíamos decir hipervelocidad.

El profesor Trabado, desde un punto de vista académico, se atreve a compartir lo que denominamos secretos profesionales con sus lectores, y eso es por la profundidad de sus conocimientos, el poco miedo a la competencia y la grandeza que todo profesor debe tener. Fruto de su amplia experiencia como asesor de empresas en el proceso de transformación digital y cultural a través de la planificación estratégica y la formación, escribe con conocimiento de causa y para sus discípulos los últimos adelantos y profundas reflexiones.

El propósito de este libro no es aportar documentos para la investigación y los principios de la transformación digital; tampoco es un examen académico sobre esta transformación. Su objetivo es presentar y someter a prueba los instrumentos, analíticas y prácticas más útiles que están hoy en día a nuestro alcance para abordar con éxito dicha transformación digital, en esta nueva década que se inicia con los años 20.

A medida que nos adentramos en la lectura de este libro, es más evidente que sí existe un vínculo directo entre las facultades de la transformación digital y la clase de competencias que el propio profesor Trabado analiza y expone con todo tipo de detalles.

Recuerdo cuando, en una ocasión, durante una de sus clases en ESERP Business & Law School, la detuvo y realizó la siguiente observación: "Señores, no hay nada tan sumamente práctico como entender una buena teoría". Esto es lo que Trabado hace a través de este libro: comparte una buena teoría con el lector, sin olvidarse de la práctica, de la que es experto.

El lector adquirirá con este libro un completo conocimiento de la transformación digital; le será fácil, en consecuencia, definir las técnicas apropiadas para adaptarse a la misma, rápido, a tiempo y en el momento oportuno.

No quisiera finalizar esta introducción sin hacer mención a unas palabras de Trabado que se me quedaron grabadas en una de sus últimas conferencias a la que asistí ante numerosos alumnos de ESERP: "Lo malo de *ES* es *ES*". Tenía razón. La palabra "ES" constituye el instrumento más delicado de toda transformación digital, pues "ES" siempre da a entender algo más, como una realidad de lo que cualquier académico puede llegar a dar. Por ello, animo a seguir investigando al profesor Trabado con la palabra "ES".

¿Qué "ES" y qué nos depara la transformación digital? ¿"ES" el presente? ¿"ES" el futuro? ¿A qué "ES" debido?

Por último, quisiera felicitar una vez más al profesor Trabado por sus aportes al mundo académico y mi reconocimiento expreso a sus éxitos personales y profesionales, que son los míos.

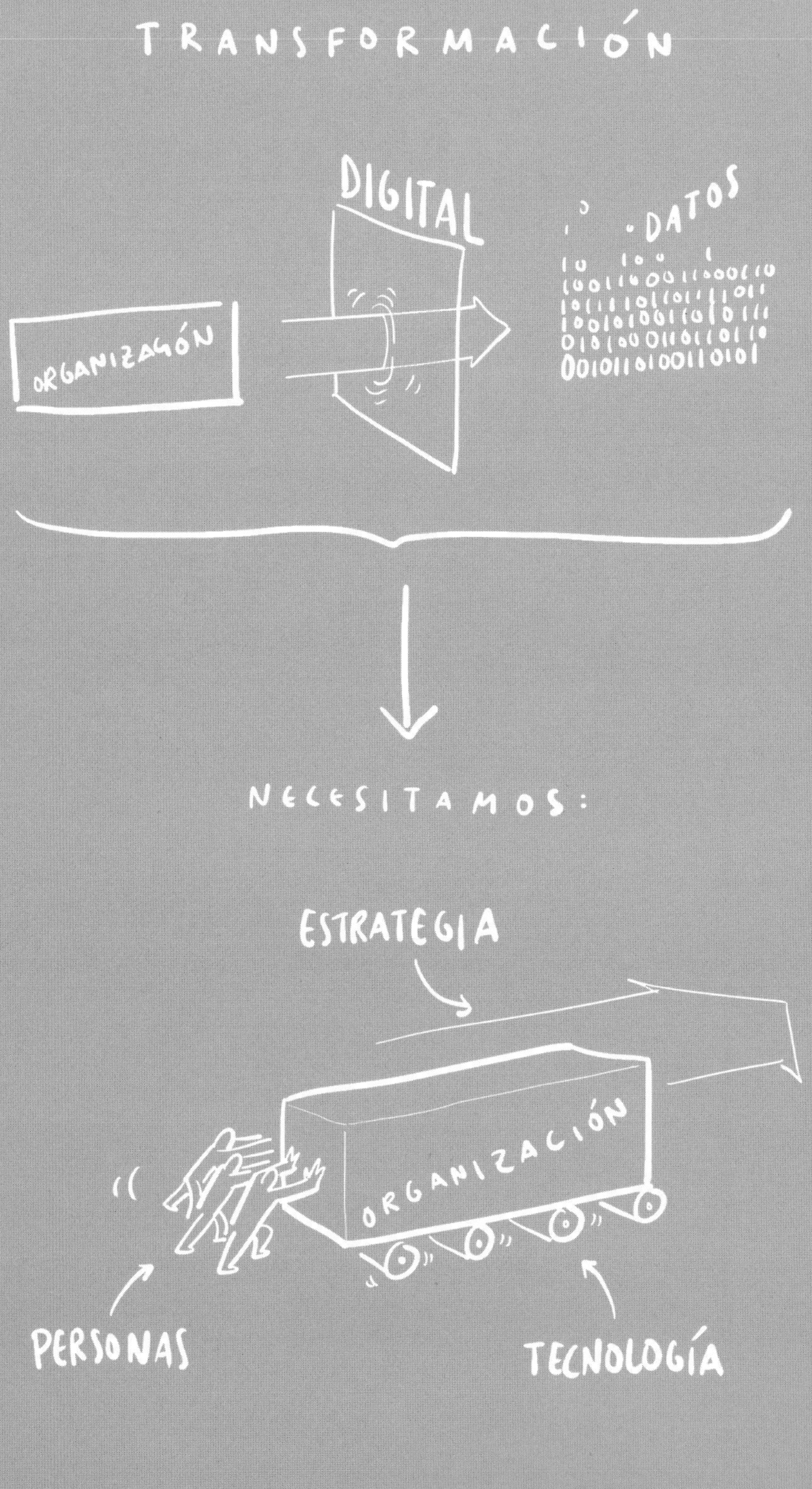

TRANSFORMACIÓN
DIGITAL
DATOS
ORGANIZACIÓN
NECESITAMOS:
ESTRATEGIA
ORGANIZACIÓN
PERSONAS
TECNOLOGÍA

Introducción

MIGUEL ÁNGEL TRABADO

Cuando era pequeño mi abuela me regaló unos *walkie talkie*, que funcionaban bastante bien. Eran muy grandes, tenían una antena larguísima y creo recordar que 10 canales; eran de juguete, pero para la época no estaban nada mal.

Al principio, los usaba para jugar, sobre todo con mi hermano, pero enseguida descubrí que a través de uno de los canales se podía escuchar lo que más tarde supe que eran radioaficionados y se abrió ante mí un mundo nuevo.

Poco a poco, me aficioné a escucharlos, pero debo decir que, por mucho que lo intentaba, nunca conseguía que me escucharan a mí. Eran conversaciones de adultos y me parecían interesantes. Había un tipo que se hacía llamar "Fernandito, el más bonito", tenía una *antena de "dos metros"* y un amplificador de 2.000 vatios que le permitía hablar con personas de casi todo el mundo. A mí todo aquello me parecía increíble y lo tenía decidido: de mayor, quería ser radioaficionado. Compraría una gran antena, un potente amplificador, una buena emisora y lanzaría mi mensaje al mundo, y, esta vez sí, todos me escucharían.

Al llegar a la adolescencia, mi abuela me comentó que mi abuelo, fallecido hacía unos años, le había dejado un encargo como último deseo. "Cómprales a los niños una máquina de escribir, es el futuro", le dijo, de modo que mi abuela estaba dispuesta a hacernos aquel regalo en nombre de mi abuelo. Unos años antes, mi madre decidió apuntarme a un curso de mecanografía por la misma premisa, era el futuro, así que aprendí bajo el método Kühnel y me certifiqué con la friolera de 380 pulsaciones por minuto y ¡sin faltas! Era lo que se llevaba entonces: rápido e impecable.

Regresando al tema del regalo de mis abuelos, le comenté a mi abuela que el tema de la máquina de escribir no lo veía claro, que estaba obsoleto. "Regálanos un ordenador", le dije. A mi abuela le entraron muchas dudas, se aferraba a la máquina de escribir, era el mensaje póstumo de mi abuelo y estaba muy claro. Tras algunos días de debate defendiendo que los ordenadores eran el verdadero futuro y armado con el poder de todo nieto que se precie, convencí a mi abuela, que finalmente me dejó escoger modelo, mi primer ordenador, un flamante Amstrad 64.

Reconozco que mi única intención en aquel momento era usarlo para jugar a los novedosos videojuegos, pero ese fue mi primer contacto con la informática. Mi siguiente ordenador, ya en el trabajo, fue un 386 y, en casa, un Pentium 166.

A principios de los 90 llegó Internet; era lento, muy lento, pero ¡era tan atractivo!. Mi sueño de ser radioaficionado se había desvanecido hacía bastante tiempo, se trataba de una tecnología que, al igual que había pasado con la máquina de escribir, se había quedado obsoleta.

No tengo ninguna duda de que esas fueron mis primeras experiencias frente a la transformación digital, y creo que continúo con la misma actitud de entonces, abrazando las nuevas tecnologías sin miedo, con mucha curiosidad y una gran pasión.

Hace unos pocos años, el debate de la transformación digital se centraba en la tecnología y la gran mayoría de expertos sobre el tema daban a esta un gran peso en los procesos de transformación digital.

Actualmente, las tornas han cambiado y parece que la gran mayoría de profesionales se han puesto de acuerdo en que la transformación digital "va de personas".

El discurso sobre personas es desde luego acertado, ya que, antes de iniciar el proceso de transformación, debes preparar a la organización, un ecosistema que está integrado por personas, por lo que debo decir que estoy hasta cierto punto de acuerdo con esta tendencia.

La gran mayoría de tecnologías digitales permiten aumentar la eficiencia de los procesos o la relación con clientes y colaboradores. Algunas de ellas nos permiten incluso trabajar con modelos de predicción y tomar decisiones basadas en datos incrementando notablemente tanto la eficacia del negocio como la capacidad de innovación, y, si las personas que deben manejar esas tecnologías no están preparadas y/o ofrecen resistencia al cambio, estaremos perdiendo tiempo y recursos durante ese proceso transformador.

Obviamente, el tema de la tecnología como elemento central de la transformación continúa teniendo sus defensores, ya que los procesos de transformación digital tienen que ver con gestión del cambio, pero también con los *drivers* que deben hacer posible ese cambio, y la tecnología debe cumplir por tanto un papel fundamental. La adopción tecnológica no es una opción, es inevitable.

El dinamismo en el lugar de trabajo, la contratación y fidelización de talento, la resistencia al cambio, la digitalización, las nuevas tecnologías, el ecosistema digital, la cultura empresarial, situar al consumidor y al colaborador en el centro, la agilidad o la innovación son algunos de los elementos que deben integrar una transformación completa. Entonces, ¿por qué centrar el debate en personas o tecnología?

La tecnología es el *driver* y las personas son una parte esencial del proceso, pero, queridos lectores, debo decir que esto no va solo de tecnología o de personas, la transformación digital va sobre todo de estrategia.

Es esta, junto a la tecnología, la que impulsa la transformación digital. Para ponerla en marcha, son imprescindibles las personas, que juegan un papel fundamental en esta historia.

Es evidente que se trata de un procedimiento de cambio y no cabe duda de que la tecnología es un gran facilitador de ese proceso, pero el punto de partida será siempre situarlo a la cabeza de las prioridades estratégicas de la empresa. Esa definición debe partir de la planta ejecutiva, empezando por el CEO, que deberá estar bien respaldado por el resto de miembros del comité ejecutivo, y, más tarde, por todos los miembros de la organización.

Frente al reto de la transformación digital y con el objetivo de seguir siendo competitivos, los líderes empresariales deben definir, implementar y ejecutar estrategias que tomen en consideración todos y cada uno de los parámetros de la transformación digital, desde las personas hasta la tecnología.

¿QUÉ ES LA TRANSFORMACIÓN DIGITAL?

Empecemos por transformación, un sustantivo que proviene del verbo "transformar" y cuya definición según la Wikipedia es: "Acción o proceso mediante el cual algo se modifica, altera o cambia de forma manteniendo su identidad".

Centrémonos ahora en la definición de digital: "Aquello relativo a los dedos, extremidades de manos y pies del ser humano. Un concepto que ha evolucionado con la aparición de los sistemas digitales hasta quedar totalmente vinculado en la actualidad a la tecnología haciendo referencia a la representación de la información en modo binario".

Los sistemas digitales utilizan un modelo de dos estados representados por dos niveles de tensión eléctrica:

- H (*High* o alto).
- L (*Low* o bajo)

Ambos estados son reemplazados por unos y ceros, facilitando la aplicación lógica y aritmética. Este sistema binario nos permite almacenar, procesar y transmitir cualquier tipo de información.

Partiendo de las dos definiciones anteriores y siendo muy estrictos, podríamos decir que todas las empresas iniciaron su transformación digital con la incorporación de ordenadores, Internet y los más modernos *smartphones* y *tablets*.

Lo cierto es que no se ha llegado a un acuerdo común en referencia a la definición de transformación digital, pero vamos a intentar aportar un poco de luz a este tema.

El marco de la transformación digital incluye la creación de redes de actores como empresas y clientes en todos los segmentos de la cadena de valor y la aplicación de nuevas tecnologías. La transformación digital necesita habilidades que involucran la extracción e intercambio de datos, así como el análisis y la conversión de esos datos en información útil. Esta se debe utilizar para calcular y evaluar las opciones, para habilitar decisiones o actividades de iniciación con el fin de aumentar el rendimiento y el alcance de una organización.

Por tanto, la transformación digital es un cambio que debe posibilitar mover una organización de un modelo definido por procesos a un nuevo modelo basado en datos.

Un modelo basado en datos nos va a permitir comprender que las personas importan, que los clientes son clave, que la experiencia de estos es esencial o que la agilidad es fundamental.

En conclusión, la transformación digital es un cambio organizacional que se debe afrontar mediante el uso de tecnologías con un propósito claro: mejorar el rendimiento del negocio. Un proceso de evolución que implica etapas y personas y que debe tener una base estratégica clara.

VISUAL THINKING
IMPACTO
65%
POBLACIÓN
APRENDIZAJE VISUAL/ESPACIAL
93%
COMUNICACIÓN ES NO-VERBAL
75%
NEURONAS
ENCARGADAS DE PROCESAR IMÁGENES
APLICADO A EMPRESA
DEFINIR ESTRATEGIA
ALINEAR EQUIPOS
CONSENSUAR PROCESOS
TRANSFERIR CONOCIMIENTO
ACELERAR FORMACIÓN
IA
CLOUD
TRANSFORMACIÓN DIGITAL
(BB, X, Y, Z)
VISUAL THINKING
T.D
CLARIDAD
VELOCIDAD
COMPRENSIÓN
MADETHINKING.COM

VISUAL THINKING, EL ARTE DE PENSAR Y COMUNICAR CON IMÁGENES

La obra de arte figurativo más antigua de la humanidad, descubierta recientemente, se encuentra en una cueva de Borneo y se ha datado en 40.000 años, una pintura de un gran ungulado que nos demuestra que el hombre ha tratado de comunicarse de forma visual desde siempre. En España, hemos tenido la fortuna de disfrutar de esta forma de expresión desde hace muchísimos años a través de las pinturas de las cuevas de Altamira, que tienen una antigüedad de 30.000 años.

El arte ha estado presente a lo largo de toda la historia del ser humano. Es una forma de comunicación que nos emociona, nos engancha y nos permite visualizar de forma casi real acontecimientos, momentos, elementos, pensamientos, formas, ideas, expresiones...

De alguna manera, el *visual thinking* nos ha acompañado desde siempre, pero, en 1969, Rudolf Arnheim nos introdujo en el concepto a través de su libro *Visual Thinking*. A partir de este concepto, Dan Roam, con su publicación *Tu mundo en una servilleta*, nos acercó a lo que hoy conocemos como *visual thinking*, un proceso que podemos dividir en cuatro pasos: mirar, ver, imaginar y mostrar.

En plena era de la transformación digital, el *visual thinking* es una potente herramienta que nos ayuda en los procesos creativos de innovación y que facilita notablemente la transmisión de ideas.

El pasado año, Edgar Sanjuán acompañaba mis explicaciones con sus diseños de *visual thinking* durante una conferencia sobre *employer branding* en IESE. Me impresionó su habilidad para captar los conceptos que yo iba transmitiendo a tiempo real, de una manera fiel, al tiempo que visual y creativa. Terminé la sesión pensando que era una gran forma de aportar valor a la audiencia. Podían escuchar mis explicaciones, visualizar las imágenes de mi presentación y disfrutar al mismo tiempo de las imágenes de *visual thinking* que creaba Edgar. ¡Era un *win win* clarísimo!

Escasos meses después, me contactó la editorial Anaya para proponerme escribir este libro. No tardé demasiado en pensar que los diseños de *visual thinking* de Edgar serían un complemento ideal para acompañar esta obra, aportando valor al lector e integrando una forma de comunicación acorde con los tiempos de la transformación digital.

Tal y como habrás podido comprobar, Edgar aceptó mi propuesta y nadie mejor que él para explicarnos qué es el *visual thinking* y cómo sacarle partido a lo largo de los diferentes capítulos de libro.

¿QUÉ ES EL VISUAL THINKING (O PENSAMIENTO VISUAL)?

EDGAR SANJUÁN SOLÉ

CONSULTOR EXPERTO EN VISUAL THINKING, MADETHINKING.COM

El *visual thinking* es la razón por la cual, sin saber el grado de interés que dedicarás a los capítulos de este libro, estoy seguro de que "los dibujitos" te los mirarás con mucha atención. Esto es el *visual thinking*.

¿Por qué estoy seguro de esto? Por una sencilla razón: forma parte de nuestro comportamiento como seres sensitivos, en el cual nuestro mayor motor de toma de decisiones se ha basado en la valoración de los *inputs* visuales que percibimos, por encima de los otros sentidos, sobre todo cuando se trata de comprender nuestro entorno.

Algunos datos que corroboran la importancia del visual son:

- En el 65 % de la población, el pensamiento predominante durante procesos de aprendizaje es el visual/espacial.

- El 93 % de la comunicación es la descrita como lenguaje no-verbal, tiene que ver con la información que expresamos a través del cuerpo y captamos mediante la vista.
- El 75 % de las neuronas de nuestro cerebro son las encargadas de procesar imágenes.

Como ya sabes, esto viene de lejos, nos es ninguna novedad que las imágenes nos atraen más que los textos y que el vídeo posee un mayor poder de impacto. Este hecho es bien conocido por agencias de publicidad y lo vivenciamos cada día cientos de veces. Las empresas conocen el poder del pensamiento visual y lo aplican sobre todo cuando se trata de comunicar sus productos o servicios. Hasta aquí todo bien.

Lo que no hacen tantas empresas es ir un paso más allá y utilizar este gran poder de comunicación hacia dentro, es decir, para definir la estrategia de la empresa, alinear equipos de trabajo, acelerar la formación de los empleados, consensuar procesos y transferir conocimiento. Son algunas aplicaciones que se pueden potenciar mediante *visual thinking*.

Para entender la importancia de las herramientas visuales, hablaré de la *start-up* americana Loom, que, en 2016, creó una plataforma de comunicación entre empleados mediante vídeos, bajo el *claim*: "Dilo con un vídeo". Loom se dio cuenta del poder del visual y aprovechó esta oportunidad creando un modelo de negocio a partir de un principio tan simple y básico, como valioso. Es importante decir que Loom cerró el pasado noviembre (2019) una ronda por valor de 30 millones de dólares americanos, que la plataforma Slack entró como uno de sus inversores y todo ello ha llamado la atención de grandes multinacionales como Facebook (WhatsApp), entre otras. Loom es un ejemplo muy tangible de la importancia de las herramientas visuales que cada vez serán más imprescindibles para el desarrollo óptimo de las empresas, esto lo veremos cada vez más durante los próximos años.

Bueno, ¿y qué tiene que ver todo esto con la transformación digital?

Tres cosas: Miguel Ángel, innovación y velocidad.

Estas tres premisas son las que conectan los conceptos de *visual thinking* con transformación digital. La primera vez que conectaron fue hace 6 meses cuando Miguel Ángel me llamó para compartir conmigo un reto que se le presentó por sorpresa: publicar un libro de transformación digital. No contento con ello, Miguel Ángel me comentó que quería ir un paso más allá y demostrar la eficacia de esta herramienta *in situ*. Me pidió que hiciéramos un ejercicio de transformación visual para el libro que publicaría. Y así empezamos a trabajar. Lo que encontrarás en este libro en formato visual será el *flagship* de cada capítulo. En algunas ocasiones, presentaremos la esencia del capítulo (los conceptos clave); en otras, será un esquema (resumen visual) y, en el resto, una plantilla del modelo teórico que se explicará en su interior. Esperamos que puedas vivenciar en primera persona las cualidades del *visual thinking*: claridad, velocidad y comprensión, muy importantes durante cualquier proceso de cambio en una empresa, como lo será la transformación digital.

Para concluir, te invito a que lo pruebes tú mismo. Coge un lápiz y subraya; anota y dibuja todo aquello que te despierte interés durante la gran lectura que vas a comenzar. ¡Mucha suerte!

LAS PRINCIPALES TRANSFORMACIONES

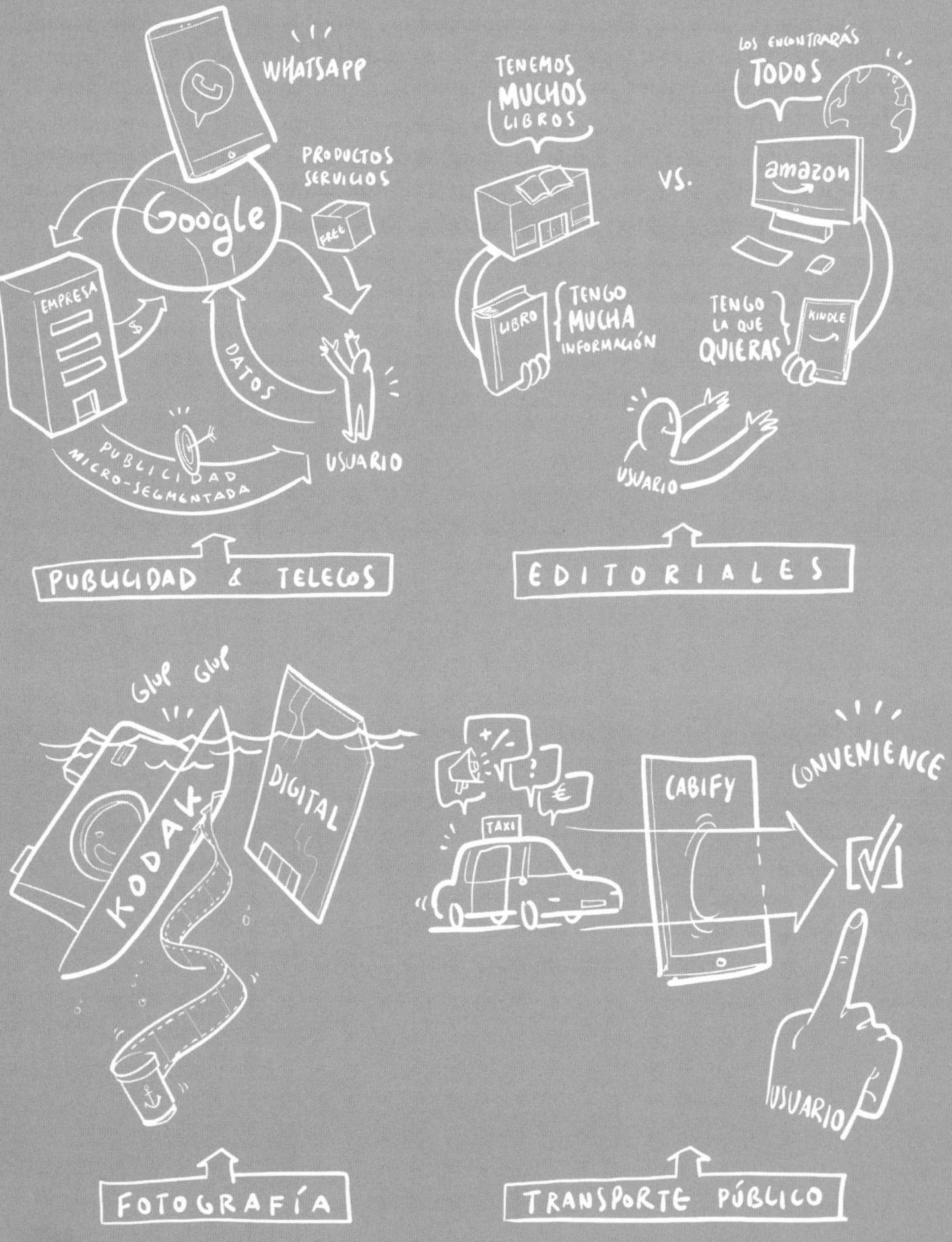

1 COMPRENDIENDO LAS PRINCIPALES TRANSFORMACIONES

Para familiarizarnos con la transformación digital, es fundamental comprender qué ha pasado y qué continúa pasando en todos los sectores y organizaciones.

Veamos algunos ejemplos.

EL NEGOCIO PUBLICITARIO

El cambio en los modelos publicitarios es un excelente ejemplo que nos puede permitir entender de una manera sencilla cómo hemos cambiado la forma de hacer publicidad en los negocios.

Al tratar el tema de publicidad digital, es inevitable hacer referencia a Google, ya que fueron los pioneros y los que tuvieron la visión para cambiar las reglas de juego.

Aún recuerdo que, en sus inicios, eran muchas las personas que pensaban que el modelo de negocio de Google no estaba claro y no acertaban a vislumbrar cómo una empresa que ofrecía infinidad de servicios gratuitos a los usuarios podría ser rentable.

La realidad actual nos ha mostrado cómo este modelo de negocio B2B en el que los clientes son las empresas y el producto la publicidad microsegmentada no solo funciona bien, sino que es la base en la que se van a cimentar la mayoría de futuros modelos publicitarios.

Para comprender el modelo de Google es fundamental que nos familiaricemos con el concepto de intercambio, una especie de trueque del siglo XXI. Ese intercambio se produce con el usuario, en el que Google ofrece una serie de servicios gratuitos como su navegador, Gmail o Drive, a cambio de toda una serie de datos que son imprescindibles para ofrecer servicios publicitarios como Adwords o Display Network, y en los que el valor diferencial se fundamenta en la calidad de la microsegmentación, lo que permite a los clientes de Google, las empresas, llegar al *buyer* persona adecuado.

Muchas son las empresas que han aprovechado este modelo para hacer negocio y muchas serán las que lo seguirán haciendo: Facebook, Twitter, Wallapop...

Veamos otro ejemplo para comprender mejor este cambio transformacional en la forma de hacer publicidad. Para ello, os voy a hablar de mi amigo Pep.

Pep dirigía una revista de corte bastante moderno y tirada nacional, un negocio bastante exitoso en el que su principal preocupación era, además de cubrir noticias, incrementar el número de unidades vendidas y renovar los contratos de publicidad anual con algunas de las principales empresas del país.

A Pep de vez en cuando se le iba algún cliente a la competencia, pero siempre se las arreglaba para conseguir alguno nuevo que cubriera el hueco que dejaban esos pocos "infieles que le hacían el salto" (son palabras de Pep, no mías).

Pep era un tipo creativo, contaba con un buen equipo y, a través del departamento comercial, ofrecían a las empresas nuevos formatos publicitarios. A veces permitían colocar una muestra de producto en la revista, otras veces era una doble portada, en ocasiones un publirreportaje y muchas otras opciones creativas.

A Pep el negocio le iba bien hasta que Internet empezó a cambiarlo todo. Hasta la fecha, todos sus competidores operaban *offline*, pero empezaron a aparecer revistas digitales que ofrecían a sus lectores contenidos gratuitos. Pep no entendía nada. ¿Para qué lo hacían? ¿Cómo iban a sobrevivir?

Por si esto no fuera suficiente, algunos de sus competidores empezaron a lanzar versiones digitales de sus revistas y los usuarios podían leer los contenidos GRATIS. A Pep, todo esto le parecía una locura, no parecía tener sentido.

Afortunadamente, Pep pensó que no podía quedarse atrás y se decidió, más por miedo que por visión, a lanzar una versión digital. Al principio, todo aquello no parecía tener ninguna lógica para Pep, pero, poco a poco, le empezaron a llegar opciones para hacer inserciones de publicidad digital en la versión *online* y comenzaron a aparecer nuevos clientes, nuevos formatos publicitarios, nuevas herramientas de segmentación y nuevas oportunidades de negocio.

Hoy en día, Pep continúa dirigiendo la misma revista de corte moderno, pero ya no opera *offline*. Se edita en varios idiomas y llega a más de 50 países. Su modelo de negocio se basa en la publicidad digital.

La historia de Pep es la de muchas personas y empresas, un ejemplo crucial para determinar con qué actitud debemos afrontar la transformación digital.

La primera conclusión que podemos extraer es que se trata de un cambio estratégico. Pep no se comportó como un visionario definiendo una nueva estrategia para su modelo de negocio desde el principio, pero fue capaz de seguir la estrategia de sus competidores, mostrando cierta resistencia, es cierto, pero adaptándose finalmente al cambio. En el fondo, la transformación digital va sobre todo de estrategia.

En 1990 llega Internet para cambiarlo todo y en el 2000 ya estábamos todos inmersos en la fiebre de las páginas web, cualquier empresa que quisiera sobrevivir necesitaba su página web.

Posteriormente, aparecen los blogs y todo empieza a digitalizarse: diarios y revistas, libros, música...

El director/a de un diario o una revista tradicional impresa por aquellos entonces se preguntaba cuánto tiempo podría sobrevivir un modelo de negocio basado principalmente en la venta de ejemplares impresos y complementado con publicidad.

La demanda de contenidos *online* por parte de los usuarios era cada vez mayor y, por tanto, la venta de periódicos impresos disminuía de forma inevitable. Muchos pensaban que se trataba de un modelo de negocio condenado a la desaparición a causa de la digitalización. Nada más lejos de la realidad.

¿Qué ha cambiado en el modelo de negocio? ¿Cómo han sobrevivido al cambio? En realidad, no ha cambiado casi nada. Ese diario ahora publica *online*, puede vender suscripciones *online* o, lo que es mucho mejor, vender publicidad *online* a través de los servicios que Google ofrece a las empresas. Es la misma publicidad que aparecía impresa, pero ahora, además de ser digital, está microsegmentada, es más eficiente y les permite llegar a muchas más empresas.

Si nos ponemos en la situación de ese director de un diario o revista tradicional de finales del siglo pasado, comprenderemos que, si bien el cambio de modelo de negocio no es tan radical como pueda parecer, no era tan fácil de vislumbrar de inicio, ya que para ello era necesario comprender cómo Google estaba cambiando las reglas de juego y, lo que es más importante, afrontar ese cambio transformacional con una actitud positiva, sin ofrecer resistencia, manteniendo la mente abierta y sin miedo.

Evidentemente existen otras alternativas que podemos explotar con éxito. *The New York Times* decidió implementar un modelo de suscripción para su contenido *online* que permitió a la compañía continuar haciendo el mismo tipo de periodismo de alta calidad en el que sus lectores confiaron durante más de 160 años. Al no depender de la publicidad, pueden tomar sus propias decisiones sobre contenidos, ya que no están supeditadas a las demandas de los anunciantes.

En 2017 *The New York Times* generó cerca de 500 millones de dólares en ingresos estrictamente digitales, lo que demuestra que su modelo funciona y es sostenible.

LIBROS, LIBRERÍAS Y *TABLETS*

La industria de los libreros no dejó de evolucionar de forma positiva desde que en 1540 Johannes Gutenberg inventara la imprenta. Las editoriales imprimían los libros, los distribuían, los consumidores acudían a las librerías y compraban los libros.

En 2007, Amazon lanza Kindle, un dispositivo que permite descargar, almacenar y leer libros, periódicos o revistas en formato digital y que rápidamente obtiene una gran aceptación en el mercado. La aparición de Kindle provoca pánico entre los libreros, conocedores del problema que podría causar en un sector ya muy tocado por las ventas *online*.

Para comprender mejor esta situación, os voy a hablar de mi amigo Helmut, que por aquel entonces trabajaba en la cadena de librerías Thalia de Alemania, una empresa que, con la irrupción de Kindle, estaba sufriendo las consecuencias de la digitalización del sector.

Aún tengo en mi memoria muy presente una cena con Helmut, en la que, emocionado, me cuenta que en su empresa han llegado a un acuerdo con Weltbild, Hugendubel y el club de lectura de Bertelsmann para lanzar una plataforma de lectura junto a un socio tecnológico, Deutsche Telekom.

A la nueva *app* la llamaron Tolino, una plataforma digital para dispositivos móviles que se dio a conocer a través de una fuerte campaña publicitaria en Internet.

Thalia, la empresa en la que trabajaba mi amigo Helmut, podía no haber hecho nada y desaparecer como Waterstones o Borders si hablamos de cadenas o las míticas Ona, Rumor o Tragaluz.

Ante este panorama, nos podemos plantear si es el sector del libro el que ha cambiado o si son los hábitos del consumidor los que son diferentes, o si uno es consecuencia del otro, una pregunta a la que intentaremos responder más adelante.

CÁMARAS FOTOGRÁFICAS Y PELÍCULAS

Kodak, una multinacional dedicada al diseño, producción y comercialización de equipamiento fotográfico, fue una empresa tremendamente innovadora cuyo principal logro fue la introducción del carrete de papel en el año 1888.

Kodak tenía un excelente equipo de I+D y, en 1975, Steve Sasoon presentó a la dirección la primera cámara digital, un aparatoso dispositivo que pesaba 3,6 kilos y tomaba imágenes solo en blanco y negro con una calidad de tan solo 0,01 megapíxeles y tardaba 23 segundos en grabar una foto. Ciertamente era un armatoste, pero fue la primera cámara digital de la historia.

En 1978, Kodak registró la patente de una cámara que jamás llegó a comercializarse. El proyecto se vio frenado por un equipo directivo de corte conservador que pensaba que perderían el hasta la fecha rentable negocio de películas.

La empresa no comercializó su primera cámara digital hasta 1989, pero ya era demasiado tarde, y no pudo hacer frente a sus competidores que ofrecían productos más innovadores, eficaces y baratos.

En 2012, Kodak, una empresa que había liderado el mercado de películas, entró en concurso de acreedores y sus 35 millones de dólares de valor en bolsa desaparecieron junto a ella.

Desafortunadamente, no tengo ningún amigo que trabajara en Kodak para poder explicar el ejemplo con más detalle, pero esta es desde luego una triste historia que debería permitirnos reflexionar y sobre todo aprender.

Cierto es que puede haber un problema de actitud frente al cambio, pero sobre todo se trata de un problema de estrategia.

TRANSPORTE PÚBLICO

A mí me encanta hablar con los taxistas, siempre se aprenden cosas. El año pasado tenía una conferencia en Oviedo, de modo que pasó a recogerme por casa un taxista muy simpático y agradable. Durante el traslado al aeropuerto, le pregunté cuánto tiempo llevaba ejerciendo la profesión y me contestó que desde la crisis. Le pregunté qué pasó y me comentó que trabajaba de director de operaciones en una empresa, llegó la crisis y lo despidieron. Con algo más de 50 años se puso a buscar trabajo de "lo suyo", pero no le fue posible encontrarlo, por lo que decidió dedicarse al taxi.

Todos conocemos a varias personas que han pasado por situaciones similares y yo me pregunto: ¿qué habría sido de ellos si hubieran trabajado su marca personal a tiempo? La gran mayoría de personas empieza a trabajar su marca personal cuando ya están en paro y, para entonces, como en el caso de Kodak, ya suele ser demasiado tarde.

Regresando al tema de mi viaje, al llegar al aeropuerto de Oviedo, me recogió otro taxista, esta vez enviado por la organización, y, como me encanta hablar con los taxistas, le pregunté qué tal le iba.

Me dijo que su nombre era Ricardo, que tenía una web que se llama TaxiOviedo y una cuenta de Twitter con más de 12.000 seguidores, en los que ofrece sus servicios de transporte privado desde o hasta el aeropuerto. También me contó que, durante esos transportes, conoce a muchos extranjeros a los que ofrece viajes exclusivos en su taxi por los mejores rincones del norte, actuando como conductor privado durante las vacaciones de los mismos. Me dijo que son unos viajes geniales, que lo pasa bien y, además, se saca un buen pico. ¿Qué más se puede pedir?

La gran mayoría de taxistas que me recogen últimamente se quejan de manera constante de Uber y Cabify, los famosos VTC (vehículo de transporte con conductor), mientras tanto, Ricardo de TaxiOviedo ha diseñado una estrategia que le permite, además de darse a conocer, ofrecer un servicio diferente y exclusivo, una suma de actitud y estrategia que a buen seguro le seguirá dando frutos en el futuro.

Por otro lado, está claro que tanto Uber como Cabify han cambiado las reglas del juego en un sector que se ha mantenido estancado durante demasiados años.

La empresa Cabify fue fundada en 2011 por Juan de Antonio, un ingeniero de telecomunicaciones que estudió un MBA en la prestigiosa Stanford. Cabify ofrece servicios VTC a través de una aplicación móvil y de su página web. Actúa como intermediario recibiendo una comisión como parte del servicio. La aplicación permite reservar el servicio, conocer la ubicación del vehículo en un mapa muy visual, saber cuánto tardará en llegar, hacer un seguimiento del recorrido, pagar el servicio y recibir la factura por correo electrónico, además permite valorar el servicio. Un todo en uno que facilita la vida al usuario y que, una vez más, tiene mucho que ver con los nuevos perfiles de consumidor y con ponerlos en el centro.

El novedoso servicio acorta y acelera el proceso; no obstante, Cabify no se conforma con ello y trabaja duro para mejorar los denominados "*pain points*" (puntos de dolor), usando la tecnología como facilitador para mapear y comprender mejor los puntos de interacción con el usuario, además de tratar de llegar al consumidor con un único mensaje a través de todos sus canales de comunicación.

En definitiva, se trata de mejorar la experiencia de usuario, algo que se cumple en gran medida a través de la transparencia en la información, ya que el consumidor sabe en todo momento tanto cuánto tardará en llegar a su destino como cuánto pagará al final del trayecto, pero vale la pena destacar que la selección y formación de los conductores facilita que la experiencia del viaje sea mucho más agradable y eso se nota: la gran mayoría son muy simpáticos y agradables.

El funcionamiento de Uber es muy parecido si bien su historia es un tanto diferente. Travis Kalanick y Garret Camp fundaron Uber en 2011 cuando se vieron inmersos en un temporal en París y no pudieron encontrar un taxi. En ese momento, fue cuando idearon un servicio que permitiera solicitar un coche con el móvil y la compañía comenzó con una prueba piloto de tan solo tres vehículos en Nueva York.

Actualmente, Uber cuenta con 3 millones de conductores y más de 16.000 empleados, está disponible en más 65 países, se puede utilizar en más de 600 ciudades en todo el mundo y atiende a más de 75 millones de pasajeros, contabilizando cada día más de 15 millones de viajes, habiendo superado ya los 10.000 millones de viajes en total. Los países con mayor número de usuarios son Estados Unidos, Brasil y el Reino Unido.

Uber cuenta con una aplicación en la que, una vez se elige el destino, tarda como máximo 15 segundos en encontrar al conductor más cercano. A través de poderosos algoritmos la empresa es capaz de monitorizar la situación del tráfico en tiempo real y conocer por tanto la duración del trayecto, además del volumen de demanda, lo que les ha permitido introducir el concepto de precio dinámico, adecuando el coste a la situación en la que se encuentra el viajero. En situaciones de baja demanda, el precio baja y viceversa.

A través del *Big Data*, Uber conoce la situación de la red de transporte público en cada una de las ciudades en las que opera, lo que les permite destinar más vehículos a las zonas más desatendidas para satisfacer las necesidades de los consumidores. En definitiva, el *Big Data* les permite anticiparse a las necesidades de los usuarios en tiempo real.

Mientras está pasando todo esto, yo continúo viajando y cogiendo algunas veces taxis y otras VTC y, como ya os he comentado, me encanta hablar con los taxistas, ya que sigo aprendiendo de ellos cosas muy interesantes, pero también compruebo que la gran mayoría, ante las disrupciones creadas por Uber y Cabify, muestran una gran frustración. El sector del taxi tradicional se ha centrado más en las quejas que en emprender acciones estratégicas para contrarrestar lo que se les viene encima. Debo decir que ya disponen de algunas *apps*, como la española Joinapp o la alemana MyTaxi, que están ayudando a digitalizar el sector (o debería decir "uberizar"). Algunos taxistas se están esforzando en mejorar el servicio, pero, si quieren ser competitivos a largo plazo, les queda mucho camino por recorrer. Mientras tanto, el que sale ganando en toda esta historia es el consumidor.

TELECOMUNICACIONES

En 2009, WhatsApp empieza a ofrecer una alternativa gratuita al servicio de SMS. El equipo de WhatsApp no tarda demasiado en llevar el modelo un paso más allá y empieza a ofrecer un servicio de llamadas gratuitas que revoluciona de nuevo la forma de entender el negocio.

En 2014, la empresa contaba ya con 800 millones de usuarios, por lo que Facebook decide adquirir la compañía por 22.000 millones de dólares, con el objetivo de seguir sumando opciones para disputar a Google el liderazgo del sector publicitario.

El modelo de negocio se basa de nuevo en el intercambio con el usuario: yo te ofrezco un servicio de mensajes y llamadas gratuito a cambio de tus datos, datos que utilizo para ofrecer un servicio de publicidad microsegmentada a las empresas en un claro modelo de negocio B2B.

Pero Facebook, que, además de WhatsApp, cuenta con Messenger e Instagram, quiere continuar revolucionando el sector a través de un nuevo modelo de negocio en el sector de la publicidad móvil, un servicio de pago para que las empresas puedan contactar directamente con los consumidores.

Son muchos los sectores que han vivido disrupciones interesantes: las nuevas plataformas de televisión con Netflix, YouTube, Amazon Prime o Apple TV, las plataformas musicales con Spotify, Apple o Amazon, los grandes *marketplaces online* como Amazon, Alibaba y Aliexpress y un largo etcétera.

A lo largo de los próximos capítulos, hablaremos de ellos, ya que son una excelente referencia para comprender lo que está pasando y lo que está aún por llegar.

ENFERMEDAD
BIG DATA & IA
PREDICCIÓN
Google Glass
LENTILLA INTELIGENTE
ANTES
AUTÓNOMO
COMPARTIDO
ELÉCTRICO
FARMA
ÓPTICO
AUTOMÓVIL
SECTORES
AGRARIO
STARTUPS
SENSÓRICA
STARTUP
ÁGIL
INNOVADORA

2 PERSPECTIVAS Y FUTURO DE ALGUNOS SECTORES

Ya hemos visto algunas de las principales transformaciones que se han producido en los sectores más disruptivos y ahora vamos a ver cómo está afectando la transformación digital a sectores tradicionalmente más conservadores e intentaremos discernir que les depara el futuro.

EL SECTOR FARMACÉUTICO

Mis trabajos de consultoría y formación me han permitido adentrarme en un sector que es apasionante, pero que cuenta con muchas limitaciones debido a una normativa específica que les afecta sobre todo en comunicación y en la relación con el cliente. También es cierto que se trata de un sector en el que hay mucho camino por recorrer en aspectos como organización, agilidad e incluso en procesos de innovación.

Por otro lado, las nuevas tecnologías a través del *Big Data* y la inteligencia artificial van a permitir en un futuro próximo predecir la gran mayoría de enfermedades o disponer de los mejores cirujanos, que podrán operar a distancia o mejorar el flujo de información con los pacientes, lo que revertirá en un mejor estado de bienestar.

La recopilación de datos en el cuidado de la salud ya está permitiendo a las grandes multinacionales farmacéuticas desarrollar nuevos medicamentos de forma más efectiva y ágil mediante el uso de modelos predictivos basados en conjuntos de datos biológicos y clínicos, que les permiten identificar a los individuos idóneos para los ensayos clínicos, además de hacer monitorizaciones a tiempo real que revierten en la reducción de los tiempos de desarrollo y producción.

Casi todos nosotros hemos sufrido el cáncer de forma directa o indirecta, o lo tienes, lo has tenido o conoces a alguien muy cercano afectado por la enfermedad. El *Big Data* está cambiando la forma en la que los investigadores trabajan con esta enfermedad, proporcionando información sobre el paciente y permitiendo identificar patrones que están consiguiendo grandes avances en la lucha contra la enfermedad.

A través de miles de millones de datos de pacientes con cáncer, la compañía Flatiron Health ha conseguido conectar pacientes, investigadores, oncólogos, hospitales y universidades que permiten aprender más de cada paciente, lo que está proporcionando grandes avances en este campo.

La tendencia es pensar que se trata de un sector que avanza más lento, pero la realidad es que existen grandes iniciativas para poner en marcha la transformación digital del mismo. El grupo Cofares, líder de distribución farmacéutica con más de 11.000 farmacias asociadas, y Glintt, líder tecnológico en el sector farmacia con más de 20 años de experiencia en el sector, lanzaron recientemente una plataforma de servicios cuyo principal objetivo es agilizar la transformación digital del sector en España.

La nueva plataforma contará con herramientas para la implementación de protocolos médicos, programas de adherencia a los tratamientos, soporte a través de teleasistencia y programas dirigidos a la mejora del bienestar y el cuidado personal, así como herramientas para mejorar la comunicación e interacción con el consumidor a través de los canales *online* y herramientas para optimizar los recursos de las farmacias.

Mi amiga Iolanda Marchueta, a la que tuve la suerte de conocer hace ahora 10 años en el PMD de ESADE, nos aporta un poco de perspectiva sobre el sector farmacéutico.

TRANSFORMACIÓN DIGITAL EN EL SECTOR FARMACÉUTICO: UNA VISIÓN DEL PASADO, PRESENTE Y FUTURO

IOLANDA MARCHUETA HEREU

***PROJECT LEADER* EN ASTRAZENECA Y PROFESORA DE DIRECCIÓN DE EQUIPOS Y PROYECTOS**

Hace "relativamente poco" que se empezó a oír hablar de transformación digital en la industria biofarmacéutica. En muchos casos, de forma ambigua, con contenido poco tangible o de difícil comprensión. Ahora, en plena revolución 4.0, aún cuesta predecir qué impacto y qué dimensiones va a tener esta transformación digital en el sector.

El análisis puede hacerse desde diversos ángulos, que llevarían a conclusiones distintas y quizás un poco sesgadas. Las reflexiones que a continuación se desarrollan parten, en primer lugar, de un análisis del sector y su evolución más reciente y, en segundo lugar, de las tendencias y cambios que posiblemente vayan a presenciarse a corto o medio plazo gracias al uso de la tecnología digital.

Para intentar cubrir el mayor espectro posible, el hilo conductor va a ser la curva de vida de un producto farmacéutico, en la que se diferencian tres periodos:

1. Investigación y desarrollo.
2. Comercialización.
3. Declive, fin de la patente, entrada de genéricos o extensión de la vida de producto.

Perspectiva histórica de un presente incómodo

El sector farmacéutico se caracteriza por tener tiempos de investigación y desarrollo (I+D) muy largos. El tiempo medio de aprobación de un nuevo fármaco sigue siendo, en la actualidad, de entre 10 y 12 años, a los que hay que añadir, en muchos casos, entre 1 y 3 años adicionales para su comercialización. En total, unos 15 años aproximadamente, desde la idea conceptual inicial hasta llegar al paciente. Como desafíos adicionales, se trata de un sector altamente regulado y con un elevado riesgo. Las estadísticas generales que se manejan hablan de que, por cada 1 o 2 moléculas que consiguen llegar al mercado, se han tenido que elaborar, estudiar y descartar alrededor de unos 10.000 candidatos.

En los últimos 50 años, pese a los muchos avances tecnológicos y metodológicos, los tiempos de I+D no han conseguido acortarse y el coste medio actual necesario para introducir un nuevo fármaco en el mercado se estima entre 1.500 y 2.500 millones de euros. Por otro lado, la era de los *blockbusters* hace años que quedó atrás. Eran fármacos que, como la aspirina (también conocida como "*the wonder drug*", el medicamento milagroso), se prescribían como remedio a múltiples enfermedades, trastornos o dolencias, tanto a población pediátrica como adulta.

Con el tiempo, el modelo tradicional farmacéutico ha migrado hacia un modelo más "customizado" o especializado. Por ejemplo, si hace unos años un mismo fármaco podía utilizarse para tratar distintos tipos de cáncer, hoy en día se dispone de diversas moléculas o tratamientos oncológicos para cada tipo cáncer, en función de su progresión, alcance o incluso paciente.

La necesidad de "especializar" cada vez más los medicamentos, con el fin de aumentar su eficacia o reducir sus efectos secundarios, ha ido dejando paso al uso de nuevos productos biofarmacéuticos que se basan en la utilización de moléculas complejas (*large molecules*) fabricadas o extraídas a partir de fuentes biológicas. Estas pretenden actuar de manera mucho más dirigida sobre la patología. Sin embargo, por sus características diferenciales y el grado de la innovación que pueden aportar a nivel del tratamiento médico, son por lo general mucho más caras que las *small molecules* y su desarrollo, también mucho más complejo.

De este modo, la tendencia evolutiva hacia el modelo de especialización reduce su espectro de aplicabilidad, y, en última instancia, sus usuarios potenciales.

Siguiendo con los *facts and figures* del sector, distintas publicaciones confirman que más del 50 % de lanzamientos de nuevos fármacos no consigue el retorno esperado. Desde el punto de vista de negocio, no se trata pues de introducir simplemente un nuevo producto en el mercado, sino que el retorno de la inversión (ROI) también sea positivo. Quizás cabría también preguntarse o cuestionarse sobre la rigurosidad de los *business cases*, en los que solo se contemplan los gastos de I+D y se obvian los costes de mantenimiento durante la etapa de comercialización del producto o se sobreestiman las ventas potenciales, pero eso sería asunto para otro libro.

En resumen, nos encontramos en una situación en la que:

- Las patologías objeto de estudio ya no se curan solo con moléculas tradicionales.
- Se requieren fármacos cada vez más complejos para actuar sobre dianas muy precisas.
- Los tiempos de desarrollo no han variado significativamente.
- Los costes de desarrollo se mantienen o incluso aumentan.
- La población diana se reduce.
- El retorno de la inversión suele ser inferior al esperado.

Estas evidencias nos llevan a un modelo difícil de sostenerse en el tiempo.

Kelvin Stott lo ilustraba perfectamente en un recomendable artículo titulado "Pharma's broken business model: An industry on the brink of terminal decline", publicado en 2017. Mostraba los distintos cambios de paradigma que ha vivido el sector farmacéutico, acompañados por innovaciones disruptivas y espectaculares, pero también por un incremento exponencial de la complejidad de los procesos: desde la fabricación de productos químicos y tintes en las fábricas alemanas del siglo XIX, pasando por los fármacos tradicionales (*New Molecular Entity*, NME), los fármacos biológicos (*New Biologic Entity*, NBE), terapias celulares y genéticas hasta la ingeniería de tejidos y la medicina regenerativa.

Las proyecciones que realiza el autor no son muy optimistas para el sector y seguramente por eso acaba citando la teoría darwiniana de la evolución: "No es la más fuerte de las especies la que sobrevive, tampoco la más inteligente, sino la que más se adapta al cambio".

La trayectoria tradicional de un nuevo fármaco se basaba en que una única compañía identificaba la idea, la desarrollaba y al final la comercializaba después de conseguir las aprobaciones regulatorias. Hoy en día, este modelo es prácticamente insostenible y muy pocas compañías mantienen una estrategia de "autogestión global" de toda la cadena. La "globalización" llegó también al mundo farmacéutico, la mayoría de empresas del sector optan por cooperaciones y colaboraciones: ahora hay quien genera las ideas, otros las desarrollan, otros fabrican los fármacos, los distribuidores comercializan el producto.

Esta diversificación ayuda, por un lado, a minimizar o compartir el riesgo, pero también reduce el margen y suele generar un esfuerzo adicional en recursos y costes para conseguir que todo el engranaje funcione al unísono, matrices complejas y diversidad de culturas empresariales que a menudo chirrían. El entorno VUCA, en el que deben moverse todas las organizaciones en la actualidad, se caracteriza, como el acrónimo indica, por la volatilidad, la incertidumbre, la complejidad y la ambigüedad. Las alianzas, adquisiciones o ventas de la cartera de productos son transacciones muy comunes que, a corto plazo, pueden generar *cash flow* y ayudar en el reposicionamiento de una compañía o marca, pero cuyo coste, ya sea en términos de energía dedicada al proceso de integración y adaptación, ya sea en términos de reestructuraciones de personal, es incuantificable.

En 2012, Jack W. Scannell *et al.* hacían un diagnóstico de las causas del declive de la eficiencia de la I+D. En el artículo publicado en la revista *Nature Reviews* (Drug Discovery), se constataba que el número de nuevos medicamentos aprobados por cada mil millones de dólares gastados en I+D se había reducido a la mitad aproximadamente cada 9 años desde 1950, con una caída de alrededor de 80 veces, en términos ajustados a la inflación.

A esta tendencia la llamaron la "Ley de Eroom", en contraste con la más familiar "Ley de Moore" ("*Eroom's Law*" es la "*Moore's Law*" al revés). La "Ley de Moore" fue un término acuñado para describir el exponencial aumento del número de transistores que podía ser colocado a un coste razonable en un circuito integrado. Este número se duplicó cada 2 años desde la década de 1970 hasta el 2010. El término se utiliza de forma más general para las tecnologías que mejoran exponencialmente con el tiempo. De manera opuesta, Scannell enunció la "Ley de Eroom" para establecer la ralentización y el incremento de costes en I+D para la puesta en el mercado de un fármaco, a pesar de los avances tecnológicos. Así pues, el coste de desarrollar un nuevo fármaco se duplica cada nueve años.

Scannell destaca sin duda los grandes avances y mejoras aportadas por la introducción de tecnología y digitalización cada vez más sofisticada en los laboratorios: la eficacia en las fases preclínicas ha mejorado sensiblemente gracias a, por ejemplo, métodos avanzados de *High-Throughput Screening* (HTS, cribado de alto rendimiento), que permite realizar en breves espacios de tiempo ensayos de prueba y descarte de moléculas candidatas. Se podrían citar otros ejemplos de avances científico-tecnológicos recientes que también han tenido impacto en el desarrollo, pero, aun así, la probabilidad de que una nueva molécula complete de forma satisfactoria los ensayos clínicos casi no se ha visto alterada en los últimos 50 años. Y la eficiencia global de I+D ha disminuido.

Scanell cuestionaba de manera abierta la estrategia de I+D aplicada a lo largo de más de 5 décadas y proponía la creación de una nueva figura en el comité de dirección "*Chief Dead Drug Officer*" (CDDO), focalizado en el aprendizaje de los fallos o errores y la aplicación de medidas correctoras.

Un informe publicado por Deloitte en 2018 confirma el diagnóstico anunciado por Scanell 6 años antes: en él se afirma que el coste de desarrollar un fármaco se ha incrementado hasta los 2.168 millones de dólares, una cantidad que es aproximadamente el doble de la que se registraba en 2010 (1.188 millones de dólares), y atribuye la caída en el retorno de la inversión a un aumento de los costes de I+D para los laboratorios, unido a una reducción de las expectativas de venta.

Para finalizar el análisis de la situación actual de la industria farmacéutica, citaremos otros aspectos no menos relevantes a tener en cuenta:

- El crecimiento demográfico global, poblaciones más envejecidas y, por ende, aumento de la cronicidad, también de la demanda y gasto farmacéutico. Por primera vez en la historia, en el 2018, la población (mundial) mayor de 65 años superaba la del menos de 5 años.
- El cambio climático y las enfermedades asociadas a la polución. La Organización Mundial de la Salud reportó que más de 1.7 millones de niños menores de 5 años mueren cada año debido a la polución.
- Incremento de enfermedades asociadas a la "pobreza alimentaria" como la obesidad. Se constata un aumento de la brecha entre las clases sociales, registrándose un índice de sobrepeso y obesidad mayor en las poblaciones más vulnerables.
- En alza, los trastornos psicosociales debidos a la exposición a las redes sociales.

¿Qué futuro le espera a la industria biofarmacéutica en un mundo digital?

Aunque ahora es una de las palabras de moda, la inteligencia artificial (*Artificial Intelligence*) es un concepto que aparece en la década de los 50, coincidiendo con la emergencia de las computadoras, que ha evolucionado con el tiempo. En los años 80, se empieza a hablar del aprendizaje de máquinas (*machine learning*) que usa algoritmos para procesar información, aprender de ella y luego hacer una determinación o predicción. A partir de 2010, la capacidad de cálculo y procesamiento de los ordenadores y las redes genera nuevas posibilidades y aplicaciones, se empieza a desarrollar el aprendizaje profundo (*deep learning*), que ha abierto nuevas y futuristas perspectivas el uso de las máquinas para procesar, entender, y crear aplicaciones prácticas en el campo de la inteligencia artificial.

En este contexto global, las preguntas que se deben plantear son:

- Desde la perspectiva de negocio y sostenibilidad, ¿conseguirán las nuevas tecnologías, incluyendo la digitalización del sector, revertir la "*Eroom's law*"?
- ¿En qué medida la revolución 4.0 conseguirá modificar el ciclo de vida de productos farmacéuticos?
- ¿Qué beneficios o soluciones aportará la revolución 4.0 al sector farmacéutico y, de forma más amplia, al sector de la salud?
- ¿Cómo deben prepararse las organizaciones, administraciones y agencias para hacer frente a los retos y desafíos (aspectos éticos, privacidad, ciberataques, fraudes, *fakes*)?
- ¿Cómo va a interrelacionarse el sector biofarmacéutico con los gigantes tecnológicos y las *start-up*?

Retomando las fases del ciclo de vida de producto, se pueden proyectar los cambios más significativos aportados por la digitalización del entorno.

Aceleración y reducción de los tiempos y costes de I+D

Como se ha visto, los desarrollos tecnológicos de los últimos 50 años no han implicado una reducción significativa de los tiempos y costes de I+D.

Una de las principales disrupciones tecnológicas en la innovación biofarmacéutica debe llegar de la aplicación de programas que mejoren los modelos predictivos y que ayuden a tomar decisiones que eviten pérdidas de tiempo y dinero, reduciendo al máximo las investigaciones que no acaban en resultados positivos.

Un modelo definido como "*Think Big, Start Small, Fail Fast/Learn Fast, Scale Quickly*" acelera la innovación a base de prueba y error, pero con procesos iterativos más rápidos que permitan aprender antes, pero también avanzar antes.

En este mismo sentido, se debería conseguir agilizar todas las fases de estudios clínicos, desde la selección de pacientes, la monitorización de los mismos con sensores y *wearables* y su gestión en tiempo real con valores objetivos, así como el análisis de los datos clínicos generados durante los ensayos.

La posibilidad de ejecutar seguimientos a los pacientes de manera remota, en diversas partes del mundo y en distintas condiciones ambientales y sociales, puede permitir igualmente una mejora en la representatividad de los ensayos, evitar repeticiones y conseguir pacientes *target* mejor seleccionados.

También, en el campo de la I+D, ya se han empezado a aplicar soluciones de impresión 3D en el prototipaje de dispositivos médicos, reduciendo tiempos y costes de desarrollo.

Ámbito de las operaciones: automatización y robotización

En este entorno, se trabaja en la digitalización de los procesos y la automatización de las fábricas y las cadenas de suministro. El objetivo es la minimización de los errores humanos, la mejora de las tareas de mantenimiento con previsiones controladas sobre los fallos de maquinaria, la disminución de mermas... Como consecuencia final, vemos una reducción de la intervención humana en aras a la mejora del control y la calidad, un incremento de la eficiencia y flexibilidad y, en última instancia, una reducción del coste de fabricación y de mantenimiento.

En diciembre de 2019, Novartis y Amazon Web Services anunciaban un acuerdo estratégico de colaboración enfocado a la transformación de la cadena de suministro y fabricación. Es un ejemplo de la interrelación entre la industria farmacéutica tradicional y los nuevos *players* de la sociedad digital. La idea es adaptar a la industria farmacéutica la experiencia de Amazon en el terreno de la cadena de suministro, donde, sin duda, ha demostrado ser líder mundial al crear sistemas de entrega de millones de referencias diariamente a millones de usuarios en todo el mundo.

Comercialización y venta

Tras la introducción del producto en el mercado, ahora también deberán tenerse en cuenta los cambios de paradigma en los modelos de gestión y de asistencia sanitaria.

En la etapa de comercialización, ¿cómo podrá la industria biofarmacéutica fidelizar a sus clientes y mejorar la adherencia a sus tratamientos gracias a la transformación digital?

Hoy en día, el uso de *smartphones* de última generación ofrece un gran número de aplicaciones sencillas para la monitorización de nuestra salud. Un ejemplo es, en el caso de los diabéticos, el de los sensores de glucosa que se colocan bajo la piel del paciente y son capaces de transmitir la medición en continuo a la *app* de nuestro teléfono, advirtiendo en caso necesario y manteniendo todo el historial consultable en cada momento. Disponer de estos datos permite al fabricante mejorar y adaptar sus productos a las necesidades de los usuarios, consiguiendo maximizar la vida del producto.

Pero esta evolución no se hará sin polémicas ni problemas éticos. El aprendizaje *deep learning* de las máquinas y la conectividad constante necesitan y generan millones de datos de los pacientes. El uso de estos datos está provocando intensos debates sobre su propiedad y sobre el sentido de privacidad que la sociedad todavía no ha aprendido a gestionar en este mundo interconectado. En noviembre de 2019, saltaba la polémica cuando el *Wall Street Journal* destapaba un nuevo escándalo de uso de datos sin conocimiento previo de los usuarios: Google recolectaba sin permiso los datos médicos de millones de americanos para mejorar el aprendizaje de su software de inteligencia artificial, con los que pretende poder realizar predicciones y sugerir cambios en los tratamientos a los pacientes.

Se observará una transformación de la figura del paciente que pasará de ser receptivo-pasivo a tener un rol proactivo. Los sensores, *medical devices* (dispositivos médicos), aplicaciones móviles y la interconectividad de "*Internet of Things*" (Internet de las cosas) aproximarán paciente e industria.

Reflexiones más allá de la industria biofarmacéutica

Si se evoluciona hacia tratamientos personalizados, es fácil pensar que su coste no será bajo. ¿Quién no recuerda las controversias que, periódicamente, difunden la prensa y medios de comunicación sobre nuevos tratamientos a precios desorbitados? En consecuencia, es indispensable hacer evolucionar el sistema asistencial para compensar parte del gasto sanitario.

Un campo en el que ya han cristalizado grandes desarrollos tecnológicos y digitales es el de la telemedicina en su sentido más amplio. Representará mejoras significativas en la asistencia, el seguimiento y la monitorización de los pacientes en tiempo real. Se pretende conseguir:

- Fomentar las buenas pautas de salud y la prevención.
- Mayor autonomía de pacientes.
- Tratamientos a medida y ceñidos a la necesidad médica de cada momento.
- Evitar pacientes sobremedicados.

Muestra de ello es que se están llevando a cabo en numerosos hospitales pruebas piloto de uso de robots para la comunicación con los pacientes (ahorro de desplazamientos y aumento de la productividad), seguimientos a distancia de posoperatorios en casa o incluso monitorización de unidades de cuidados intensivos desde hospitales separados por grandes distancias.

Una encuesta realizada por Accenture en el 2018 indicaba que el paciente prefería una cita inmediata con un doctor virtual a una programación de visita presencial con largos tiempos de espera. La telemedicina proporcionará una mayor satisfacción del paciente y de los cuidadores, que se sienten más acompañados, disminuyendo el nivel de estrés y mejorando su calidad de vida. Desde el punto de vista de los profesionales de salud, se valora muy favorablemente el uso de la tecnología que permite una reducción en el volumen de visitas a los centros médicos, una mayor agilidad en las consultas, una reducción en el número de listas de espera y de ingresos hospitalarios por crisis médicas que podrán preverse con mayor facilidad.

La aplicación de la realidad virtual es otro de los campos en los que la medicina saca partido de la transformación digital. Diversos estudios avalan que el uso de la realidad virtual representa un avance en el tratamiento de diversas patologías, esencialmente ligadas a trastornos psicológicos (autismo, ansiedad, fobias...). También se ha demostrado muy eficaz para paliar el dolor agudo o para mejorar la calidad de vida de ancianos y combatir el sentimiento de soledad. También apunta a ser una muy buena herramienta para retrasar y tratar la demencia.

A nivel quirúrgico, ya se dispone de robots de altísima precisión para operaciones, como el Da Vinci. También se han empezado a implantar soluciones de impresión 3D: robots para realizar prótesis a medida o para la recreación de situaciones quirúrgicas que el cirujano se encontrará en el cuerpo del paciente.

En esta misma línea, la ingeniería de tejidos, también conocida como medicina regenerativa, parece no tener límites de la mano de la impresión 3D: en abril de 2019, la Universidad de Tel-Aviv anunciaba la impresión de un corazón 3D con células humanas, un corazón (no funcional) de solo tres centímetros, muy básico, pero completo. Se abre pues la puerta a la impresión a demanda de compuestos celulares y, más tarde o más temprano, de órganos para trasplantes.

A modo de conclusión

Transformación y rediseño del modelo creativo e de innovación

La receta para cualquier proceso de innovación necesitará de los elementos convencionales:

- Tiempo.
- Recursos.
- Inversión.
- Prueba y error, prototipar, escalar y validar, asumir el fracaso como el primer paso para el éxito. Aceptar riesgos.
- Formación y capacitación acorde al nuevo entorno. Captación de talento.

La receta para una transformación (digital) necesitará de otros ingredientes adicionales:

- Procesos iterativos más rápidos y *sprints* que nos permitan fallar y escalar más rápido.
- Apoyo de la organización, empresa, instituciones, etc., cambio en los estilos de liderazgo.
- Trabajo en ecosistema, colaboración entre distintos interlocutores: academias, universidades, centros de investigación, administración, agencias regulatorias, hospitales, centros de asistencia primaria, asociaciones de pacientes, aseguradoras, mutuas, empresas tecnológicas, etc.
- Promover modelos más líquidos-fluidos en los que el intercambio de información se produzca de forma multidireccional con mentalidad *win-win* (beneficios compartidos).
- Evitar el "análisis-parálisis", sobredosis de datos que no lleven a ninguna parte.
- Incorporar el *Digital Lean Management*.
- Evitar fagocitar a las *start-up*, verdaderas impulsoras de la innovación disruptiva y evitar correr el riesgo de que muchas ideas se queden en el cajón de una gran corporación.

¿Será la revolución 4.0 capaz de revertir la *Eroom's law*? Esto nadie puede afirmarlo a día de hoy. Lo que sí es seguro es que la transformación de la industria farmacéutica y del sector salud es imparable y, como en toda fase de transición, deberá aprender a gestionar el cambio, entendiendo los problemas aún no resueltos en el pasado, proyectando a la vez las necesidades futuras en un planeta que afronta importantes retos demográficos y medioambientales.

Las grandes esperanzas y aspiraciones deben perseguir la optimización del ciclo de vida de producto, pasando por:

1. Una aceleración real de los tiempos de I+D.
2. Una reducción de los gastos de I+D y de los costes de mantenimiento.
3. Una etapa de madurez de producto dilatada y sostenida en el tiempo.

Aunque como conclusión final para un capítulo sobre disrupción y transformación en el sector biofarmacéutico, quizás lo mejor sería citar a Hipócrates, para muchos el padre de la medicina, y su famoso "más vale prevenir que curar".

EL SECTOR DEL AUTOMÓVIL

William G. Cobb, por aquel entonces empleado de General Motors, fue la primera persona en proponer un vehículo propulsado por energía solar. Corría el año 1955 y el sector aún no estaba preparado para una innovación de ese nivel. William se estaba saltando varios pasos en el proceso de innovación. En la actualidad, parece que todavía no están listos, pero llegará. Hoy, marcas como Toyota, Nissan o Hyundai están trabajando en ello y también en otros proyectos como la recarga de las baterías por inducción. De lo que estoy firmemente convencido es de que los "enchufables" no son el futuro, sino más bien el presente que nos está tocando vivir.

Actualmente, parece que los vehículos eléctricos son el camino hacia un futuro mejor. Es cierto en parte, ya que hay vehículos, como el Hyundai Nexo, que se mueven gracias a la electricidad generada por el hidrógeno emitiendo únicamente agua, lo que lo sitúa como uno de los menos contaminantes en la actualidad. Se trata de vehículos eléctricos, sí, pero con otra concepción mucho más sostenible. Veremos.

Vamos a tratar otro concepto para tocar un tema bastante menos controvertido como es el caso de los vehículos autónomos y debemos partir de la base de que antes de que los vehículos "conduzcan solos" van a comenzar a "hablar entre ellos". El despliegue de tecnología 5G hará que podamos explotar mucho mejor el potencial de "Internet de las cosas", lo que se traducirá en una auténtica revolución en el sector.

La tecnología 5G multiplica la capacidad de transmisión de datos, mejora la fiabilidad y reduce la latencia haciendo que sea posible "el coche conectado" con grandes niveles de seguridad.

La comunicación entre vehículos va a permitir que estos se cedan el paso entre ellos al llegar a una rotonda o un cruce, que avisen de una frenada brusca o de un cambio de carril. También se podrán comunicar con otros objetos, como semáforos o señales de tráfico, o con personas, como la policía o los bomberos.

La implementación de la tecnología 5G se está iniciando ahora y, para 2022, ya tendremos una sólida red que dará cobertura a todo el país. Entre 2025 y 2030, el número de vehículos de 5.ª generación, es decir, los 100 % autónomos, aumentará de forma exponencial y, en unos pocos años más, las personas dejarán de conducir. Los autónomos ya son más seguros, y lo serán mucho más a lo largo de la próxima década. La tecnología está disponible; ahora, se necesitan mejorar las comunicaciones y las empresas de telefonía están en ello.

Por otro lado, Laura Ros, directora general de Volkswagen España, declaró recientemente que la empresa ha puesto en marcha un programa interno de *car sharing*, y ella misma ha compartido vehículo como parte del test previo a la puesta en marcha del proyecto.

En mi trabajo como formador y consultor, tengo la fortuna de tener contacto muy cercano con directivos del sector, tanto en el de automoción como en el energético, y todos están trabajando en proyectos de energías más sostenibles y conducción autónoma, además de tener muy claro que el número total de vehículos que comprarán las personas de las generaciones más jóvenes a lo largo de su vida será muy inferior a la media actual, ya que se van a compartir mucho más a través de diversos modelos de economía colaborativa.

A este nuevo concepto de compartir vehículos se lo conoce como MaaS (*Mobility as a Service*), un tipo de servicio que cada vez tiene más adeptos y que se encuentra accesible a un solo clic de distancia, ya que basta con abrir la aplicación de nuestro *smartphone*.

A partir del concepto de compartir vehículo y de la conectividad y facilidad de uso de las *apps*, se han creado multitud de servicios e infinidad de empresas. Este tipo de negocio crecerá de forma exponencial en los próximos años. Veamos algunos de ellos:

- ***Car Sharing*:** Compartir el vehículo con un número indeterminado de usuarios.
- **Tarifa plana de movilidad:** El usuario recibe un vehículo a cambio de abonar una cuota mensual que incluye tanto el vehículo como los costes derivados del uso del mismo.
- ***Charging*:** Aplicaciones móviles que guían al usuario hasta el punto de recarga más próximo para sus vehículos enchufables.
- **Multimodalidad:** El usuario puede usar diferentes tipos de vehículos en función de sus necesidades: coche, moto, bici, patinete, etc.
- ***Ride Sharing*:** Los usuarios comparten un trayecto en un vehículo conducido por un particular. Todo ello se gestiona a través de una aplicación.
- ***Ride Hiling*:** Los usuarios comparten un trayecto en un vehículo conducido por un profesional, también se gestiona a través de una aplicación. Un servicio que ya están empezando a ofrecer las empresas a sus colaboradores.
- **Última milla:** Reparto de mercancías en entornos urbanos con vehículos autónomos.
- **Aparcamiento:** Aplicaciones que te muestran dónde está la plaza libre más cercana y te guían hasta ella.

La movilidad en el futuro será conectada, compartida, autónoma y eléctrica. Imaginad la gran cantidad de nuevas oportunidades de negocio que está viviendo el sector gracias a las nuevas tecnologías y a la transformación digital. Para detectar estas oportunidades de negocio y reaccionar a ellas a tiempo, hay que ser rápido y muy ágil, algo de lo que hablaremos en profundidad más adelante.

Pero las oportunidades del sector no acaban aquí, ahora la gran oportunidad es pasar de ser un vehículo a ser una plataforma. Sí, sí, una plataforma conectada.

Del mismo modo que en el pasado se dio un salto de teléfono a *smartphone*, los vehículos se van a convertir en plataformas de comunicación conectadas entre sí y con las personas. Acceso a Internet 5G, redes sociales, GPS, radar, lidar, asistentes virtuales, reconocimiento facial, sensores de constantes vitales, realidad aumentada, compras desde el vehículo, entregas en el maletero, diagnósticos a tiempo real o matrículas digitales son solo algunas de las tecnologías que integrarán estas futuras plataformas, conectadas a la ciudad, a las vías urbanas e interurbanas, a otros vehículos y a los usuarios.

La transformación digital también pasa por pensar diferente y por tener una mentalidad mucho más abierta. Tesla Motors es un ejemplo. Se creó para acelerar la llegada del transporte sostenible, despejando el camino hacia la creación de vehículos eléctricos, y, al ser consecuente con el concepto, no impide a terceros la producción de ideas similares a través de leyes de propiedad intelectual, ya que estarían actuando en contra de su propio objetivo. Tesla no iniciará demandas de patentes contra entidades o personas que utilicen su tecnología de buena fe.

En la actualidad, se producen unos 100 millones de vehículos al año y el parque de vehículos global es de más de 2.000 millones de automóviles, por lo que Tesla no puede construir coches eléctricos lo suficientemente rápido como para hacer frente a la crisis del dióxido de carbono.

Tesla puso a disposición todas sus patentes de vehículos eléctricos de forma gratuita por dos razones principales: acelerar el mercado y hacer de su tecnología el estándar. Ford, BMW y Toyota han seguido su ejemplo.

TRANSFORMACIÓN DIGITAL DEL SECTOR AUTOMOVILÍSTICO

CARLOS XIFRÉ

CONSULTOR DE DESARROLLO EMPRESARIAL E INNOVACIÓN, CEO EDARA (ESTRATEGIAS DE ALTO RENDIMIENTO AUTOMOCIÓN)

En torno al 1800 nos sorprendimos por la que fue la primera gran revolución industrial, la introducción de las máquinas a vapor. Tuvimos que esperar un siglo, hacia el 1900, para vivir una segunda gran revolución como fue la electricidad y, consecuentemente, la producción en cadena. Ochenta años después, vivimos una tercera, la automatización electrónica y los ordenadores.

Hoy, estamos de nuevo en medio de una de las mayores revoluciones industriales y sociales de la historia, capaz de destruir y generar millones de negocios a lo largo de todo el mundo. Internet, la digitalización y rápidamente el *Big Data* se apropian de las cadenas de valor y dejan en jaque la mayoría de negocios tradicionales. La velocidad del cambio es vertiginosa y el crecimiento de esta última revolución, exponencial en todos los ámbitos de acción. Si nos preguntásemos qué ocurre cuando cambia mucho más rápido el entorno que la propia empresa, la respuesta sería obvia: las empresas se están desposicionando, algo que el sector automovilístico está viviendo de forma acusada.

Sin duda alguna, nos encontramos en el ciclo de mayor transformación en la fabricación y comercialización de la historia del sector. Si buscamos una razón de esta transformación, no podemos no tener en cuenta el cambio de generaciones que se ha producido en la sociedad en los últimos veinte años.

Hasta hace poco, estábamos acostumbrados a convivir con tres generaciones: hijos, padres y abuelos, tres perfiles muy marcados y acostumbrados a seguir unos roles estructurados. En los últimos años, esto ha cambiado y hemos descubierto que existe un mínimo de cuatro generaciones conviviendo, con modos de actuar muy distintos:

- **Los llamados *baby boomers* (nacidos entre 1947 y 1964):** Para ellos, el mundo requiere de un esfuerzo para vivir, la comunicación suele a ser en persona, cara a cara, y mayoritariamente viven para trabajar.
- **La generación X (nacidos entre 1965 y 1979):** Mi generación. Lo único cierto es la incertidumbre, nuestras relaciones son de igualdad, rompemos con los formalismos, trabajamos para vivir y no vivimos para trabajar. Somos ya la primera generación tecnológica (si hago mi trabajo, qué más da cuándo, dónde y cómo). Esfuerzo sí, pero a nuestra manera (orientación a resultados).
- **La generación Y (*millennials*, nacidos entre 1980 y 1995):** Quieren todo inmediato, sostenible, hipersociable. Son más leales a las personas que a las empresas; para ellos, el éxito ya no es igual a esfuerzo; un gran número de ellos quieren cambios: políticos, económicos, de movilidad, etc.
- **Generación Z (nacidos entre 1996 y 2015):** Genéticamente digitales, influyentes, realistas, producen sus propios contenidos, están educados en tiempos de crisis y cambio climático, han visto que títulos y másteres han malbaratado entrevistas de trabajo por sobrecualificación y se muestran escépticos con grandes compañías, pues muchos las ven como causantes de los problemas pasados.

De estas dos últimas generaciones (*millennials* y *Z*), se espera que en 2030 representen el 75 % de la fuerza laboral del mundo. No es de extrañar que, con esta información (y evolución prevista), todo lo que se haga vaya dirigido a estos dos colectivos.

Como bien decía Mario Benedetti, "cuando crees que sabes todas las respuestas, la vida viene y te cambia las preguntas".

El sector de automoción siempre se ha caracterizado por su endogamia y su propia forma de actuar. Pocas veces han traspasado sus muros de gestión nuevas formas de actuar, de producir, de vender, hasta la llegada de estas nuevas generaciones y las nuevas "reglas de juego"; una auténtica amenaza para los sistemas tradicionales. Soy uno de los convencidos de que las marcas del futuro ya no serán diseñadas; emergerán como resultado de la suma total de las experiencias de los clientes.

Por mi experiencia profesional, siempre he estudiado los grandes fabricantes de automóviles y sus redes de distribución, y me doy cuenta de que la inmensa mayoría está todavía anclada en modelos de gestión transaccionales del siglo XIX, con organizaciones del siglo XX, pero en un entorno del siglo XXI, que no encuentran su lugar. Hablando con algunos de ellos, insisto en el hecho de dar demasiada importancia al rendimiento del parque automotriz (matrículas, penetraciones de mercado, facturación...) y poca en el de las personas de esta comunidad: los usuarios del parque automoción. Creo que las empresas que avancen en línea de conocer a su comunidad de usuarios y en dejar atrás el modelo "fenicio" transaccional despuntarán en los mercados.

La digitalización ha puesto encima de la mesa mayor competencia entre productos y servicios. Nos está demostrando que, en mercados tan competitivos, no hay un problema de precios, hay un problema de indiferenciación. De ahí nuevos términos como la "servucción", la asociación de palabras como servicio y producción.

Las empresas del sector que van a crecer serán las que reinventen sus negocios centrándose en la demanda, no en la oferta, y, sobre todo, en la creación de la propuesta de valor alineada a los "sufrimientos" del cliente, creando ecosistemas a través de medios digitales que faciliten su vida.

Hasta antes de la democratización de la información, antes de la era digital, quien tenía el poder de la información era el que vendía. Ahora, con las nuevas tecnologías, quien tiene la información es el que compra (las reglas han cambiado). Eso me lleva a pensar que será el cliente quien decida cómo quiere que sean los coches, no los fabricantes.

El cliente pasa a tener una posición más central que nunca y obliga a que las empresas que quieran servirlos tengan los departamentos, productos y servicios alineados a sus necesidades.

Más que nunca, el futuro del sector está en manos del cliente. Algunos empiezan a tomar conciencia de que sus empresas existen y sobreviven solo porque hay un cliente que paga. Las empresas del sector empiezan a entender que ya no solo vale con avanzar tecnológicamente, sino que, en mayor medida, su éxito vendrá por la relación entre las personas, ya sean clientes, empleados o colaboradores. Para ello, cada vez más, buscarán la ayuda de *partners* que estén especializados en la transformación que dé respuesta a las necesidades de las nuevas generaciones.

La digitalización del sector ha pasado a una nueva "pantalla" que, sin lugar a dudas, dará muchas sorpresas: el IoT (*Internet of Things*, "Internet de las cosas").

Pasamos del estadio original (donde "sin web no eras nadie" y el contenido lo creaban las empresas) a las redes sociales, donde para hacer negocio la clave ha sido la reputación y la transparencia (el contenido ya no lo crean las empresas).

En esta última fase de "Internet de las cosas", es donde encontraremos los auténticos modelos de negocio de futuro. La explosión de los datos (*Big Data*) y su enlace con la capacidad de extraer negocio a partir de los comportamientos y conductas de los usuarios harán que el *customer centric* se eleve a la máxima potencia.

Será habitual ver cómo una aseguradora analiza la actividad deportiva que realizas para saber si puede bajarte el importe de la póliza de salud; que una compañía automovilística (o de movilidad) te proponga servicios acordes a tu comportamiento u posición (geográfica, social, civil, profesional, etc.). Será normal ver cómo las compañías que crecen serán las que mejor se ajusten a tus necesidades y colaboren con otras para crear ecosistemas digitales.

Sabemos que las marcas automovilísticas que triunfarán serán las que sean capaces de atender nuestras necesidades de movilidad y estén sumamente orientadas al servicio, obligatoriamente basándose en plataformas digitales de gran magnitud sectorial. Sin ninguna duda, también se orientarán a mejores posiciones quienes introduzcan rápidamente la cultura digital, antes incluso que la tecnología, y dispongan de gente que no solo sepa manejar los datos, sino que sea capaz de idear y diseñar nuevas realidades de negocio.

Será inconcebible que una automovilística que quiera competir en el *top* no sea respetuosa con el medio ambiente y no disponga de todos los servicios asociados al sector. Me refiero a gestionar la flota familiar, empresarial, disponer de soluciones para aparcar y para la movilidad tanto en ciudad como en zonas no urbanas, ser capaz de diagnosticar el vehículo sin tener que pasar por el taller, ofrecer cursos de conducción incluso para sacar el carnet de conducir, así como servicios de taxis, repostaje para todo tipo de vehículo, alquiler, aplicaciones móviles accesorias, etc.

Uno de los mayores distribuidores del mundo, Amazon, lo ha entendido bien: para asegurarse que el cliente sea suyo, es indispensable ser su referente en todo el sector (de ahí la necesidad de crear ecosistemas de movilidad digital).

Empieza a ser inconcebible que una automovilística que se precie no disponga de robustos procesos que permitan relaciones duraderas con los clientes y mejoren continuamente su experiencia.

Otro de los grandes cambios que se prevén es la reinvención de empresas de financiación de automoción (probablemente *fintech*), previsiblemente por la actual falta de adaptación a los nuevos servicios de movilidad basados en suscripción. Estos nuevos negocios producen auténticas migrañas a las empresas de financiación que están ancladas en modelos tradicionales. No es de extrañar que, en breve, veamos nacer nuevos irruptores que aporten facilidad y transparencia al servicio del cliente.

Con todo ello, es probable que este nuevo paradigma de transformación digital ponga en entredicho las cuentas de algunas empresas del sector. Las que asegurarán su éxito serán las que no fallarán en su reputación digital.

EL SECTOR ÓPTICO

Mi experiencia como formador y consultor me ha permitido trabajar con empresas del sector óptico como Alcon o Essilor y debo decir que le he cogido mucho cariño a este ramo. La gran mayoría de clientes con los que he tenido la suerte de trabajar tienen un tamaño grande, si bien y sobre todo por encargo de mis clientes más grandes, también he trabajado para algunos clientes de tamaño más pequeño.

Durante este tiempo y reflexionando sobre el tema, he llegado a la conclusión de que el proceso de transformación digital no es igual ni comparable en una gran corporación, en una PYME o en una pequeña empresa. Veamos el caso de VistaOptica, una empresa familiar fundada en 1993, con sede en Barcelona y más de 100 tiendas, en su mayoría de propiedad y con algunas franquicias.

Para VistaOptica el proceso de transformación digital tiene que ver sobre todo con la creación y reenfoque estratégico de su ecosistema digital y una transformación paulatina de su equipo de colaboradores a través de la formación, la identificación de embajadores de marca y la implicación progresiva del equipo en proyectos digitales de pequeña envergadura.

La estrategia de transformación digital de VistaOptica se ha basado principalmente en la transformación de su página web en una moderna plataforma de *e-commerce*, la redefinición de los canales de comunicación digitales y un nuevo enfoque estratégico para llegar a través de contenidos más frescos y dinámicos a un público objetivo más joven.

La nueva plataforma de *e-commerce* posibilita hoy a esta cadena ofrecer un sistema de reserva de citas *online* para los clientes, información de precompra de los productos y servicios, compra *online* o un buscador de tiendas, algo que para una empresa de este tamaño está totalmente vinculado con situar al consumidor en el centro, ofreciéndoles ventajas como una conveniencia superior, una comunicación más directa o una política de precios más flexible y dinámica con algunos productos específicos. Por otro lado, a través de su nueva estrategia de transformación, VistaOptica ha conectado de forma coherente su web y blog corporativos con los canales sociales y su estrategia de contenidos para ofrecer un mejor servicio a sus clientes, a la vez que incrementa su rentabilidad comercializando productos a través del nuevo canal *online*.

Finalmente, la cadena de ópticas ha hecho una apuesta por la transformación digital del equipo, ofreciéndoles formación digital, pero sobre todo involucrándolos directamente en la creación de contenidos de estilo *branded content* para su blog y para sus redes sociales.

Guillem Bosch, CEO de VistaOptica, nos aporta su perspectiva y sus experiencias en el ámbito de la transformación digital:

LA TRANSFORMACIÓN DIGITAL DE VISTAOPTICA

GUILLEM BOSCH

CEO DE VISTAOPTICA

VistaOptica es una empresa familiar fundada a finales de los noventa. En el momento en que escribo estas líneas, cuenta con más de cien ópticas en toda España y está creciendo de manera muy rápida tanto en centros propios como en franquicias. De hecho, durante los últimos doce meses, VistaOptica ha abierto 15 franquicias y el número total de ópticas en España, entre centros propios y franquiciados, es de 117 establecimientos. Así pues, VistaOptica es una de las primeras cadenas de óptica en España y sigue creciendo a muy buen ritmo en centros físicos.

Parece que el modelo de venta *offline* es perfectamente válido para VistaOptica y, de hecho, lo es, pero su éxito ya no se sustenta solo en las tiendas, personal, servicios *offline* y producto, puesto que hace ya más de una década que Internet y sus ventajas empezaron a ser relevantes en el sector de la óptica en España. Desde el punto de vista de la transformación digital de VistaOptica, en este momento acabamos de poner en marcha nuestra plataforma de *e-commerce*, una herramienta que de algún modo podría parecer la culminación de un proceso, pero la realidad es bien distinta, ya que estoy firmemente convencido de que la transformación digital de nuestra empresa, a pesar de los muchos cambios que se han producido, sobre todo en los dos últimos años, es un proceso que ya no tiene fin. De hecho, es bastante evidente que la "transformación digital", más que un proceso que afecte a una empresa en concreto, es un cambio a nivel social y económico.

Cada vez son más los partidarios de la toma de decisiones basada en datos, entendida esta como una nueva "verdad" en donde los datos y sus correlaciones estadísticas son la mejor de las creencias, no solo para analizar lo que ya ha ocurrido (como hasta ahora se ha venido utilizando la estadística), sino como una nueva y mejor forma de organizar el presente y el futuro.

Una visión posible del llamado "Internet de las cosas", en concreto, por la que abogan estos nuevos creyentes del *data driven*, contempla una plena integración de todos los datos procedentes de humanos, animales y cosas, viendo como una realidad de futuro, a causa de la transformación digital, no solo la nevera, la casa o el coche "inteligente", sino un orden social donde los datos son el más fiable de nuestros valores. No hay que tomárselo en broma: entre los más acérrimos partidarios del *Big Data* podemos encontrar a gente muy preparada, muy bien informada y con mucho poder.

Soy muy consciente de mis limitaciones para seguir abordando tanto el aspecto filosófico como el meramente práctico de las reflexiones que he compartido en el párrafo anterior y, por lo tanto, no lo voy a hacer; me limitaré a nuestra modesta experiencia. Pero he creído necesario hacer esta pequeña reflexión para poner de manifiesto una cosa: la transformación digital es un proceso en el que todos estamos involucrados y, por supuesto, nuestra empresa, VistaOptica, también, pero, si queremos acotar este proceso de una forma tradicional, aunque sea solo a efectos divulgativos como se pretende en este escrito, nos vamos a perder lo más importante: la transformación digital es parte de nosotros.

Dicho esto, vayamos a por el enfoque tradicional: antecedentes, entorno, análisis, estrategia, implementación, táctica, conclusiones y vuelta a empezar.

Antecedentes y entorno

VistaOptica se sitúa entre las mejores marcas del sector, sin duda entre las cinco primeras, con una imagen muy reconocible y un crecimiento constante en puntos de venta. También cuenta con un gran prestigio entre los mejores proveedores, como Alcon, Essilor, Luxottica, Cooper Vision o GN Resound, que llevan años apoyando el crecimiento de las empresas. Nuestros valores son el compromiso, la transparencia y el rigor. Nuestro eslogan "La calidad que necesitas y el servicio que buscas" se ajusta muy bien a la filosofía y a la política comercial de la marca.

El mercado de la óptica en España es muy maduro y tuvo su época dorada en los años 80, donde confluyeron consumismo, escasez de oferta y fuertes barreras de entrada (económica y profesional) para crear un oasis de prosperidad que duraría un par de décadas. ¡No está nada mal!

La prosperidad llevó a la acomodación y, poco a poco, al principio y más rápido a partir del 2008, a la necesidad de reinventarse o morir. De todas formas, los años buenos dejaron un poso de confianza en la profesión del óptico, que está a medio camino entre la salud y la venta. Por esta razón, se ve menos amenazada por la irrupción del fenómeno de la compra *online*.

En VistaOptica nos gusta más liderar que seguir las tendencias del mercado. Mejor dicho, no vamos a hacer lo que está de moda si no lo vemos claro. Por esto, al empezar a verse las primeras apuestas importantes en cuanto a la transformación digital de algunos de nuestros competidores, nosotros simplemente creamos nuestra web y nuestras redes sociales para no quedar desfasados, pero no con el ímpetu empresarial (léase inversión) de otras cadenas (léase multinacionales), pues consideramos que todavía no era el momento propicio para posicionarnos al respecto.

Análisis

Nos situamos en el año 2017 con el siguiente panorama: algunas de la principales cadenas tienen una buena presencia en redes sociales y una página web "de última generación". Muy lejos en cifras absolutas, algunas pequeñas cadenas y ópticos independientes también tienen una buena presencia en Internet, sobre todo en redes sociales. La venta *online* es cosa de Amazon, algunas páginas web específicas y poco más. Solo hay una cadena que se ha lanzado a la venta *online* a tumba abierta con mucha inversión y resultados discretos a corto plazo.

En VistaOptica hemos apostado por Amazon y estamos razonablemente contentos: las ventas crecen rápidamente, los márgenes son muy bajos, la comisión del 15 % bruto de Amazon pesa y los proveedores no dicen nada, pero tampoco parece que les encante la idea.

Los proveedores del sector óptico tienen mucha fuerza en el mercado, bastante más de la que pueda tener una cadena nacional como la nuestra. Los dominadores del mercado y nuestros principales proveedores son grandes multinacionales como Essilor, Luxottica, Alcon, GN Resound, entre otros; algunos de ellos tienen sus propias cadenas y sus páginas de venta *online*, que, de cara a sus clientes, no se definen: no saben si les conviene o no nuestro crecimiento digital y nos miran con reticencia, en ocasiones dispuestos a volcarse en ello y otras veces poniendo todas las trabas posibles.

Estrategia

En el momento en que nos planteamos por enésima vez hacia dónde encaminarnos en cuanto a la transformación digital, con más motivación que otras veces para dar un giro a VistaOptica en este aspecto y fijar una nueva estrategia, conocemos a Miguel Ángel Trabado.

Como he dicho, algunos proveedores están realmente interesados en la transformación digital de sus clientes y este es el caso de Alcon Vision Care, multinacional suiza y líder en el mercado de las lentes de contacto, que venía ya contando con la colaboración de Miguel Ángel desde hacía un par de años. Tenemos un pequeño presupuesto para marketing conjunto con Alcon y, a principios de 2018, se nos ocurre la feliz idea de dedicar una parte significativa a las redes sociales. Como hasta la fecha no las hemos cuidado demasiado y tenemos "pocos" seguidores, el primer paso es ponernos al día y contar con un experto.

Ahí entra en juego Miguel Ángel, que llega a nosotros como experto en redes sociales, y enseguida nos damos cuenta de que en realidad es un experto en transformación digital y, lo más importante, una persona en la que podemos confiar.

De hecho, es inexacto que conociera a Miguel Ángel en 2018, pues había asistido en 2017 a una de sus presentaciones, organizada por Alcon, Essilor y Oticon (tres multinacionales de diversos ámbitos: lentillas, cristales y audífonos), que juntaron esfuerzos para dinamizar el mercado y contaron con Miguel Ángel para una ponencia que, por cierto, me encantó.

A principios de 2018, con la motivación y el equipo adecuado, definimos nuestra nueva estrategia.

En primer lugar, subcontratar la gestión de las redes sociales a una empresa especialista y marcarnos objetivos cuantitativos y cualitativos, implicando a personal y franquicias. Empezamos en Facebook e Instagram, muy pronto incorporamos Twitter y YouTube, obteniendo enseguida buenos resultados.

En segundo lugar, y más importante para nosotros, definimos nuestra estrategia digital que culminó con el lanzamiento de nuestra nueva plataforma de *e-commerce* y un blog que nos representará mucho mejor que el que teníamos hasta ese momento.

Me sumí en el proyecto y le dimos máxima prioridad a nivel de empresa, implicando a todos los departamentos, de tal forma que la nueva web se convirtió en un reto muy importante a corto plazo. Tardamos unos 8 meses en hacer que viera la luz. Si bien el tiempo de implementación superó el plazo establecido, el resultado final fue muy satisfactorio: en un mes, las visitas habían aumentado más de un 50 %, con excelentes ratios de tiempo de visita y número de páginas consultadas.

Nuestra estrategia en cuanto a la web y al blog fue la siguiente: el principal objetivo era el incremento de tráfico en la web para convertirla en un foco de atracción de clientes, tanto para centros propios como para franquicias (el cliente no distingue la diferencia) y también para convertirla en un foco de atracción para futuros franquiciados, una de las principales áreas de crecimiento de la marca.

En segundo lugar, pero también importante, definimos la estrategia para la venta *online* y estipulamos que la política de precios fuera la misma que en las tiendas físicas, a la vez que definíamos que ciertos productos/servicios no podrían adquirirse *online* (se harían presupuestos/citas desde la web, con total transparencia, pero no íbamos a vender aquello que conllevase un alto servicio profesional que no podemos ofrecer *online*).

Me gustaría aclarar, para los que no conozcan nuestro sector, que graduarse la vista *online* es casi imposible y la revisión del oído *online*, aunque teóricamente es posible, no ofrece garantías suficientes.

Siendo coherentes con nuestra filosofía basada en la calidad que necesitas y el servicio que buscas, optamos por la siguiente alternativa: venderíamos gafas de sol y lentillas desechables; en cuanto a gafas y audífonos, generaríamos tráfico para derivarlo a nuestros centros profesionales.

A nivel de estrategia, también optamos por un soporte físico de alto nivel, que nos iba a garantizar fiabilidad, rapidez y buen posicionamiento SEO.

Implementación

Para llevar a cabo la implementación y tras evaluar algunas alternativas, decidimos delegar el desarrollo de nuestra plataforma de *e-commerce* en KUPAKIA, una empresa dirigida por Rafa Sospedra, especialista en SEO, con quien nos entendimos a la perfección en todo momento.

Es muy importante definir todos los objetivos antes de ponerse a trabajar en el desarrollo. También es fundamental que exista una verdadera implicación desde dentro de la empresa, muy especialmente desde del departamento de Informática. La implementación conlleva mucha carga de trabajo y, obviamente, una inversión económica, pero, si cuentas con los profesionales adecuados y el proyecto está bien definido, el resultado es óptimo. En su momento, preferimos aplazar el lanzamiento de la nueva web un par de meses por dos circunstancias: primar la calidad del producto final y lanzarlo en un momento conveniente, en este caso después del verano.

Más o menos en paralelo, pero en la parte final de proceso, empezamos a trabajar en el blog. Debía tener un contenido propio, auténtico, interesante y poder categorizarse en diferentes áreas como pueden ser salud o franquicias, además de estar bien estructurado y optimizado para SEO.

Su puesta en funcionamiento fue uno de los aspectos más divertidos de todo el proceso, ya que cada miembro de VistaOptica escribió un artículo, con los títulos de los mismos predefinidos desde dirección. Estos contenidos se revisan u optimizan para SEO y se publican a un ritmo constante de dos artículos por semana. El resultado es óptimo: nuestro personal tiene cosas muy interesantes que contar y lo hace de forma amena, muy divertida veces. Esto crea sinergias a todos los niveles, incluyendo las redes sociales que se nutren de todo este nuevo contenido.

Táctica

En la puesta en marcha surgieron dudas y nos dimos cuenta de algunos errores. Es muy importante monitorizar el lanzamiento de muchos elementos, en especial nuestra nueva plataforma de venta *online*. Para ello, contamos también con la supervisión de trabajadores y franquiciados.

A modo de ejemplo, al principio tuvimos algún contratiempo con la pasarela de pago de nuestra tienda *online* y con la segmentación de los contenidos en el blog, además de algún error ortográfico y de diseño, que supimos detectar enseguida y corregir a tiempo.

Pero también nos dimos cuenta de que valía la pena ampliar el catálogo de productos en venta y entrelazarlo con las redes sociales. El día a día no para, no puedes dar por concluido un proyecto sin un seguimiento constante.

Conclusiones

Actualmente, contamos con una nueva plataforma de venta *online* de la que sentirnos orgullosos y, aun más importante, está generando tráfico y reconocimiento de marca.

Tanto nuestro personal como nuestras franquicias han comprendido la complementariedad de este nuevo canal con el de la ópticas físicas. El proceso de transformación digital que hemos vivido nos ha situado un par de peldaños por encima de donde estábamos.

En mi opinión, hemos dado un gran paso, pero es evidente que no podemos darnos por satisfechos. Tal y como decía al principio, las implicaciones de la transformación digital son muy difíciles de evaluar a nivel práctico. Es muy fácil decir: "Este es el camino que debemos seguir" y esgrimir argumentos convincentes al respecto, pero considero que, para dirigir una empresa, es más importante escuchar que hablar, por lo que desde VistaOptica estaremos muy atentos a lo que nos cuenta el mercado y a lo que nos cuente, más que la propia transformación digital, la transformación social que viene impulsando/siguiendo la misma.

Tal y como podemos ver, las necesidades de transformación de una gran multinacional o incluso de una empresa pequeña que opera internacionalmente son bien distintas y sobre todo mucho más amplias, por lo que es importante tener en cuenta el tamaño, el momento, la situación y los recursos de la empresa que vamos a transformar.

EL SECTOR AGRARIO

Desde muy pequeño, he sentido una conexión especial con la naturaleza. El color de los prados, la paz de los bosques, el sonido de las aguas de un arroyo o esos petirrojos que te vienen a ver en los paseos de montaña son casi indispensables en mi vida. Mi padre me enseñó a reconocer las setas comestibles desde la infancia y, desde entonces, disfruto saliendo a pasear por el monte para recoger una gran variedad de hongos, que son un deleite para el paladar. En los prados de alta montaña, es muy fácil encontrarse con rebaños de vacas que viven en casi total libertad, controladas solo por el "pastor eléctrico", un sistema que empezó a utilizarse en los años 30 y, en España, desde los años 60. Actualmente, es cada vez más habitual ver que las vacas están equipadas con un dispositivo móvil que permite geolocalizarlas, aportando a los animales un grado de libertad aún mayor. Son los beneficios de la transformación digital.

La imagen de drones sobrevolando los cultivos para controlar la evolución de la cosecha también es cada vez más habitual o el uso de aplicaciones móviles en la agricultura. En un futuro no tan lejano, veremos vehículos autónomos, tractores eléctricos e incluso robots.

Por otro lado, el control de plagas y enfermedades, procesos de crecimiento y maduración, la adecuación de la recolección, el aumento de la productividad o la optimización de las operaciones ya están mejorando a través del uso de *Big Data* e IoT, tecnologías que van a cambiar radicalmente la forma de trabajar en el sector.

LA TRANSFORMACIÓN DIGITAL EN EL SECTOR AGRO: EL MOMENTO ACTUAL

JORGE ORTEGA

CEO DE JOSMARKETING

Actualmente, el sector agro se encuentra en una profunda transformación, son tiempos de cambios muy interesantes y apasionantes en los que se deberá conseguir una producción sostenible en el amplio significado de la sostenibilidad. Tenemos por delante un camino hacia lo digital que hoy día es una realidad, los sistemas digitales y tecnologías están disponibles, aunque no ampliamente implantados. El sector deberá acometer todos los cambios en la próxima década para cumplir con los retos de abastecimiento y ecológicos que se le presentan.

Tenemos la idea generalizada de que la agricultura es un mundo anticuado y poco tecnológico. No es mi parecer por lo que he podido contrastar a lo largo de los años en mi relación con el sector agroalimentario, desde productores a intermediarios del mundo agro han sido siempre muy tecnológicos, aunque mecánicos hasta hace bien poco. Es uno de los sectores más dinámicos a la hora de incorporar avances que mejoren sus cultivos y rentabilidad, tres generaciones de mi propia familia por un lado u otro constatan este hecho.

Digitalizar una empresa es llevar todos los procesos de la misma al plano digital. A menudo, me encuentro con empresas que entienden la digitalización como la eliminación del papel en la industria y la implantación de un catálogo digital en web, nada más alejado de la esencia de la digitalización, que, simplificando mucho y para que se entienda bien, es el procesamiento de datos para generar las acciones adecuadas de la empresa.

El objetivo de la agrotransformación digital es cambiar la forma de operar aportando valor para poder llegar a tomar las mejores decisiones de forma casi instantánea, a través del manejo de datos, y que ese flujo, acumulación y distribución de datos nos permita esprintar hacia la implantación de nuevos avances tecnológicos para producir más y mejor con los mismos o incluso menos recursos.

Antes de nada, hay que comprender la diferencia entre tecnología y digitalización. En palabras de Juan Pablo Seijo Carretero, director de marketing en HISPATEC y CEO del *e-commerce* `www.soloraf.es`, tecnología y digitalización es como un sistema nervioso y sus nervios, es decir, necesitamos tecnología para mover digitalización. En adelante, haré referencias a esta empresa, dado que es la compañía nacional especializada por excelencia en el mudo agro con el mayor nivel de transversalidad. Más allá de haberse adaptado al sector de la agricultura, como lo han hecho otras, HISPATEC nació en el seno del mundo agro y sus soluciones abarcan completamente toda la cadena de valor del sector. Con sede en Almería (Andalucía) y nacida para acompañar al campo, sirve y da servicio con sus soluciones por buena parte del mundo, como en México, Perú, Argentina, Chile o Japón.

La paradoja del sistema de producción frente a las necesidades de abastecimiento

El gran hándicap que encontramos es que el aumento de la población crece a un ritmo mucho más rápido que la superficie de cultivo o cultivable, que sigue siendo la misma.

Si bien es cierto que, globalmente en el mundo desarrollado, el ser humano produce más alimentos de los que consume y deshecha millones de toneladas mientras el tercer mundo pasa hambre, en la práctica nos encontramos con la paradoja de que, al ser la superficie de cultivo la misma, si no optimizamos las explotaciones a través de la tecnología para la digitalización, llegará un momento en que no tendremos suficiente producción para abastecernos en el llamado primer mundo y el sistema actual de consumo de productos agrícolas.

Lo único que soluciona este problema es implantar más tecnología de campo y digitalizarla. En este punto hay que saber que lo que realmente marca la diferencia exponencial es procesar los datos que nos proporcionan las máquinas tecnológicas, esto es hacer digitalización.

Hace 20 años se pronosticaba que las zonas más fértiles del centro de África podrían ser el gran productor de alimentos para buena parte del mundo, algo a muy largo plazo y si llega a materializarse. Pero, en esa línea ideológica, tenemos hoy día la tendencia desde hace bastantes años en Asia, donde se adquieren explotaciones fuera de su país para cultivar e importar el producto para cubrir sus necesidades, ya que tienen el problema del espacio con su modelo de agricultura más tradicional.

En líneas generales, excluyendo algunos países como Holanda y otros dedicados muy exhaustivos a la investigación para el sector agroalimentario, tenemos menos tecnología implantada de lo que pueda parecer, a pesar de una gran disponibilidad de la misma. Hoy en día estamos efectivamente sobre la agricultura 3.0

Breve repaso a los momentos tecnológicos en la agricultura

Agricultura 1.0. Del trabajo manual a la máquina de vapor.

Desde aproximadamente el año 8.000 A. C., solo hace 100 años, en el mejor de los casos, que se empieza a integrar la mecanización y automatización en la agricultura. Maquinarias de vapor primero sustituyeron al uso de animales, para enseguida dejar paso a la maquinaria motorizada, impulsada por combustibles fósiles. Recuerdo una historia de mi padre, hijo de labrador extensivo mayoritariamente de cereal y originario del sur de Castilla y León (España), en la que afirmaba que mi abuelo, allá por los años 50, importó la primera máquina de la comarca que cosechaba y empacaba a la vez, una gran inversión, pues no solo la costó un gran capital, además la movían tres mulos, cuando hasta entonces la cosechadora simple se movía solo con dos animales. No sé a ciencia cierta si fue el primero o no, lo que sí sé es que en esa época ya eran muy tecnológicos, aunque, como he dicho antes, tecnomecánicos. Esto solo es un detalle para constatar, tal y como pasa en casi todos los sectores, cómo durante años apenas evolucionó el sector hasta los tiempos modernos, en los que, en apenas en la última década, los avances y cambios se producen de forma vertiginosa y casi se atropellan unos con otros. No se ha implementado el último avance y ya tenemos la siguiente evolución o nueva tecnología. Con la digitalización, todavía se aceleran mucho más los avances y su aprovechamiento, el abanico de posibilidades es tan grande que el problema lo tiene el ser humano, incapaz de asumir, adaptarse e implementar los avances al ritmo que estos surgen.

Agricultura 2.0. El inicio de la digitalización

Se empieza a hablar y a experimentar con aviones no tripulados para vigilancia de las explotaciones, implantación de riegos controlados y fertirriegos, tractores guiados con precisión por GPS... La intención es que todos los procesos estén controlados y supervisados mediante monitoreo y sensorización a fin de ser más eficientes. Se consolida y populariza la especialización de agromarketing digital y el *agrocommunity manager*.

A partir de este punto en adelante, las sucesivas denominaciones de la agricultura hasta la 5.0, en realidad lo que hacen es ahondar y materializar todo lo ideológicamente expuesto en la denominada agricultura 2.0.

Agricultura 3.0. La agricultura de precisión

Hace poco menos de una década que irrumpió con fuerza popularizándose, habían llegado las nuevas soluciones revolucionarias para el sector agro que mejorarían la productividad y el ahorro de costes.

Llega el momento de pasar de la intuición a la ciencia del dato al alcance de cualquier agricultor o empresa del sector agro. Herramientas como la desarrollada por la empresa HISPATEC, con bastante anterioridad, que desarrolla e implementa un software de gestión agrícola y aporta una gran cantidad de información muy importante para la gestión, sobre todo en la postcosecha; gestión financiera agrícola; información sobre precios y cultivos; herramientas para diagnosticar plagas y enfermedades de las plantas y recomendaciones sobre los cultivos más adecuados están ahora al alcance de todo agente de la cadena productiva y logística.

Agricultura 4.0. Uso de drones y sistemas de geolocalización

La evolución tecnológica que supone el salto a la 4.0 está a día de hoy en fase de desarrollo de proyectos viables ya testados, pero solucionando pequeños problemas que presenta la digitalización; sin duda, es el camino que debemos seguir.

Por ejemplo, un gran avance es el uso de drones, sobre todo en cultivos extensivos. Después de haber detectado un problema en alguna parte de una explotación, gracias a la monitorización de la misma a través de imágenes de satélite y el uso de los datos que nos proporciona el *Big Data*, estos drones se usan para la verificación, control y la aplicación de las medidas necesarias para paliar el problema de forma incipiente y focalizada como pueda ser una plaga. Sin duda, esto supone un gran ahorro económico para la explotación y también en términos de sostenibilidad.

Cierto es que se está hablando de los drones en la agricultura desde 2016. ¿Y por qué no se ha implantado aún? Pues principalmente porque para el manejo se necesita un especialista, un agricultor puede aprender a manejar un dron fácilmente, pero la infraestructura que lleva aparejada por detrás es más compleja; a no ser que reciba formación o tenga recursos económicos para destinar y que estos se amorticen realmente, en principio no lo va a implantar, bien sea por la brecha cultural o solo por no considerarlo justificable.

Además, el análisis de todo lo que el dron facilita, por ejemplo, las imágenes multiesprectales para la detección de plagas, no es algo que conozca todo el mundo y aún menos que sepan interpretarlas.

Realmente, se está utilizando, por ejemplo, en extensiones del olivar, aunque tampoco supone un gran avance con respecto a la vigilancia por satélite, por lo que una combinación de ambas tecnologías es lo más seguro. Sin embargo, esto aumenta el coste bastante, tanto que, si pueden pasar solo con las imágenes satelitales, aun con una menor precisión, los agricultores eligen esta última opción, por no hablar de las restricciones y normativas para poder realizar vuelos, otro factor más para considerarlo un engorro.

Para ver implantado el dron tendremos que esperar a las nuevas generaciones o tipologías de agricultores innovadores independientes, o agrupaciones de estos financiados a través de cooperativas, si es que no emerge algo nuevo y diferente pero más barato que haga lo mismo.

Agricultura 5.0. Inteligencia artificial, robótica y mecatrónica

En la actualidad, se utiliza principalmente en proyectos de investigación.

Algunos antecedentes y condicionantes

- **La digitalización dentro de la investigación en el campo:** Lamentablemente, hay poca inversión de forma generalizada. Estamos con el freno de mano puesto, a pesar de que los grandes estados o la Unión Europea apuestan por la digitalización con ayudas y medidas de apoyo variadas. Tenemos más tecnología digital disponible para aplicar que capital humano cualificado para desarrollarla; hay pues una latente falta de formación.
- **La digitalización y el agua:** El reto es afrontar la escasez pronosticada por el cambio climático. Hoy día se puede utilizar el agua para riego en su justa medida, tanto en cantidad como en el momento adecuado. Un ejemplo práctico es la plataforma de gestión inteligente del riego para optimizar los recursos hídricos y energéticos WEAM4i. Es una red inteligente de agua y energía que, con una plataforma *cloud* orientada a la toma de decisiones, permite realizar trasvases de agua cuando la energía es más barata, por ejemplo, consiguiendo una reducción estimada del coste en torno al 6 % en agua y el 15 % del coste asociado por energía. Pero aún hay más: esa agua puede llevar los nutrientes necesarios aplicados también con sistemas tecnológicos, aunque esto último ha ocasionado un problema ecológico. El ser capaces de monitorizar el subsuelo por debajo de las raíces y digitalizar el estado del mismo nos permite regar con exactitud, incluso en función de las predicciones climatológicas, como más adelante veremos en "Sensores para la digitalización agro".

- **El agua de la agricultura que deja huella:** Hemos visto por un lado que la digitalización y la tecnología están posibilitando el uso y aprovechamiento increíblemente optimizado y responsable del agua, tanto en las zonas con falta de agua como en los lugares con exceso para algunos cultivos, pero, por otro lado, también a la par, el sistema tiene tendencia a la contaminación del agua no aprovechada que se devuelve al ecosistema.

Actualmente, uno de los retos en los que se está enfocando la investigación desde instituciones como la UAL (Universidad de Almería) es precisamente paliar la huella del agua en la agricultura. Es uno de los efectos negativos que tiene el uso de este sistema en el que se añaden nutrientes al agua, a pesar de que estamos produciendo un gran ahorro y evitando un uso masivo de fertilizantes, nitratos y otros gracias a la digitalización; el sobrante de agua que no aprovecha la planta se devuelve al ecosistema cargado de esos elementos en altas concentraciones que, ahora sí, se tornan contaminantes. La solución pasa por tratar las aguas de riego tanto al entrar al proceso productivo, usando la necesaria con datos científicos que nos aporta la digitalización, como a la salida del mismo y al retornarla al medio ambiente. Nuevamente, la tecnología y la digitalización aportarán sin duda la solución.

El sector tecnológico se centró desde un inicio en la postcosecha

¿Por qué? Pues sencillamente porque venimos de una evolución de los primeros programas contables. Inicialmente, la antigua DataSYS, ya en 1985, creaba software para ofimática y se encontró que los propios clientes (cooperativas y alhóndigas) empezaban a demandar modificaciones para extraer de la base de datos informes personalizados de gestión. Empezó así el camino de la digitalización de datos del sector agro por los troncales empresariales, contabilidad, finanzas, recursos humanos, etc.

Según va creciendo el sector y al ver el ahorro y productividad que genera la digitalización, la demanda tecnológica se consolida y expande para modernizar tareas y sistemas que por tradición eran gestionados a mano y en papel.

Esta demanda de software por parte de las comercializadoras, cooperativas y alhóndigas impulsa de forma generalizada que todos los procesos que no sean los transversales inicien el camino de la digitalización. Estamos ante una ventaja competitiva que la empresa HISPATEC aprovecha, teniendo ya un amplio conocimiento de procesos y de la industria que no tenía nadie, y empieza desde cero a desarrollar con nuevos lenguajes de programación un ERP-Agroalimentario durante 6 años para cubrir estas necesidades, aprovechando el antiguo sistema llamado CERCO, que aún hoy en día sigue funcionando.

Tras esta subida y fortalecimiento en el uso de tecnología de procesos postcosecha, se empieza a hablar de programas específicos para control en almacenes, control de manipulados y confección, pero sin entrar todavía en la precosecha en la que el técnico de campo aún acude a la explotación, hace las recomendaciones pertinentes y vuelve a la oficina para introducir sus datos en documentos de ofimática.

El despegue de la digitalización en el campo español

La venta digital de producto en origen

Un ejemplo claro es el sistema de venta en origen, que necesitaba ser más ágil en la gestión de la información y saber con exactitud lo que había ocurrido a diario para liquidar, al final de la jornada al agricultor, aquel producto colocado y vendido desde almacenes, cooperativas y alhóndigas.

El sistema de venta en origen es una subasta diaria en el que se puede introducir parte de una cosecha según convenga, por estrategia o simplemente porque se prefiera comercializar aquella parte de cosecha óptima en madurez que mejor precio obtendrá en el mercado.

Imaginemos a miles de agricultores a primera hora de la mañana, con millones de kilos que son seleccionados diariamente, acudiendo con ese producto a las comercializadoras y, claro está, reclamando el cobro del producto vendido al final de la jornada cuando todo el sistema estaba gestionado con tablillas y apuntes en papel.

Nace la subasta digital, que, conectada a facturación, es capaz de liquidar de manera diaria a agricultores y cobrar a compradores de forma totalmente digital y gestionada por un cerebro central, el ERP.

De la postcosecha a la precosecha digital

Teniendo clara la diferencia entre tecnología y digitalización tal y como he expuesto al inicio de este capítulo, debemos saber que la tecnología de precosecha está implantada ampliamente, como son los automatismos de riegos o los tractores geolocalizados por GPS, no así la digitalización en precosecha.

Ahora ya estamos cambiando esa tendencia. Hasta hace poco más o menos dos años esto no era así. Para poder digitalizar y aprovechar la tecnología de precosecha, tenías que ser una empresa con grandes recursos, sea el caso de una multinacional o cooperativa nacional de gran tamaño, para disponer, por ejemplo, de un equipo de IT con desarrollos propios.

El momento concreto que propició la digitalización en la precosecha

El punto de inflexión lo marca la llegada del *smartphone*. En ese momento, se constata y se ve muy claro que al campo se puede acudir fácilmente con tecnología a través de teléfonos o *tablets*.

Si hasta el momento previo al *smartphone*, el inicio de la entrada de datos certeros, más allá de previsiones intuitivas, y por ende la digitalización de los procesos se ubicaba en el momento en que una unidad de medida, sea un palet o un contenedor de producto cosechado, se pesaba en los almacenes receptores de mercancía, el uso de la tecnología *mobile* desplaza el punto de partida de la digitalización a la finca en producción, posibilitando que esa parte de los procesos de precosecha en el campo se convierta en datos digitales, entrando directamente a un ERP para su aprovechamiento y mejora de esos procesos, ofreciendo la información en tiempo real a toda la cadena, desde gerencia, pasando por comercial y a técnicos de campo.

Veamos un sencillo ejemplo. En la práctica, esto supone que hoy día el técnico de campo se persona en la explotación, introduce su estimación de cosecha y el sistema le devuelve una recomendación para que el agricultor se organice cuándo, cuánto y cómo cosechar para introducir su producto en el mercado en las mejores condiciones de rentabilidad y de precios en función del momento del mercado, de las aportaciones y cosechas de otros agricultores, la meteorología, etc. Se pueden usar tantos factores en el algoritmo como se crean necesarios.

Además, desde ese mismo momento, otros departamentos disponen de datos para sus funciones, como pueda ser la carga de trabajo de basculistas, vigilancia desde gerencia, jefes de venta, analistas financieros, envasado, logística, etc. Todos ya pueden trabajar o prepararse para el desarrollo organizado y óptimo de su acometido.

Si bien es cierto que todo este trabajo antes de la tecnología *mobile* se realizaba igualmente, eran estimaciones con datos intuitivos, mientras que ahora se realiza de forma científica y fidedigna gracias a la digitalización.

La digitalización de la precosecha en 2020

- **Los sensores para la digitalización agro:** Estos pequeños dispositivos son los que mayores datos aprovechables nos aportan. Instalados en la explotación, en la misma tierra junto a la planta para monitorizarla, nos aportan datos en tiempo real con datos de nutrición, de conductividad del suelo, estaciones meteorológicas por cada hectárea, de humedad en la raíz, etc. Estos sensores ayudan al agricultor a saber el estado de la planta de forma exacta, datos que se incorporan directamente al sistema ERP y que el técnico de campo interpreta para lanzar las recomendaciones o directrices del día siguiente.

- **El caso de Paqui Ferrer:** Empresaria agrícola desde 2003, dedicada al cultivo del tomate en rama. Se plantea el problema de la incógnita constante del cultivo en suelo, con el uso de elementos analógicos y toma de muestras que suponen un alto coste y amplio tiempo de gestión, con un alto precio del agua, acuíferos sobreexplotados y con un aporte de nutrientes en función de la intuición que nitrifican el suelo con un alto impacto ambiental. En la campaña 2016/2017, implanta una solución denominada HortySys de Hispatec, compuesta de sensores en suelo y ambiente que le posibilita la toma inmediata de decisiones. Como resultado, se obtiene una mejora de la gestión agronómica (plantas más resistentes a enfermedades), un consumo de agua en función de la demanda de la planta y un incremento en calidad y producción del 11 % el primer año. Se puede concluir que el proyecto cumplió las expectativas con la inversión amortizada en la primera campaña. Además, la digitalización le permite un sistema predictivo. Como los datos del estado de la planta están centralizados en el ERP y este tiene los datos meteorológicos a 4 días vista, es capaz de recomendarle nuevos valores a aplicar adelantándose a las condiciones climatológicas venideras de la siguiente semana.
- **El caso Florette:** Dedicada a la comercialización de ensaladas y otros productos. Empezó en 2016/2017 junto con Hispatec a trabajar el control de producción en campo. Florette, en el momento que recolecta la lechuga, la procesa con unidades especiales de envasado en el propio terreno y sin llevarlas a ningún almacén. Cada responsable de línea, por así decirlo, está a pie de terreno e introduce datos en tiempo real en el mismo momento que se está recolectando, imprescindible para la trazabilidad por los tiempos de caducidad de un producto fresco, dado que de la recolección en finca pasa directamente a comercialización.
- ***Big Data*:** Un camino lento pero seguro. Como es normal, el uso del *Big Data* en un futuro cercano tendrá una repercusión muy grande en el campo, pero, aún hoy día, se está usando poco debido a lo relativamente nuevo de la tecnología en sí misma, lo tarde que se ha incorporado al mundo agrícola y el tiempo que se necesita, de 3 a 5 años, para recoger la cantidad de datos necesaria para extraer conclusiones acertadas y útiles a la práctica.

  En el sector agro no todo es cultivar, es toda la cadena de alimentación y, en concreto, las comercializadoras sí están usando *Big Data* para saber qué, quién, desde dónde, cuándo y cuánto producto se demanda, una gran información para trasladar parte de esas necesidades al agricultor al que le compran parte o toda la producción a precio tasado al inicio de la campaña y asegurarse así el abastecimiento de producto, o también para incorporarlo a su estrategia de precios de venta para la exportación, cadenas de supermercados o cuándo no producir cierto tipo de producto, por ejemplo, en el momento que otros países con climas más fríos que España y menor producción introducen sus cosechas en el mercado internacional.

- **Analítica agro:** Actualmente con sede en Madrid, el departamento de Hispatec Analytics trabaja con casi una veintena de trabajadores de datos y PowerBI, dedicados a realizar modelos predictivos, analítica avanzada y visualización de datos, de forma que cualquier gerente puede llegar a ver, además del típico cuadro de mando en una pantalla, un panel con, por ejemplo, qué agricultor le está resultando más rentable al grupo según la semana del año o cómo está siendo el desempeño de la venta de producto en destino en función de múltiples variables, como la influyente cadena logística o la determinante meteorología. El sistema cruza los datos externos obtenidos a través de *Big Data* con los datos que genera la empresa en su actividad y modela los resultados para mostrar el *output* que el gerente necesita.

  En cuanto a analítica predictiva, hoy día tienen aplicaciones desarrolladas y a pleno rendimiento, utilizada en varios sectores como el de la fresa de Huelva, al que le funciona especialmente bien por lo delicado del producto y la necesidad de no cometer casi ningún error de cálculo. Aplicaciones que son capaces de planificar una campaña en la que, dado el lugar determinado de tu negocio, con las condiciones climatológicas que tienes y las históricas, más los datos de transacciones anteriores, resulta una propuesta de planificación en la que se incluye el rendimiento esperado de la explotación, a qué es mejor que la dediques o las posibilidades de incremento o decremento del precio de venta del producto en unas determinadas fechas. La exactitud de las predicciones es abrumadora, superando a la más experta tradicional por intuición y experiencia acumulada.

- **Tecnología LED:** En cultivos intensivos se está empezando a utilizar la tecnología LED con programadores, esto hace que la planta tenga la luminosidad exacta para un crecimiento y desarrollo óptimo en todas sus fases, consiguiendo mejores productos y varias cosechas en una misma campaña, como es habitual cuando produces bajo plástico.

  El ahorro energético gracias a la digitalización, en este sentido, es muy grande no solo por el bajo consumo que tiene la tecnología LED, también debemos incluir en la ecuación productiva la mejora del producto, consiguiendo mejor calidad, y la disminución de mermas para una misma extensión de cultivo gracias a las recomendaciones de horas y luminosidad que devuelve la digitalización y monitorización de la explotación.

Primeros pasos para la digitalización en el campo

Hoy en día, la tecnología está mayoritariamente en manos de empresas privadas y, unido a la desconfianza del agricultor por lo nuevo, hace que no se emprenda lo suficiente para implantar la agricultura 4.0. Pensemos que en muy poco tiempo se ha pasado de hacer las cosas a mano a estar en posición de automatizarlo todo. Esto es un choque conceptual.

Por lo tanto, como siempre, la clave para empezar a digitalizar una explotación está en la formación para las competencias digitales que posibiliten varios niveles de comprensión, empezando por naturalizar y sensibilizar para el uso de la tecnología y digitalización en el sector, y terminando por la capacitación para el uso de las mismas, que muy probablemente será ejecutada en su mayor parte por las generaciones venideras o las más jóvenes.

Por otro lado, debemos tener en cuenta la valoración de los recursos que se están utilizando y la eficiencia real. Al haber disponibles tantas innovaciones puede darse el caso en que iniciemos un camino para digitalizar un extremo del proceso sin haber atendido al que peor tenemos. El operador deberá en primer lugar auditar sus procesos y empezar por aquel al que le resulte más apremiante su actualización a las nuevas tecnologías, atendiendo a valores de eficiencia, ecología y retorno de la inversión.

Finalmente, estas preguntas ayudarán a determinar el nivel de digitalización de la empresa:

- ¿Cuántos y cuáles son los datos disponibles sobre mi explotación?
- ¿Cuántos datos tengo sobre el canal comercializador y otros externos?
- ¿Cuántos años en datos acumulados tengo o puedo disponer? ¿Son fiables?
- ¿Cuál es la velocidad de transmisión bidireccional de esos datos?
- ¿Cómo recibo la información exterior que puede afectarme?
- ¿Qué porcentaje de mis decisiones son por intuición o científicas basadas en datos?

Para terminar, debemos ser conscientes de que, para encontrar la gran ventaja de la digitalización de una explotación o, incluso yendo más allá, de todo el sector para retroalimentarlo con mayor rotundidez, hay que visualizarla como una cadena de procesos de la cual hay que tener todos los datos unidos.

Gracias a Juan Pablo Seijo de HISPATEC y a Rosa de Nazaret Pérez Giménez, técnico de Gestión para Internacional de la UAL (Universidad de Almería) por su aporte al sector tecnológico y a la digitalización de este mundo agroalimentario.

LA IMPORTANCIA DE LAS *START-UP*

Para comprender el concepto esencial de transformación digital, es imprescindible adentrarse en el apasionante mundo de las *start-up*. Una *start-up* es una empresa emergente, por lo general, con un alto componente tecnológico, buenas perspectivas de éxito y alto potencial de crecimiento exponencial, que habitualmente tiene como punto de partida una idea que destaca sobre la línea general de mercado: Google, Facebook, Amazon, Airbnb o Wallapop. Una estrategia a considerar, implementada a menudo por grandes organizaciones, es la integración o adquisición de *start-up* con el objetivo de aprovechar su capacidad de innovación o su agilidad, pero, para que funcione, se debe hacer bien, ya que existe un gran riesgo de que sea la gran organización la que contagie a la *start-up* y no al revés. Un ejemplo de implementación exitosa es John Lewis, que creó JLab, una incubadora de empresas emergentes para fomentar y aprovechar la creatividad, innovación y dinamismo de las *start-up* más rompedoras.

JLab selecciona cinco empresas cada año y las integran en un programa de desarrollo que les ayuda a hacer llegar sus propuestas al mercado. Una de las empresas que ha pasado por la incubadora es DigitalBridge, una *start-up* que ha creado una funcionalidad para su *e-commerce* inteligente que permite a los usuarios tomar fotos de las estancias de su casa para ver cómo quedarán los muebles y complementos del hogar antes de comprarlos. Una vez subidas las imágenes, el sistema crea una representación virtual en 3D de la habitación del potencial cliente, permitiéndole cambiar la decoración, iluminación o los colores, y le proporciona una perspectiva muy realista de cómo quedará decorado su futuro apartamento.

SEMrush fue creada por un pequeño equipo de expertos en IT y SEO en el año 2008. En la actualidad, opera en 4 continentes y cuenta con un equipo de más de 700 profesionales, ha pasado de ser una pequeña *start-up* a una empresa internacional en algo más de 10 años. Se trata de una empresa líder en servicios de análisis de competencia *online* a través de un kit de herramientas de análisis de marketing *online*, con una clara vocación de situar a las personas en el centro de los procesos, una empresa que he podido conocer tanto a través del uso de su herramienta como por las colaboraciones que hago como columnista en su blog corporativo. En las páginas siguientes, mi amiga Alicia Rodríguez nos cuenta su caso.

Por otro lado, mi amigo Álvaro Fontela es consultor de WordPress y WPO y cofundador de la *start-up* Raiola Networks, por lo que lleva muchos años trabajando en Internet, de modo que en su momento le pedí que me diera su punto de vista sobre lo que significa transformación digital para sus principales clientes.

EL CASO DE SEMRUSH

ALICIA RODRÍGUEZ

***CONTENT STRATEGIST* SEMRUSH ESPAÑA Y LATAM**

Lo que vas a leer a continuación sobre SEMrush muestra tanto la visión corporativa a nivel general como algunos comentarios de primera mano de Oleg Shchegolev, CEO y cofundador de la compañía.

Veamos cuál ha sido la evolución de la empresa, desde sus inicios a su papel a día de hoy como plataforma de marketing líder a nivel internacional.

Sobre los inicios de SEMrush

A principios de los 2000, Dmitry y Oleg (fundadores de la compañía) se dedicaban a hacer SEO y, al igual que todos los especialistas en esa materia, tenían que lidiar con las tecnologías de los motores de búsqueda que evolucionaban sin parar.

Allá por el año 2002, cuando el éxito del SEO dependía más de la semántica que de la página web, realizaron una serie de experimentos a gran escala, tratando de identificar aquel contenido que podía proporcionar los mejores resultados. Como de costumbre, las estrategias estaban en proceso de cambio. Muy pronto, los parámetros de dominio y los *backlinks* comenzaron a jugar un papel crucial.

Esta fue la señal para saltar al terreno de juego y lanzar la herramienta SEOquake, que era, en ese momento, una de las herramientas gratuitas más populares para los especialistas SEO. Así empezó la historia de vida de SEMrush, siendo 2007 el año de lanzamiento del primer modelo de lo que es SEMrush hoy día.

En palabras del propio Oleg Schegolev: "Nuestro pensamiento, mejor dicho, nuestro ideal se basaba en: ¿por qué no crear una herramienta que nos ayude a realizar un seguimiento de las tendencias y las mejores prácticas de SEO, esas mismas que nosotros usamos? En ese entonces, éramos dos *geeks* de TI y diseñamos una herramienta que fuera útil para los problemas que nosotros mismos sufríamos en nuestro trabajo. Es decir, no esperábamos que se convirtiera en una plataforma de marketing líder en la industria con el número de empleados que tenemos en la actualidad y con varias oficinas en todo el mundo".

Y esto era lo más importante: creer en algo de lo que estás convencido y que tú mismo necesitas. En un principio, SEMrush era considerado más como una herramienta de análisis de palabras clave e inteligencia competitiva, pero la realidad es que, desde hace algún tiempo, se ha convertido en mucho más que una herramienta SEO de las muchas que existen. Ahora, es un software "todo en uno" y de gestión de la visibilidad *online* tanto para especialistas en marketing como para cualquiera que quiera comenzar un negocio en Internet; con kits enfocados en contenidos, *social media*, publicidad, SEO y mucho más.

Al principio, los cofundadores pusieron el foco en distribuir SEMrush entre amigos e *influencers*. Así, conocieron a muchas personas de la industria de TI que no estaban dispuestas a probar un nuevo producto. A través de sus comentarios, el equipo quería saber de una forma honesta y real el *feedback* sobre los datos y los resultados que proporcionaba la herramienta. El planteamiento era sencillo, acercarse a ellos con algo simple: "Mira, estamos notando que el tráfico a este sitio web está creciendo rápidamente, ¿sabes por qué? No pretendíamos vender nuestros datos o nuestra nueva herramienta 'a puerta fría', solo queríamos saber lo que pensaban de ella". Y así es como las relaciones de SEMrush con muchos *influencers* comenzaron a desarrollarse de forma lenta pero constante.

Cada vez más personas sintieron curiosidad por la herramienta, comenzaron a usarla a diario y hablaron de ella en el mercado. Entonces, se produjo un boca a boca, lo que dio a conocer la herramienta y ayudó a construir una incipiente comunidad en torno a la marca. Es así como los *influencers* se volvieron esenciales para el crecimiento de SEMrush. En el arranque se confió en este modelo durante bastante tiempo, básicamente hasta hace poco, momento en el que recaudaron 40 millones de dólares en inversiones.

En opinión de Oleg, "en las etapas iniciales de desarrollo empresarial, era recomendable el arranque tal y como lo formulamos, ya que, de lo contrario, el inicio podría haber colapsado bajo el peso de las inversiones salientes. Nuestro mayor desafío era mantener el tiempo de arranque del proyecto durante mucho tiempo, pero, a la vez, esta forma de actuar fue muy coherente con nuestro compromiso de experimentar y desarrollar nuestro producto de la manera en que queríamos. Cuando existen inversiones salientes, el negocio se vuelve hasta cierto punto dependiente del soporte externo que se recibe, es precisamente esto lo que buscan muchas empresas. El principal desafío para nosotros era seguir creciendo como empresa con nuestro propio dinero como fuente principal de crecimiento. Sin embargo, no tiene sentido apegarse al *bootstrapping* para siempre. Es por eso que, cuando llegó el momento adecuado, decidimos aumentar las inversiones".

Sobre la estructura organizativa de la empresa

Por tiempo, en SEMrush ha habido una estructura organizativa muy plana que ha permitido otorgar a los empleados la libertad que necesitan para ser creativos bajo la creencia de que no hay posibilidad de desarrollar la creatividad si sientes que trabajas bajo un yugo.

Hoy en día, hay más de 700 personas en la familia SEMrush. Cada una de ellas tiene diferentes conocimientos y cuenta con un grado de experiencia propia.

Se parte del convencimiento de que las personas deben desarrollarse cuando trabajan en una empresa y eso es lo que se quiere que pase en SEMrush. No hace falta decir lo importante que es contar con muchos especialistas altamente cualificados y con demostrada experiencia, pero, además, lo importante es que su evolución está relacionada de forma muy estrecha al proceso evolutivo de SEMrush.

Recientemente, se ha dado entrada a algunos gerentes y líderes pero, aun así, la principal prioridad se centra en mantener equipos muy unidos que no sufren de una excesiva burocracia interna y que, por el contrario, gozan de la máxima libertad en el ejercicio de sus tareas. Así, solo se contratan personas que están 100 % entusiasmadas con lo que hacen y que están listas para adoptar nuevos enfoques para su trabajo. No hay KPIs ni plazos. En cambio, apuestan por aumentar la eficacia al ser transparentes y estar comprometidos de forma mutua. Por eso, en SEMrush valoran en gran medida los comentarios 360 grados a la hora de evaluar a los profesionales que trabajan en la empresa.

Tanto los responsables de recursos humanos como los *agile coaches*, con el soporte de los líderes de equipo, buscan transformar a trabajadores en líderes que ofrecen sus servicios y, sobre todo, en personas que valoran el trabajo en equipo. Esto tiene como base la creencia de que esta es la forma de ser competitivos en el mercado. Al dar libertad a las personas que muestran verdadera pasión por su trabajo, estamos predestinados a lograr grandes resultados. Cada producto dentro de la empresa es responsabilidad de este o aquel equipo, que incluye desarrolladores, especialistas en TI, especialistas en marketing y propietarios de productos.

Se busca hacer todo lo posible para que la empresa sea lo más transparente posible, de modo que cada empleado pueda conocer fácilmente lo que sucede dentro de cualquier equipo en la creencia de que esta es la mejor forma para contribuir a crear un gran ambiente en el que surjan nuevas ideas e iniciativas.

Pero hay tantos factores a tener en cuenta (es como una ecuación con múltiples variables desconocidas) que el verdadero desafío para el dueño de un negocio es examinar las incógnitas, convertirlas en conocimientos y luego en ganancias.

Estudiar compañías que han alcanzado el éxito también es fuente de inspiración. Durante este tiempo, en el mundo de habla hispana, SEMrush ha llegado a clientes tales como Booking, Carrefour, Air Europa, BBVA y Telefónica. Escuchando sus historias y viendo cómo están usando SEMrush, se han encontrado nuevos métodos y nuevos logros y han seguido dando valor al *feedback* que llega de los clientes.

Además, el sistema de transparencia establecido permite compartir datos por medio de todos los canales internos, ofreciendo la máxima información tanto al equipo de desarrolladores como al de marketing y al de ventas.

Sobre la comunidad y los *influencers*

Es un hecho que el equipo de marketing ha invertido mucho tiempo y fondos en educar a la comunidad. Para ello, entre otros contenidos educativos, organizan webinarios gratuitos con los mejores expertos en diferentes temáticas, cuentan en Twitter con chats en distintos idiomas y buscan fomentar y fortalecer nuestra comunidad de lectores de los distintos blogs, contando con profesionales especialistas en marketing que comparten su experiencia de forma práctica con temas exclusivos para los blogs.

Los distintos embudos de conversión para varios países han demostrado que esta educación gratuita juega un papel importante en el aumento del número de clientes potenciales y de usuarios de SEMrush.

También es importante aprovechar el *agile marketing*. Al igual que el departamento de desarrollo de productos, el departamento de marketing consta de varios equipos independientes, con organización propia e increíblemente comprometidos en los distintos procesos de trabajo. Dicha estructura permite a estos equipos experimentar con libertad.

Sobre los empleados

En la compañía, cuentan en la actualidad con más de 700 empleados repartidos entre Rusia, Estados Unidos, la República Checa y la República de Chipre. Además, también tienen en sus filas a trabajadores que prestan sus servicios de forma remota desde otros países (España, Italia...).

En línea con lo anterior, SEMrush ya está usando parte de la financiación que recibe para expandirse más allá de los motores de búsqueda con sede en los EE. UU., como, por ejemplo, plataformas propiedad de Amazon.com y la compañía china de Internet Baidu.

Así mismo, dentro del proceso de expansión en el que se halla inmersa, también está planeado comprar compañías que producen software que incluir en su plataforma y comprar datos de búsqueda de mercados emergentes para hacer que su plataforma sea más efectiva para los vendedores en esos países.

En el blog de SEMrush

Siguiendo con lo anterior y hablando de la visión de los equipos sobre los distintos blogs de SEMrush, hay varios estándares que ellos mismos han establecido y que se resumen en:

1. El contenido debe ser único y no se puede publicar en ninguna otra fuente.
2. Proporcionan contenido que puede ser útil para sus usuarios (guías gráficas con capturas de pantalla, instrucciones paso a paso, casos de estudio, investigaciones de mercado o ejemplos reales y de éxito).
3. Pasan por alto los temas básicos conocidos y publicados por todos. Piensan que no tiene sentido compartir especulaciones abstractas y consejos obvios. Después de todo, las personas que leen sus artículos no son totalmente novatas en la disciplina SEO y se merecen contenidos a la altura de sus conocimientos.
4. Se aseguran de que los datos de investigación que manejan son oportunos y relevantes, solo admiten fuentes que gozan de credibilidad.
5. Intentan que los contenidos se basen en hechos en lugar de en opiniones. Si no se puede respaldar algo con hechos, no se publica.
6. No dan el visto bueno a información o a detalles inexactos. Son conscientes de que la comunidad de TI es implacable cuando se trata de errores y desinformación.
7. Los autores de los artículos deben estar bien informados sobre los temas que escriben. También deben mostrar una total disposición para entablar conversaciones y aclarar dudas en la sección de comentarios (siempre que sea necesario).
8. Premian los artículos que son útiles. Lo que buscan son soluciones prácticas en lugar de artículos editoriales sesgados.
9. El objetivo principal es generar contenido práctico y útil que pueda servir como guía para los usuarios, algo que estén dispuestos a seguir, del que puedan aprender y que quieran enseñar o compartir con otros usuarios.

EL CONCEPTO DE TRANSFORMACIÓN DIGITAL

ÁLVARO FONTELA

CEO Y COFUNDADOR DE RAIOLA NETWORK

Antes de nada, vamos a empezar por explicar algunos conceptos básicos sobre lo que yo entiendo como transformación digital, sin ser un experto.

En mi opinión, la transformación digital consiste en implementar nuevas tecnologías digitales como herramientas para facilitar y agilizar las tareas convencionales de una empresa, consiguiendo así mejorar la eficiencia y los resultados.

También entiendo que, dependiendo del tipo de negocio, tendremos que aplicar unos métodos u otros durante el proceso. Pensemos que no es lo mismo aplicar el proceso de transformación digital a un negocio físico *offline* (por ejemplo, en una tienda de barrio) que aplicarlo en una gran empresa de las que llevan toda la vida funcionando y ya tiene sus procedimientos muy marcados.

No obstante, lo que de verdad debemos tener en cuenta es que la transformación digital va mucho más allá de implementar una herramienta de gestión para una tarea que antes se realizaba *offline*. En lugar de ello, implica también un cambio de mentalidad por parte del personal de la empresa y en la forma en la que se realizan las tareas.

Actualmente, el negocio que no se transforma está condenado a morir antes o después. Hace un par de años, se hablaba de la transformación digital como una opción para mejorar la productividad, la eficiencia y, finalmente, la facturación. Pero ahora mismo ya no es una opción y todos los negocios que quieran perdurar deben "cambiar el chip" y adaptarse a los avances tecnológicos y digitales.

Entiendo que la transformación digital es un reto, pero las ventajas de la digitalización superan con mucho a los inconvenientes del proceso.

Aunque el proceso de transformación digital es costoso (ya no solo por lo económico, sino por tener que cambiar la forma de trabajar), el objetivo realmente merece la pena. Estos son los tres puntos clave que obtiene la empresa al final de un proceso de transformación digital. En mi opinión, son la recompensa más importante:

- **Trabajadores más contentos y cómodos:** Las automatizaciones y la mejora de los procesos hacen que los trabajadores sean mucho más productivos y trabajen más a gusto.
- **Mejora de la rentabilidad y la eficiencia:** La optimización de procesos provoca que las tareas se realicen de forma más efectiva y rápida, consiguiendo incluso minimizar los costes.
- **Mejora de la experiencia del cliente:** Muchas de las medidas que se implementan en un proceso de transformación digital están pensadas para dar un mejor servicio.

Al final, lo que se busca es cambiar por completo la cultura empresarial de un negocio y darle forma de nuevo desde la raíz. Por esta razón, siempre se dice que el primero que debe estar convencido de iniciar un proceso de transformación digital es el CEO.

Transformación digital a pie de calle

Aunque todo lo que he comentado anteriormente está muy bien como teoría, la realidad cambia bastante y los obstáculos que podemos encontrar son distintos a los planteados en el modelo teórico.

En muchos sitios web de Internet donde se explica la transformación digital, se dice que:

- Transformación digital NO es crear las redes sociales de tu negocio y gestionarlas.
- Transformación digital NO es crear la web corporativa o tienda *online* para tu negocio.
- Transformación digital NO es empezar a utilizar el correo electrónico para tu empresa.
- Transformación digital NO es implementar una nueva herramienta de gestión o ERP.

Pero la realidad es que la transformación digital real es la suma de TODO esto y mucho más. Cuando obligamos al gerente de una tienda de barrio a usar el correo electrónico cuando nunca lo ha usado, estamos provocando un cambio de cultura. Y ahí también es donde vamos a encontrar el mayor problema: en el proceso de formación y "digitalización" del personal.

La realidad de la transformación digital está justo aquí, "a pie de calle", donde la gran mayoría de las tiendas de barrio o empresas pequeñas y medianas están condenadas a desaparecer por no saber adaptarse a la actualidad tecnológica del sector empresarial.

Por otra parte, quiero añadir que, para iniciar y completar un proceso de transformación digital en la mayoría de los negocios, no es necesario ser disruptivo. Me explico mejor: si podemos ser disruptivos, conseguiremos mejores resultados, pero en la mayoría de procesos de transformación vamos a conseguir completar el proceso sin obstáculos si seguimos el camino que han seguido otros negocios similares sin innovar nada.

Transformación digital en Internet

Como ya he dicho, el concepto de la transformación digital va más allá de la web o las redes sociales, pero en la práctica todo se centra en Internet y en la tecnología. Al fin y al cabo, desde que apareció Internet hemos ido buscando poco a poco formas de "monetizarlo" o aprovecharlo para nuestros negocios.

Creo que ya no hace falta decir que, actualmente, un negocio que no tiene presencia en la red tiene un problema. Si, además, estamos hablando de una tienda que no vende aún *online*, entonces va a tener un problema en breve.

Ahora mismo estamos en un punto en el que, cuando alguien va a montar un negocio (un bar, un restaurante o una empresa de diseño 3D, por poner ejemplos), algunas de las primeras cosas que pensamos para impulsarlo son:

- Sitio web o tienda *online*, dependiendo del tipo de negocio y de si vende o no productos.
- Dominio para el sitio web, con el que conseguimos esa dirección de email corporativa que todos deseamos para darle "seriedad" al negocio.
- Principales redes sociales: Facebook, Twitter, Instagram, Pinterest, LinkedIn, YouTube, etc.

Creo que las redes sociales pueden ser un complemento muy bueno para tener una presencia en Internet, pero la base de todo se encuentra en la página web, tenga las funcionalidades que tenga: tienda *online*, blog, formulario de contacto, sistema de soporte, etc.

Vamos a saltarnos algunas partes iniciales de la transformación digital de una empresa y la presencia en Internet, como la implementación del email como herramienta de comunicación y las redes sociales como herramienta de difusión y comunicación. El motivo es que quiero pasar directamente a la presencia en Internet en formato web, que es en lo que estoy especializado.

El papel de WordPress en la transformación digital

A este punto estaba deseando llegar: a la parte de WordPress.

¿Qué pinta WordPress en todo esto? WordPress es el CMS o sistema de gestión de contenido más utilizado del mercado, con una cuota que supera el 35 %. Esto es, más del 35 % de los sitios web de todo el mundo están creados con WordPress (muy por delante del segundo competidor, Joomla, que tiene menos del 5 % de cuota).

Con esta cuota de mercado y teniendo en cuenta el ritmo al que crece, considero que WordPress tiene un gran papel no solo en los procesos de transformación digital, sino también en la democratización de Internet.

Esta democratización consiste en permitir que todo el mundo publique su contenido en la red, sea cual sea el objetivo. Antes de existir los CMS y WordPress, la publicación de contenido en Internet estaba limitada a programadores o a los que podían permitirse el coste de contratación de un programador.

Al tiempo que iba avanzando el ecosistema y la comunidad de WordPress como CMS, fueron apareciendo soluciones que facilitaban el desarrollo de distintos tipos de plataformas, como los *e-commerce* o tiendas *online*. En este punto, debemos mencionar WooCommerce, un *plugin* para WordPress que, actualmente, es la solución más utilizada para crear y gestionar tiendas *online*. Tiene una cuota de mercado superior al 5,5 % y está muy por encima de la segunda solución para *e-commerce* (Shopify), que consigue solamente un 1,8 %.

Para que te hagas una idea, antes una tienda de barrio tenía que pasar por un proceso de desarrollo web a medida que podía costarle entre 10.000 y 30.000 euros, con el consecuente problema de tener que depender de ese desarrollador para cualquier modificación o mejora que necesitara. Ahora las cosas han cambiado: por mucho menos dinero, es posible conseguir una tienda *online* creada con WordPress y WooCommerce, con apariencia profesional y preparada para competir con los mejores *e-commerce*.

Entonces, ahora que tenemos tantas facilidades, ¿por qué sigue habiendo tiendas físicas que no tienen tienda *online*?

Aquí es donde viene el problema: no basta con crear la tienda *online*. Para vender SÍ que hay que ser disruptivo, ya que hay mucha competencia. Precisamente esto es lo que echa para atrás a mucha gente del pequeño y mediano comercio: pelearse en la venta *online* con gigantes como Amazon.

Como aclaración personal, os diré que, tras impartir unas cuantas charlas sobre transformación digital en el pequeño comercio a emprendedores locales de pueblos de Galicia, me he dado cuenta de que el miedo que le tienen a Amazon hace que ni siquiera quieran intentarlo.

Lo que debemos tener en cuenta es que Amazon nació "pequeño" y fue creciendo siendo creativo y diferente. Queda mucho pastel para repartir entre pequeños y medianos comerciantes; además, una tienda pequeña puede triplicar fácilmente su facturación si da el salto a la venta *online*. Ahora bien, un comercio local que empieza a vender *online* no puede competir en precio, sino en trato al cliente.

¿Es todo esto transformación digital?

He llegado hasta este punto para volver al principio.

Para que un pequeño o mediano comerciante empiece a vender *online*, tiene que realizar un cambio de mentalidad y planteamiento: un "cambio de chip". No basta con tener una tienda *online* o redes sociales, sino que tiene que pensar en el cliente de otra forma.

Y aquí justo es donde volvemos hablar de transformación digital, ya que este proceso se basa precisamente en eso, en un "cambio de chip" o de la cultura del negocio.

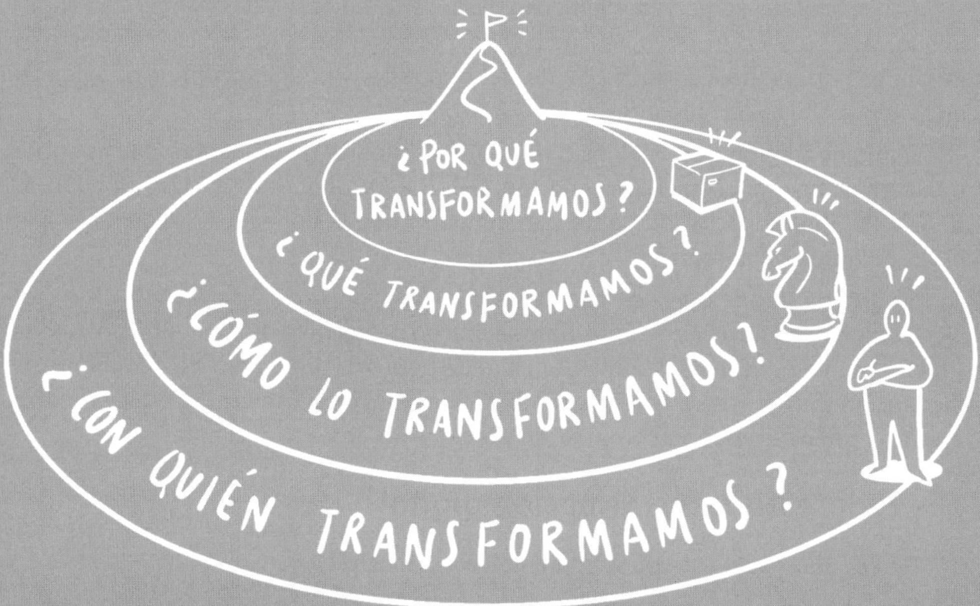
¿POR QUÉ TRANSFORMAMOS?
¿QUÉ TRANSFORMAMOS?
¿CÓMO LO TRANSFORMAMOS?
¿CON QUIÉN TRANSFORMAMOS?

3 LAS 4 PREGUNTAS DEL MILLÓN

Hemos visto que el proceso de transformación digital es un proceso estratégico en el que las personas son clave y en el que es fundamental utilizar la tecnología como facilitador, pero, antes de empezar, vale la pena que nos hagamos una serie de preguntas que, en definitiva, van a ser parte activa de nuestra futura definición estratégica.

Las siguientes cuatro preguntas nos van a permitir definir una hoja de ruta clara:

- ¿Por qué transformamos?
- ¿Qué transformamos?
- ¿Cómo lo transformamos?
- ¿Con quién transformamos?

¿POR QUÉ TRANSFORMAMOS?

Tic-tac, tic-tac, tic-tac, tic-tac, tic-tac... El tiempo no se va a parar, los disruptores tecnológicos van a seguir creciendo, aparecerán nuevos y los competidores seguirán transformándose. El tiempo no se va a parar y en el fondo eres consciente de que el único camino para la supervivencia es la transformación.

A modo de anécdota, tengo que reconocer que desde pequeño era un niño muy preguntón. No lo podía evitar, sentía curiosidad por todo, una extraña necesidad de saber cómo funcionaban las cosas, por qué pasaban, qué movía los elementos de mi entorno, quién estaba detrás de cada uno de ellos. Era algo innato e insufriblemente irremediable, no podía parar de preguntar, una situación que soportaban todas las personas de mi entorno, padres, familiares, amigos de la familia, profesores... tod@s.

El nivel de preguntas que hacía a mis allegados fue descendiendo de manera progresiva en parte como consecuencia del descubrimiento de los libros, más tarde, con la llegada de Internet y, por otro lado, debido a los estándares de educación. Deberíamos estimular que los niños hagan más preguntas, pero pasa exactamente lo contrario.

La curiosidad es innata en el ser humano y siempre hay una pregunta que, desde que somos muy pequeños, domina sobre el resto: ¿Por qué? Y ese es el motivo principal por el que siempre debemos empezar con esta pregunta y no con ninguna otra.

¿Qué motiva a un humano a dejar la seguridad de un trabajo estable para montar una *start-up* en el garaje de la casa de sus padres?, ¿a cruzar el charco para conocer otras culturas?, ¿a subir al Everest o a tirarse en paracaídas?

Mi primer viaje con tan solo 17 años fue a Italia; a los 20, visité Túnez; con 30, Kenia y Tanzania; y, a los 33, ya estaba organizando mis propios viajes con un 4x4 de alquiler y una tienda de campaña en el techo por tierras africanas. He subido al Kilimanjaro, hecho *rafting* bajo las cataratas Victoria y conducido por el desierto del Kalahari, cosas que para muchas personas pueden parecer una locura y a muchas otras seguro que se les queda corto.

Aún recuerdo que, cuando decidí hacer mi primer viaje a África, un compañero de trabajo me dijo que acabaría en una olla rodeado de zanahorias y cebollas como parte de alguna suculenta cena de una tribu africana. ¡Las películas de Tarzán hicieron mucho daño! Las decisiones que tomamos en la vida son racionales para unos y emocionales para otros, pero, si conectamos con el PORQUÉ, si las tomamos con el corazón, tienen una fuerza increíble.

Preguntarnos "¿por qué?" y dar respuesta a la pregunta en muchos casos nos lleva a conocer el porqué o el propósito, algo que dota a la organización de un fuerte vínculo emocional tanto con las personas que forman parte de la empresa como con los consumidores.

Simon Sinek publicó en 2009 su libro *Start with why: How great leaders inspire everyone to take action*, en el que explica su concepto de "El círculo dorado", un patrón biológico que nos explica por qué nos inspiran algunos pensadores, organizaciones o líderes.

El círculo de oro se basa en tres círculos concéntricos que ubican tres preguntas clave. ¿Por qué?, que se sitúa en el centro; ¿cómo?, ubicado en la zona intermedia; y ¿qué?, emplazado en el círculo más externo.

La idea central de Sinek se basa en el hábito que tenemos los seres humanos en general y las empresas en particular de dar respuesta y comunicarnos con las preguntas desde fuera del círculo hacia adentro, dando prioridad a la pregunta qué, luego al cómo y finalmente al porqué.

Todas las organizaciones del mundo conocen su QUÉ, todas saben qué hacen. Todas las personas de la organización están al corriente de QUÉ productos comercializan o de los servicios que ofrecen.

Algunas organizaciones conocen CÓMO lo hacen, algo que tiene que ver en muchos casos con el proceso. Son las cosas que les hacen especiales y que marcan una diferenciación con la competencia.

Finalmente, muy pocas organizaciones conocen POR QUÉ hacen lo que hacen, estamos hablando del propósito, la verdadera razón de la existencia de la organización.

De forma natural, empezamos a comunicar qué hacemos y cómo lo hacemos, algo que es intrínsecamente racional, por lo tanto, no es inspirador ni conecta de forma especial con las personas.

Las empresas inspiradoras comienzan con el PORQUÉ y lo comunican primero, este es el motivo principal por el que, antes de iniciar nuestro proceso de transformación digital, debemos dar respuesta a esta pregunta. Nos lo agradecerán nuestros empleados, que conectarán emocionalmente con el proyecto, también los consumidores, que sentirán la inspiración de la marca con más fuerza, y al final será un excelente punto de partida para dar una posterior respuesta a las preguntas CÓMO y QUÉ.

Además de preguntarte por qué deberías iniciar el proceso de transformación digital, también sería interesante que te preguntaras si organizaciones como Apple, Google, Amazon, Facebook o Salesforce tienen claro su porqué y si sus equipos lo conocen. En el fondo, dar respuesta a esta pregunta es parte clave del propio proceso de transformación digital, por lo que, dando respuesta a la pregunta, de algún modo ya lo estás iniciando.

Para responder al porqué, es importante conocer quiénes son los principales jugadores que están liderando la digitalización y quiénes se están quedando rezagados durante el partido.

CapioIT llevó a cabo un estudio independiente para clasificar a 60 empresas en función de su capacidad de innovación, ejecución y digitalización. Estas empresas, todas basadas en tecnología, se originaron en 12 países diferentes. Se clasificaron en cinco grupos distintos:

1. Disruptores:
    - Amazon
    - Apple
    - Bluewolf
    - Facebook
    - Google
    - McKinsey
    - Netsuite
    - Rackspace
    - Salesforce
    - TenCent
    - Twitter
    - Workday
2. Diversificadores:
    - Cisco
    - EMC
    - Fujitsu
    - HP
    - Intel
    - Huawei
    - IBM
    - Juniper
    - Lenovo
    - NEC
    - NetApp
    - Oracle
    - Dell
    - Samsung
    - Siemens

3. Servicios:
    - Accenture
    - ADP
    - Atos
    - Capgemini
    - CGI
    - Cognizant
    - CSC
    - Deloitte
    - Genpact
    - HCL
    - Infosys
    - Pactera
    - PwC
    - TCS
    - Unisys
    - Wipro
    - Xerox
4. Software:
    - CA
    - Informatica
    - Microsoft
    - SAP
    - SAS
    - Tableau
    - Vmware
5. Telecomunicaciones:
    - AT&T
    - BT
    - Deutsche Telecom
    - NTT
    - Singtel
    - Telefónica
    - Telstra
    - Verizon

Antes de continuar, vale la pena clarificar que denominamos "*hustle*" (empuje) a la capacidad de proporcionar liderazgo en innovación, ejecución e impulsar el cambio con rapidez, en definitiva, la habilidad que tienen aquellas empresas que están creando el nuevo mundo digital y, por extensión, aquellas que definirán el futuro digital.

La clasificación final se hizo según dos criterios: innovación y ejecución, con una lista ponderada de 5 variables en cada grupo:

Innovación

ATRIBUTO	PESO
Innovación interna	15 %
Ecosistema de innovación	10 %
Customer centricity	30 %
Hustle (empuje)	20 %
Inversión digital	25 %

Ejecución

ATRIBUTO	PESO
Resultados de los clientes	30 %
Integración global	20 %
Compromiso del equipo interno	20 %
Inversión de los socios	15 %
Hustle (empuje)	15 %

El resultado del análisis no debería sorprender a nadie. Las empresas disruptoras lideran casi todas las métricas, mostrando que son capaces de innovar y ejecutar mejor que el resto, además de enseñar que son incluso mejores innovando que ejecutando.

El equilibrio entre innovación y ejecución es importante por razones obvias; no obstante, parece claro que, siempre que se tenga una buena base de ejecución, sumar más en innovación ofrece ventaja.

Entre las empresas "más tradicionales" del análisis, las que mejores resultados obtienen son las de software.

Del estudio de CapioIT podemos extraer algunas conclusiones clave. Veamos cuáles son las fortalezas de los disruptores y las debilidades de los rezagados:

- **Fortalezas clave de los disruptores:**
  - Sembrar y crear cambio.
  - Cultura de innovación de extremo a extremo.
  - Creación y mejora significativa de modelos de negocio emergentes.
  - Capacidad para fallar y empezar de nuevo.

    - Comprender los procesos donde se crea valor y aquellos que son menos valiosos.
    - Potenciación de los empleados.
    - El conocimiento de que el mercado nunca se gana.
    - Alta capacidad de empuje (*hustle*).
    - Equipo apasionado.
- **Debilidades clave de los rezagados:**
    - Silos organizacionales.
    - Cultura de aferrarse a lo que solía funcionar.
    - Incapacidad para evolucionar a gran velocidad.
    - Gestión por control.
    - Falta de empuje (*hustle*).
    - Seguir, no liderar.

La capacidad de las empresas disruptoras para revolucionar la innovación y crear nuevos mercados a una escala en la que otras organizaciones no pueden seguir hace que se diferencien por completo y les permite ser más competitivas.

Transformar organizaciones no es fácil. Solo un pequeño grupo de empresas con una capacidad de innovación extraordinaria y una cultura adecuada tienen la oportunidad de ser disruptores, pero ¿cuántas oportunidades tenemos de acercarnos a esas empresas definiendo una nueva estrategia, cambiando la cultura organizacional, innovando de forma más radical, situando realmente al consumidor en el centro o mejorando nuestra agilidad?

Los disruptores tecnológicos pueden ser una fuente de inspiración para las empresas más tradicionales y sus modelos de negocio pueden ser una referencia de la que aprender para adaptarnos a un nuevo perfil de consumidor más digital, más informado y mucho más exigente.

La definición del PORQUÉ debe ser absolutamente prioritaria y es uno de los elementos más importantes de la transformación digital, en el fondo, estamos hablando de transparencia. Le vamos a pedir a la gente que cambie y lo mínimo que les podemos ofrecer para empezar es que comprendan cuáles son las razones detrás de un proyecto de tanta envergadura.

La definición del PORQUÉ y asegurar que llega a todos los estamentos de la organización es responsabilidad de la alta dirección, así como asegurar que el mensaje llega y es comprendido por todos los miembros de la empresa, para conectar con el equipo de forma emocional y evitar poner en riesgo la cultura de la organización. Si tu equipo no te compra el PORQUÉ, olvídate de transformar tu organización.

Según el EDCi, *European Digital City Index*, Barcelona ocupa la posición número 9 del ranking de digitalización europeo y Madrid, la 14. La primera ciudad del ranking es Londres, seguida muy de cerca por Estocolmo.

Mi amiga Lena, que vive en Estocolmo, me cuenta que en su ciudad tienen definido un PORQUÉ muy claro: "Ser la ciudad más inteligente del mundo en 2040", un propósito que engloba todos los servicios que la ciudad presta tanto a ciudadanos como a empresas.

El 3 de abril de 2017, el Ayuntamiento de Estocolmo definió, junto a los ciudadanos, una estrategia para desarrollar aún más la ciudad inteligente a través de la coordinación del trabajo de la ciudad en materia de digitalización bajo el lema "*Strategy for a Smart and Connected City*".

Mi amiga me cuenta que la ciudad ha llevado a cabo un análisis de la evolución mundial para tener una comprensión más amplia de las experiencias de otros países y ciudades. Las iniciativas seleccionadas en otras ciudades inteligentes se han utilizado como inspiración en reuniones de trabajo.

Lena me cuenta que, además de tener un PORQUÉ, "*Stokholm Smart and Connected City*", también tienen un modelo que describe cómo se debe llevar a cabo el proceso o, lo que es lo mismo, tienen un CÓMO claramente definido.

La hoja de ruta para Estocolmo se basa en tres pilares fundamentales: innovación, conectividad y apertura, que deben trabajar a su vez sobre tres áreas: sostenibilidad social, sostenibilidad financiera y sostenibilidad ecológica.

Lena me comenta entusiasmada que su ciudad invitó a ciudadanos de todas las franjas de edad a participar en un diálogo abierto en el Ayuntamiento y que, a través de un proyecto de *crowdsourcing* impulsado a través de las redes sociales, se tuvieron en cuenta las opiniones e ideas de la ciudadanía.

Me cuenta que la ciudad, en cooperación con el Royal Institute of Technology, Ericsson, Vattenfall, ABB, Skanska y Scania, ha creado el "Innovation Arena Digital Demo Stockholm" para desarrollar soluciones sostenibles, innovadoras y digitales que contribuyan a mejorar la calidad de vida de los ciudadanos de Estocolmo.

Para impulsar la transformación digital, se ha cambiado el tradicional departamento de IT en un moderno departamento de desarrollo digital que reporta directamente al alcalde de la ciudad.

Lena me explica, emocionada, que uno de los mejores ejemplos de innovación que han tenido es trabajar con una plataforma de datos abiertos a través de la organización de Hackatones, que estimulan el desarrollo de nuevos servicios digitales.

Estocolmo es un gran ejemplo para comprender que la digitalización no afecta solo a organizaciones empresariales, lo hace a todos los niveles, pero, sobre todo, es un buen ejemplo para comprender que con un PORQUÉ y con un CÓMO es posible llevar a cabo un proceso tan complejo como la transformación digital de toda una ciudad y obtener resultados extraordinarios. Recordemos que hoy son número dos del ranking europeo, pero tienen un propósito y aspiración claros: ser el número 1.

¿QUÉ TRANSFORMAMOS?

Ya has dado respuesta a la pregunta "por qué" y has definido el porqué de la transformación digital. Ahora es hora de pasar al QUÉ transformamos.

La gran mayoría de empresas empiezan por el qué, en parte por cultura, en parte debido a que la gran mayoría de líderes están orientados al qué y al cómo y también por el sentido de urgencia.

El sentido de urgencia ha llegado ya a muchas empresas y, si no es tu caso, salvo que seas parte del equipo de una disruptora, ten paciencia, te llegará.

En el momento en que la empresa empieza a sufrir, todo el mundo empieza a correr con la pretensión transformar la organización de la noche a la mañana. Con la llegada de la urgencia, la gran mayoría de directivos de empresa planifican un viaje a Silicon Valley, toman inspiración de las empresas más disruptivas y, con suerte, visitan Japón o China.

Un proceso inicial de transformación digital necesita 4 años, todo un periodo estratégico, y, para cuando la implementación haya terminado, al ritmo que evoluciona la tecnología se deberá revisar el modelo. Además, es un proceso masivo que afecta a toda la organización. En este punto, quiero aprovechar la coyuntura para dejar claro que la definición de estrategia en periodos de cuatro o cinco años ha muerto. En el siglo XXI todo va demasiado rápido y definir estrategias a tan largo plazo ya no tiene sentido.

Dar respuesta a preguntas de tipo QUÉ puede ser un buen punto de partida para definir una buena estrategia:

- ¿Qué está cambiando?
- ¿Qué nuevos modelos de negocio están apareciendo?
- ¿Qué oportunidades están surgiendo?

- ¿Qué valor adicional puedo aportar a mis clientes con la digitalización?
- ¿Qué puedo hacer diferente?
- ¿Qué puedo aprender de las organizaciones disruptoras?
- ¿Qué nuevas tecnologías hay disponibles?
- ¿Qué nivel de innovación tiene la organización?
- ¿Qué papel juega el cliente en nuestra organización?
- ¿Qué grado de agilidad tiene mi empresa?
- ¿Qué compromiso tiene el equipo con el proyecto?
- ¿Qué nivel de digitalización tiene el equipo?
- ¿Qué tal funciona la comunicación interna?
- ¿Qué nuevas funciones debo crear en la empresa?
- ¿Qué conocimientos, habilidades y competencias necesita la organización?

La respuesta a estas y otras preguntas nos debería proporcionar una idea clara de cómo funciona tanto el entorno digital como nuestro modelo actual. Este será nuestro punto de partida.

Uno de los primeros pasos que hay que dar es el de la aceptación por parte de todos los estamentos de la organización de que todo tiene que ser por y para el cliente, tanto desde el punto de vista racional como emocional, desde el producto al servicio, en el que todos los elementos de la cadena de valor sitúen al consumidor en el centro y en el que el *customer journey* esté diseñado bajo una perspectiva experiencial.

A partir de aquí, las preguntas fundamentales que debemos hacernos son:

- ¿QUÉ podemos mejorar en nuestra cadena de valor?
- ¿QUÉ experiencias específicas vamos a diseñar en el *customer journey*?
- ¿QUÉ elementos innovadores podemos agregar a nuestros productos y servicios?

¿CÓMO TRANSFORMAMOS?

¿CÓMO transformamos? Parece una pregunta fácil, pero no es tan sencilla de responder. Dar respuesta al CÓMO nos va a permitir no desviarnos de nuestro porqué, de nuestra causa o motivo principal.

El CÓMO será la hoja de ruta que asegurará el éxito en nuestro proceso de transformación digital, una guía imprescindible para toda la organización.

Cuando la transformación digital se inicia con una falta clara de estrategia, el precio que se puede llegar a pagar es muy alto. Son muy habituales y conocidos los casos en los que se delega la comunicación digital y el análisis de datos de toda la empresa o de sus marcas en un grupo de becarios con más o menos talento, obteniendo en la mayoría de casos resultados mediocres. En muchos casos, los directivos de la empresa reconocen el valor de los datos sobre clientes, proveedores o, incluso, sobre la cadena de valor, pero, para aplicar el conocimiento adquirido a todos los procesos de la empresa, es fundamental profundizar y partir de una buena definición estratégica.

Otras empresas hacen el ejercicio de fundar o comprar una *start-up* digital con la idea de que sirva como base de inspiración para toda la organización. Invierten algo de dinero, reclutan a jóvenes con talento y ponen en marcha un proyecto que termina por no tener la capacidad de influir en el modelo de negocio consolidado. No hay un solo caso de éxito de transformación digital en el que una organización líder haya sido capaz de redefinirse gracias a la incorporación de una *start-up*.

Por otro lado, debo decir que la integración o creación de una *start-up* es una excelente herramienta de transformación, especialmente para grandes corporaciones, ya que permite acumular experiencias y aprendizajes, pero jamás la única respuesta a la necesidad de transformación.

Otro error habitual es la confusión que se produce entre transformación digital y ecosistema digital o entre transformación digital y digitalización.

Podemos digitalizar todos los procesos para mejorar la eficiencia a través de la automatización, pero eso no significa en ningún caso que nos estemos transformando. Obtendremos mejores resultados, pero no estaremos buscando oportunidades de valor añadido en todos los procesos.

Los consumidores del siglo XXI tienen acceso a más información que nunca, investigan *online* antes de tomar una decisión de compra, confían más en la opinión de otros consumidores que en la publicidad, rechazan los modelos de publicidad tradicional y se preocupan mucho más por la sostenibilidad.

Las empresas nativas digitales han crecido y se han desarrollado bajo esta nueva mentalidad y tienen mayor facilidad para conectar con los nuevos perfiles de consumidor mientras las empresas más tradicionales tienen que enfrentarse a un desafío mucho mayor.

El proceso de transformación digital es mucho más profundo y, por tanto, afecta a toda la organización. Hablamos de nuevas oportunidades de estrategia de negocio que surgen gracias a la aparición de las nuevas tecnologías, bajo un prisma que no es únicamente tecnológico, y de procesos, ya que implica nuevas aptitudes en las personas, una nueva cultura, reinventar procesos, situar al cliente en el centro, ser más ágil, optimizar costes y, sobre todo, identificar y aprovechar nuevas oportunidades de negocio para incrementar beneficios e ingresos. Todas estas son respuestas al CÓMO.

La respuesta al CÓMO no es distinta a la que hubiéramos dado en el siglo pasado, la respuesta al CÓMO es, ha sido y será siempre la definición estratégica.

¿CON QUIÉN TRANSFORMAMOS?

Para dar respuesta al CON QUIÉN debemos, ahora sí, hablar de personas. Transformamos con todos los profesionales de la organización, todos sus departamentos, clientes, usuarios, consumidores y, en definitiva, con todos los *stakeholders*.

Uno de los principales retos que se están dando es que muchos profesionales creen que el cambio afecta únicamente a marketing; ese puede un gravísimo error.

Tomemos como ejemplo el caso de un profesional de recursos humanos convencido de que todos estos cambios afectan a marketing y que, por lo tanto, toda esta transformación no afectará a su profesión. Obviamente, si no se adapta a los nuevos cambios, corre el riesgo de pasar a engrosar la amplia lista de parados.

La selección de personal del siglo XXI poco tiene que ver con la que se utilizaba en el pasado. El uso de herramientas como LinkedIn o Twitter en los procesos de selección es hoy en día fundamental para reclutar a profesionales de primer nivel.

Por otro lado, los profesionales digitales altamente capacitados van a tener en cuenta el nivel de *employer* y *employee branding* de las empresas a la hora de aplicar a las ofertas laborales, ya que no quieren ofrecer sus servicios o empresas poco o nada digitalizadas.

Finalmente, las nuevas generaciones tienen muy en cuenta el grado de digitalización de las compañías a la hora de decantarse por una determinada oferta laboral. Si quieres atraer talento digital, debes estar al día, eso implica ser un profesional digitalizado, lo que algunos autores denominan un profesional 2.0, por lo que no puedes mantenerte estancado en una "mentalidad analógica".

Otro interesante ejemplo es cómo afecta la digitalización a los departamentos de ventas. La mayoría de empresas están tomando muy en serio el *e-commerce* como nuevo canal comercial y muchos usuarios están empezando a comprar sus productos *online*, por lo que el número de comerciales en las empresas está disminuyendo y continuará haciéndolo en los próximos años.

¿Qué comerciales sobrevivirán a estos cambios? Aquellos que sean capaces de adaptarse y ofrecer valor añadido para el cliente, utilizando herramientas de trabajo digitales y técnicas de *social selling*. ¿Y tú, qué tipo de profesional quieres ser? ¿Qué tipo de mentalidad quieres tener? ¿Estás preparado para adoptar una mentalidad digital?

Los volúmenes de información con los que trabajamos en la actualidad son enormes, al tiempo que claves para la productividad. Ser capaz de manejar la información de manera eficiente para extraer la información clave y usar nuevas herramientas como aplicaciones y redes sociales de forma ágil para aumentar la productividad son claves para el profesional del siglo XXI.

El diálogo y las relaciones entre los consumidores y las organizaciones ha evolucionado de forma notable gracias a las herramientas digitales y seguirá evolucionando en los próximos años, permitiendo a las empresas diseñar productos, servicios y experiencias que sean más satisfactorias y generar relaciones marca-cliente mucho más estrechas y duraderas. La comunicación actual es cada vez más digital y engloba a todos los niveles de la organización.

En este nuevo entorno, cada individuo es responsable de su propio aprendizaje, tanto para la localización de contenidos, herramientas y profesionales adecuados a sus necesidades como para la automotivación y el pensamiento crítico, por lo que los departamentos de recursos humanos tienen un papel clave. Las personas con mentalidad digital tienen muy claro que deben estar siempre en constante aprendizaje.

En este nuevo entorno hiperconectado, debemos tener la capacidad de trabajar de manera colaborativa, participando en comunidades como las redes sociales, adaptándonos a la diversidad o gestionando proyectos virtuales. En este contexto, los nuevos espacios de trabajo deben ser abiertos y ofrecer a los profesionales las herramientas necesarias y la diversidad tecnológica para un desempeño profesional eficaz.

En un mundo nuevo en el que las tendencias están totalmente globalizadas y son fundamentales para ofrecer a los consumidores productos y servicios innovadores, facilitando espacios de colaboración y acceso a recursos globales, la tecnología juega un papel principal en la digitalización del entorno, por lo que es necesario contar con profesionales que la conozcan y sean capaces de evolucionar a la misma velocidad que esta lo hace.

A lo largo de los años, el precio ha ido perdiendo relevancia mientras la experiencia de compra ha ido ganando terreno. Una de las mejores experiencias que puedes ofrecer a los consumidores es la participación activa. Herramientas digitales como aplicaciones o las propias redes sociales nos facilitan la posibilidad de integrar al consumidor en los procesos de innovación o diseñar experiencias interactivas, pero estas tecnologías hay que conocerlas y, en este sentido, el rol de la formación es clave.

Los tiempos en los que se estudiaba una carrera u oficio y bastaba para ser un buen profesional de por vida hace ya mucho tiempo que vieron su fin. Hoy es imprescindible mantenerse actualizado constantemente, este es el tipo de compromiso personal que un individuo con mentalidad digital tiene tanto con él como con su entorno. En los nuevos entornos digitales la formación constante es la clave del éxito.

Adaptarse a todos estos cambios es una cuestión de actitud. Se trata, en esencia, de querer formar parte del cambio, de ver este nuevo entorno como una oportunidad y de creer que tú puedes ser un activo importante en ese cambio que se está produciendo, en esencia, de adoptar una mentalidad digital.

Sí, transformamos con personas, que tienen días mejores y peores, que poseen diferentes habilidades, conocimientos distintos, mentalidades diversas, aptitudes y actitudes heterogéneas o personalidades dispares. El reto es conocerlos, integrarlos y darles la oportunidad de liderar junto a nosotros este proceso de cambio.

Transformar con personas nos lleva inexorablemente a una transformación cultural, una cultura formada por valores y comportamientos que definen cómo se hacen las cosas en una determinada organización y que en algunos casos puede chocar frontalmente con las estrategias de transformación.

Una cultura saludable permite a las personas actuar de forma apropiada, tomando decisiones alineadas con el propósito, la estrategia y los objetivos de la organización.

La implantación de una cultura digital en todos los estamentos de la organización es clave, mientras que ignorar la cultura predominante implica un alto riesgo de fracaso.

Para implementar una cultura digital podemos tener en cuenta los siguientes pilares:

1. **+ Orientación externa, - Orientación interna:** Situar al cliente en el centro, focalizar en la mejora continua de la experiencia en todos los puntos de contacto con el consumidor y en el *customer journey*.
2. **+ Innovación, - Precaución:** Se incentiva la toma de riesgos, cometer errores rápidos y aprender de ellos huyendo del *statu quo* y de la cultura de preservar lo que se tiene.
3. **+ Colaboración, - Individualismo:** El trabajo colectivo y la transparencia informativa proporcionan siempre mejores resultados.

4. **+ Acción, - Planificación:** En los entornos VUCA (volátiles, con alta incertidumbre, complejidad y ambigüedad), planificar a largo plazo no tiene sentido. Planificamos a corto plazo y focalizamos en la acción, la agilidad y la iteración continua.
5. **+ Delegación, - Control:** Los empleados se rigen por los principios de la cultura digital, la innovación, la agilidad y la colaboración sin recibir instrucciones detalladas y cientos de KPIs.

A lo largo de mi trayectoria profesional, he tenido la fortuna de trabajar con personas de muchas organizaciones o de conocer a personas muy diversas en mis clases en escuelas de negocio, personas que trabajan en Apple, BlackBerry, Volkswagen, ABB, Hitachi, BBVA, DIA, SEAT, Ferrer, Gas Natural o CEPSA, que han vivido diferentes experiencias transformacionales y que, a día de hoy, están en organizaciones con culturas también diferentes. Cada cultura es distinta. Podemos reconocer ciertos parámetros, pero no debemos olvidar que las organizaciones están compuestas por personas. Son estas las que, en última instancia y a lo largo de los años, han ido conformando la cultura organizacional.

Mi amiga Cristina, una talentosa *millennial* con la que he tenido la suerte de cruzarme a nivel profesional en los últimos años, nos aporta su experiencia y su visión personal sobre la transformación digital.

¿TRANSFORMACIÓN DIGITAL O TRANSFORMACIÓN CULTURAL?

CRISTINA MATUTE GRASAS

***HEAD OF MARKETING AND E-COMMERCE SPAIN & PORTUGAL*, MULTINACIONAL DEL SECTOR SALUD**

Voy a contaros una historia sobre cambios y transformación cultural en un sector tradicional. Me llamo Cristina, hace 8 años entré en una multinacional del sector de la salud, en la que a día de hoy soy directora de Marketing & E-commerce.

En este mercado, aunque nuestros productos y soluciones van dirigidas a consumidor final, hay un papel muy importante del prescriptor. El sector en el que trabajo, el sector salud, está altamente regulado y la mayoría de empresas del sector estamos adheridas a códigos éticos que garanticen la máxima transparencia y trazabilidad en nuestra actividad, eso influía en aquel entonces en que nuestro acercamiento al mundo digital fuera puntual.

Al igual que sucedía con la mayoría de empresas de nuestro sector, casi ninguno de los clientes con quien yo trabajaba en el año 2013 tenía redes sociales; unos pocos, los más grandes, contaban con web. Recuerdo en aquel entonces preparar las primeras campañas en redes sociales para los clientes más "modernos" con el objetivo de lanzar sus propios perfiles en Facebook con una promoción atractiva que les ayudara también así a ganar seguidores.

A pesar de ello, recuerdo que nos aventuramos a lanzar una plataforma que se dirigiera directamente al usuario final y les ofreciera información y respuestas a muchos de sus miedos y preguntas sobre una de las soluciones que ofrecemos al mercado: las lentillas.

¿Por qué? ¿Por qué se dio el paso de hablar solo con el profesional (B2B) a hablar con el usuario final del producto (B2C)? ¿Qué significaba desde mi punto de vista ese paso?

Esta transformación en el flujo de comunicación con el usuario final, que hasta aquel entonces había sido siempre solo a través del profesional (B2B), significaba una transformación en la estrategia de cómo aproximarnos al mercado. Cambiaba el modelo tímidamente, sí, pero lo hacía.

El potencial del mercado que estamos analizando, el mercado óptico, en concreto el de las lentes de contacto, es muy alto: hay un 80,7 % del total población que necesitan corrección visual. Sin embargo, en ese 2013 solo un 3,9 % eran usuarios de nuestros productos.

¿Qué pasaba con el resto? ¿No tenían interés? ¿Les parecía un producto poco atractivo o útil? Ninguna de estas suposiciones era cierta. Se realizaron estudios y... ¡oh, la magia de los datos!

Los datos nos mostraban que más del 50 % de usuarios potenciales decían que el prescriptor jamás les había hablado de la posibilidad de usar nuestros productos; en el 39 % de los casos, cuando se les informaba, sentían interés por probarlos. Además, en ese momento, el usuario potencial no encontraba información *online* ni en canales alternativos.

En una situación donde el usuario final de un producto no tiene información, la consecución del objetivo de hacer llegar las soluciones a todas las personas que podrían beneficiarse de ellas pasa por digitalizar la información que hay sobre el producto. La posición de ventaja siempre se obtiene siendo el propulsor de ello, para asegurar que la información llega a los usuarios que puedan estar interesados, de la manera en la que te convenga transmitirla.

Miro hacia atrás y pienso que fue una buena decisión: las lentillas se comercializan desde 1972 y, en los primeros 40 años, habían conseguido tener un 3,9 % de penetración; en los últimos 8 años, en los que el usuario ya puede encontrar información a través de canales alternativos, la penetración de esta categoría ha crecido 2,5 puntos más y a día de hoy sigue creciendo.

Ahora bien, este pequeño primer paso, ¿fue fácil? La respuesta es NO.

Desde el comienzo, advertimos las dificultades de cualquier proceso de transformación: la resistencia al cambio, el miedo y la negación en algunos casos. Tanto dentro como fuera de las compañías del sector existía una reticencia ante lo desconocido.

Recuerdo tener la sensación que no se veía en positivo que informáramos a la población sobre la existencia de un producto que les podía solucionar parte de sus necesidades de visión dándoles un extra de comodidad, también tuvimos que explicar tanto internamente como a nuestros clientes el motivo de dicha iniciativa y que, al final, el crecimiento del mercado y el acceso a mayor información redundaba en beneficio de todos, empezando por los usuarios.

Los años pasaron, la idea de que era necesaria una plataforma donde se informara digitalmente sobre este producto fue siendo aceptada por todos: departamentos internos de la empresa y clientes.

Me gustaría pararme en los departamentos internos de la empresa, puesto que, cuando te lanzas a explorar un canal nuevo, pocas veces pensamos en ellos. Siempre analizas las resistencias externas y no paras a mirar hacia dentro.

Cuando piensas en transformación digital, piensas en qué objetivo de negocio tengo en mente, cómo llegar al cliente, cómo comunico, qué tecnología necesito, cómo adapto la novedad a mi modelo actual de venta, qué necesito en mis sistemas, qué nuevos procesos debo desarrollar, etc. Muy pocas veces hacemos el ejercicio de mirar hacia dentro y cuando digo mirar hacia dentro me refiero, a las personas, a la forma en la que se toman decisiones (la de cada uno de los que va a tener que interactuar con la transformación), a los protocolos, a la cultura organizacional. Es, probablemente, este punto tan o más importante que la transformación que te hayas propuesto implementar en el modelo de negocio.

En nuestro sector, la línea de actuación viene regulada por las leyes, las normas sectoriales y los exigentes códigos éticos que asumimos como propios. Es un marco de actuación que no siempre contempla todos los escenarios posibles, sobre todo aquellos que suponen una disrupción en la forma de hacer las cosas como sucede con la digitalización.

Aparecen dudas, hay un natural desconocimiento de los riesgos y un cierto miedo o prudencia derivada de nuestra responsabilidad como compañía del sector salud. Eso nos hace caminar un paso por detrás de determinadas tendencias sociales y supone un reto adicional para aquellas personas y organizaciones que queremos innovar.

Hoy en día, un departamento de marketing del sector de la salud debe pivotar sobre valores clave: persistencia, resiliencia y mucho coraje, puesto que el camino a la digitalización no va a ser fácil.

La transformación digital es constante, la transformación cultural también

Los años pasaban y, con ellos, la digitalización de la sociedad era cada vez un hecho más extendido y real. Las compras en Internet se disparaban en todos los sectores (menos en el nuestro, donde no había oferta), cada vez subía más el consumo de televisión digital, salían nuevos modelos de negocio como los que se contratan por *apps*, como Wallapop, se digitalizaban servicios tan tradicionales como los que te ofrece un taxi... ¿Qué pasaba en nuestro sector? Seguíamos topando con la lenta digitalización del mercado.

El objetivo en un mercado que seguía teniendo mucho camino para desarrollarse desde el punto de vista de marketing sigue siendo el mismo: que el mercado siga creciendo para dar solución a más usuarios, pero ¿qué estaba pasando con los modelos de venta de nuestro mercado? ¿Se adaptaban a los nuevos hábitos de compra del consumidor? ¿Ofrecían lo que el consumidor buscaba? Ahora que cada vez hay más usuarios potenciales informados, ¿la oferta de servicios que encuentran encaja con la realidad de sus hábitos de compra y necesidades?

En 2017, tenía claro que nuestros clientes cada vez estaban más interesados en digitalizarse, pues ellos también eran conscientes de la revolución que estaban viviendo. Su duda residía en cómo hacerlo: "¿Cómo me digitalizo?, ¿cómo ofrezco un servicio más digital?, ¿cómo puedo satisfacer a mi cliente?, ¿quiero cambiar o es mucho trabajo y no me compensa?".

Yo soy firme creyente de que, en un entorno B2B2C y en una categoría de producto con mucho potencial por desarrollar, no puedes perder nunca de vista los siguientes objetivos:

- Convertirte en *partner* de tu cliente.
- Hacer crecer juntos la categoría.

Y con esos dos objetivos en mente nos decidimos a transformar la misma plataforma informativa que teníamos a una que además funcionara como herramienta de venta de nuestro cliente/*partner* a sus usuarios. Una plataforma B2B2C en toda regla.

Creamos un "idilio de amor" a tres partes. Ofrecíamos un envío directo de nuestros productos a la dirección que el usuario indicara a través de nuestro *partner*, que era quien establecía la relación con sus usuarios y gestionaba las condiciones. Ofrecíamos también la posibilidad de envíos recurrentes, siguiendo la gran tendencia en suscripción y pagos mensualizados, en compras recurrentes o recompras que hay en el mercado. El lanzamiento tuvo una acogida mucho mayor a lo que esperaba con eventos donde hubo más asistencia que sillas para sentarse. El mercado tenía muchas ganas.

¿Entonces ha sido más fácil este gran paso de transformación digital que el anterior? ¿Entonces en 2018 no encontré las barreras que encontré en 2013? ¿Es que la sociedad y las organizaciones hoy en día ya están digitalizadas y, por lo tanto, no hay frenos en la transformación?

Siguen existiendo retos a superar. Pero esta vez me di cuenta de que la mayoría de barreras tenían que ver con hábitos y aspectos culturales. De nuevo, se trata de convencer, de trabajar con nuestros *partners* para transformarnos juntos, compañías y equipos.

El nuevo universo que ofrece la plataforma es tan "de hoy", pero tan diferente para el sector, que moldearlo y verlo crecer ha sido y sigue siendo a día de hoy una aventura.

Como he dicho, el principal reto siempre está en la mente de todos aquellos que deben impulsar estas novedades en su día a día. Siempre hay explicaciones que hacen referencia a temas técnicos y a sistemas. Al inicio, me focalicé mucho en hacer todo tipo de cambios y optimizaciones, pero la llave está en el impulso al cambio del modelo comercial.

Por este motivo, una vez entendí que estaba ayudando en el camino de transformación a otros, volví atrás a revisar los principios básicos que he expuesto antes y a posicionarme como el *partner* que necesitaba ser no solo pensando en el objetivo de hacer crecer el mercado, sino en el objetivo de ser el que te acompaña a llegar a tu objetivo.

Ayudar al gerente en la adaptación de su negocio a un modelo mixto *on/off*, resolviendo preguntas como:

- ¿Cuál debe ser entonces mi modelo de precios?
- ¿Cómo enseño a mi equipo a cambiar la forma de ofrecer el producto o sus protocolos comerciales?
- ¿Qué hago si tengo una reclamación?
- ¿Cómo lo tomará el cliente de toda la vida?
- ¿Cómo combino mi negocio *online* con mi modelo de negocio *offline*?

Pero también, sobre todo, ayudándoles con sus equipos. El foco hoy en día está en todos los recursos que podamos ofrecer para ayudar a motivar este cambio cultural en el total del equipo de los clientes. He aprendido que no es cuestión solo de ofrecer un servicio o de hacer campañas, sino que para ser su *partner* en este proceso de digitalización lo más importante es volver al inicio, volver a reforzar los *core* servicios de formación dirigidos exclusivamente a nuestros clientes, que ellos demandan a su *partner* preferente:

- Formar en adaptar el negocio.
- Formar en protocolos de venta.
- Apoyar en acciones a consumidor.
- Ayudar en la adaptación al cambio y a bajar frenos y barreras.

Solo haciendo este paso hacia la posición de *partner* que ayuda en su transformación cultural conseguiré motivar la transformación digital que llevará al objetivo de seguir haciendo crecer el mercado.

Esta posición, la del foco en la transformación cultural de la organización, es, sea cual sea el escenario, siempre la primera piedra del camino, el primer pilar que se debería de trabajar. Internamente, en el caso de un mercado B2B, asegurando que ayudas a tus *partners* a hacer lo mismo. Solo así puedes allanar el camino para el resto de pasitos hacia tu transformación digital.

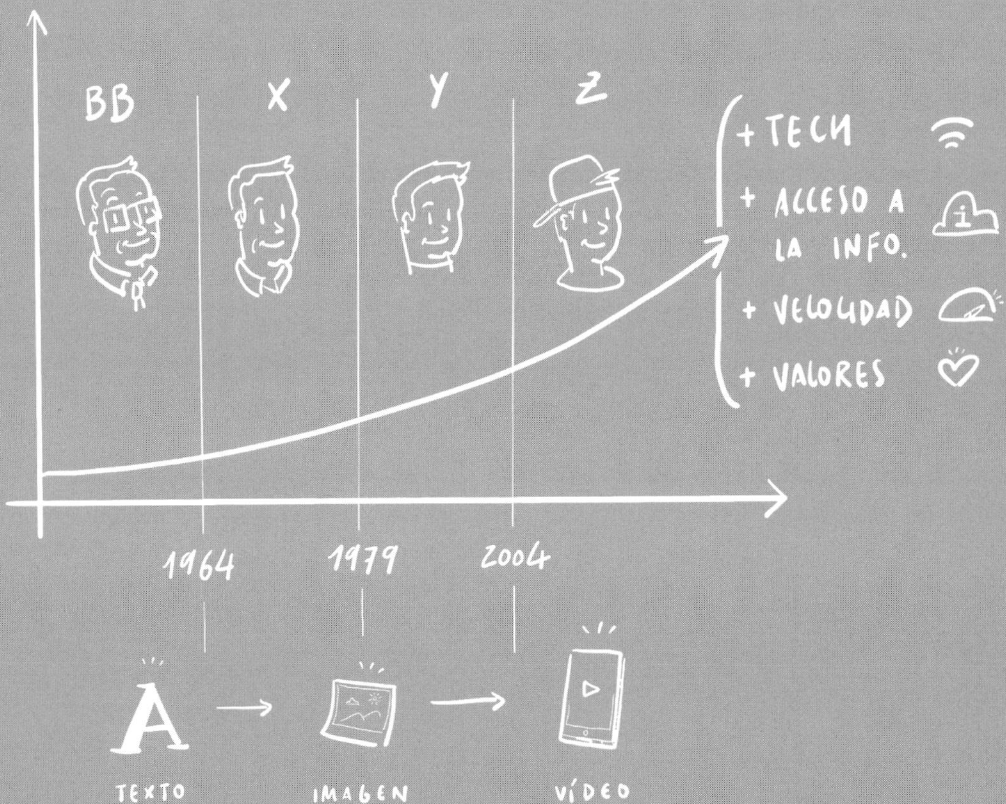

BB
X
Y
Z
+ TECH
+ ACCESO A LA INFO.
+ VELOCIDAD
+ VALORES
1964
1979
2004
TEXTO
IMAGEN
VÍDEO

4 EL NUEVO CONSUMIDOR DEL SIGLO XXI

En el año 1991, William Strauss y Neil Howe desarrollaron una teoría generacional en su libro *Generaciones*, que ampliaron en una nueva publicación, que en esta ocasión se tituló *La cuarta vuelta*. A partir de la teoría de Strauss y Howe, varios autores han desarrollado y ampliado este concepto inicial a través de diversos tipos de publicaciones.

Los estudios de Strauss y Howe se centraban principalmente en la historia de los Estados Unidos y tienen como punto de partida el siglo XV. Por razones obvias, en este libro nos vamos a centrar en aquellas generaciones que aún son relevantes hoy en día, ya que son estos los actuales y futuros consumidores.

BABY BOOMER, LOS INMIGRANTES DIGITALES

Las personas nacidas entre los años 1946 y 1964 son los integrantes de la generación *baby boomer*, también son conocidos como hijos de la Segunda Guerra Mundial.

Está generación fue la impulsora de los cambios sociales, dejando atrás las creencias más conservadoras, por lo que se les puede considerar muy revolucionarios para su época. Se trata de una generación que siempre se ha caracterizado por mostrar gran fidelidad a las empresas a las que pertenecen; de hecho, muchos de los integrantes de la generación *baby boomer* han permanecido 20 o 30 años en la misma compañía.

Al provenir de épocas difíciles, los *baby boomers* siempre han buscado la seguridad y estabilidad en el trabajo y la familia, mostrando siempre gran respeto por sus superiores y un gran compromiso con la empresa. Se trata de una generación muy poco individualista, por lo que trabajan muy bien en equipo y, dado que muchos de ellos están ahora cercanos a la jubilación, son en la actualidad la voz de la experiencia.

En Europa, las personas de más de 50 años controlan más del 50 % del gasto total en consumo y hasta el 70 % de la riqueza, un grupo formado por *baby boomers*.

Como consumidores, estos se preocupan sobre todo por su salud y bienestar; en segundo plano, también les interesan los viajes y el ocio.

Debemos tener en cuenta que, cuando muchos de los integrantes de esta generación nacieron, no existía la televisión, por lo que a nivel de comunicación crecieron influenciados sobre todo por la radio y la prensa escrita, una época en la que no existían ni Internet ni ordenadores personales, por lo que podemos considerarlos los primeros inmigrantes digitales. Por lo tanto, su adaptación a la digitalización será siempre más lenta y necesitarán mayor soporte y formación.

GENERACIÓN X, LOS DUEÑOS DE LA TRANSICIÓN

Las personas nacidas entre 1965 y 1979 son los integrantes de la generación X, es decir, la generación inmediatamente posterior a la generación *baby boomer*.

Se han usado otros términos para denominar a la generación X, como pueden ser generación MTV, generación Jones o generación de los 80.

Los miembros de la generación X han sido grandes impulsores de la tecnología y, en muchos casos, responsables de la transición entre el mundo analógico y el mundo digital.

Cuando los integrantes de la generación de los 80 eran pequeños, los televisores en sus casas eran en blanco y negro, aún recuerdo aquellos monstruos repletos de lámparas catódicas, condensadores y resistencias, además del famoso tubo de rayos catódicos. Era la era de la electrónica y, entre las empresas punteras, el reto era hacerlo todo más pequeño, daba igual si se trataba de un televisor, una radio o un equipo de música, más pequeño era sinónimo de mejor y más moderno.

Miembros de la generación X vivieron la llegada de los primeros PC y, si sois integrantes de esta generación, recordaréis perfectamente modelos como el Spectrum, el Commodore 64 o el Amstrad 64, por lo que el contacto de algunos jóvenes de esta generación con los ordenadores se produce en plena adolescencia, dando margen aún para una buena adaptación y aprendizaje.

Otro tema bien distinto es el de Internet. La llegada de Internet se produce en 1990, pero una cosa es la llegada y otra bien distinta el despliegue real o implementación.

En 1991, en España tan solo había algo más de 1.000 ordenadores conectados a la red. No es hasta el año 1995, con la llegada de InfoVía, que Internet empezó a acercarse a los hogares españoles, pero habría que esperar hasta el año 2000 para que Telefónica/Terra empezasen a ofrecer ADSL a los hogares y empresas españolas.

Bajo esta perspectiva, debemos tener en cuenta que los miembros de la generación X nacidos entre 1965 y 1970 tendrían en su mayoría entre 30 y 35 años al tener su primer contacto con Internet, por lo que no tuvieron la posibilidad de tener un trato con la red de forma nativa, de modo que podemos considerarlos también inmigrantes digitales.

Los miembros de la generación X fueron bastante rebeldes en sus años de juventud, tan solo hay que recordar los años 80 con sus *heavy metals*, *rockers*, *new romantics*, *siniestros* y demás tribus urbanas, una generación que rompía estereotipos y modelos de conducta. Es interesante que sean precisamente los miembros de esta generación los que lideran la gran mayoría de empresas de hoy, eso sí, con bastante menos tono revolucionario.

La estabilidad económica provocada por la burbuja que se produjo desde los años 90 hasta el comienzo de la crisis económica de los últimos años causó que la rebeldía de los miembros de esta generación decreciera, transformándola en una nueva clase media conformista con un nivel de comodidad en general bastante aceptable.

Se trata de una generación activa, que ama las actividades al aire libre, comprometida con la empresa y con una buena capacidad para adaptarse a la digitalización, a pesar de ser inmigrantes digitales. La gran mayoría usa Internet, ordenadores, *smartphones* y redes sociales, si bien la formación sigue siendo un aspecto clave para una buena adaptación a la transformación digital.

A nivel particular me siento muy orgulloso de ser miembro de la generación X, aunque debo decir que también estaría encantado de ser un *boomer*, un Y o un Z. Cada generación tiene sus características positivas y todas y cada una de ellas ha contribuido a la evolución del ser humano; no obstante, cabe destacar que cada generación es mejor que la anterior.

Las especies evolucionan, el ser humano también y esa evolución constante deja su huella en las nuevas generaciones, que, en la actualidad, tienen mejor acceso a la información y a la cultura, lo que se traduce en personas con mejores valores y, en definitiva, más preparadas para la transformación digital.

GENERACIÓN Y, LOS MEDIÁTICOS *MILLENNIALS*

Los *millennials*, a los que también se conoce como generación Y o generación neta, pertenecen a la generación que sigue directamente a la generación X. Se denominan *millennials* por alcanzar la edad adulta a principios del siglo XXI. Son los nacidos entre 1980 y 2000.

La llegada de Internet en los años 90 ha posibilitado que esta generación haya crecido parcialmente en contacto directo con la red y todos los dispositivos que la acompañan, por lo que se les considera los primeros nativos digitales.

Mi trabajo como profesor me ha permitido estar cerca de miembros de esta generación y puedo dar fe de que estudian con un libro en la mano, el ordenador conectado a Internet frente a ellos, a la vez que escuchan música y hablan con sus amigos a través de WhatsApp o miran Instagram, por lo que son multitarea de forma natural, algo impensable, por ejemplo, en la generación *baby boomer*, en especial si hablamos de sexo masculino, aunque un reciente estudio científico parece rebatir este último concepto.

Trabajan de forma colaborativa usando Google Drive, DropBox, Handouds o Skype, por lo que su adaptación en la empresa a Office 365 en entornos empresariales es mucho más rápido y sencillo que en miembros de cualquier otra generación y se adaptan con facilidad al uso de Sharepoint, OneDrive o Skype Business. De hecho, participar en videoconferencias y *phone calls* les parece obsoleto, ya que piensan que son herramientas desfasadas y hasta cierto punto no les falta razón.

El aterrizaje de las redes sociales les llegó a muchos de ellos en época de adolescencia, lo que les ha permitido hacer amigos en todo el mundo, por lo que no tienen fronteras y están muchos más abiertos tanto a viajar como a vivir en muchos otros países. Además, el nivel medio del conocimiento de inglés es mucho más alto que en generaciones anteriores, algo que se hace mucho más evidente si hablamos de España.

En referencia a viajes y desplazamientos, vale la pena destacar que adoran los modelos de intercambio y colaboración, por lo que casos como Airbnb, Car2Go o Yego son para ellos más un imperativo que una opción.

Están mucho más preocupados por el futuro del planeta y por su salud. Hacen más deporte, comen más sano y estudian con detalle el comportamiento de una empresa antes de decidirse a trabajar para esta, además de interesarse mucho por el porqué o propósito de la misma, un concepto que para muchos es imprescindible conocer y comprender, algo que es muy notorio en "los talentos" y no aplicable a todos. Necesitan tener esa conexión con el entorno para ser felices; a la felicidad le dan mucha más importancia que las generaciones precedentes.

Una frase que ha trascendido mucho en los miembros de la generación X es "*Show me the money*", su homónima en la generación Y sería "*Show me the meaning*".

El tiempo para ellos es muy importante, van a trabajar duro, pero valoran mucho el tiempo libre, por lo que la conciliación y el trabajo desde casa va a ser uno de los retos fundamentales de las empresas más tradicionales. Un directivo de la generación X te diría: "Tengo 5 minutos"; uno de la generación Y te dirá que tiene 5 segundos.

Cuando trabajas con ellos, te das cuenta de que son creativos e innovadores, especialmente en lo que se refiere a digitalización y tecnología, por lo que es habitual escuchar frases como "y si lo digitalizamos" o "hay una *app* para eso".

Los *millennials* valoran mucho el *feedback* bidireccional y siempre que puedan te van a decir lo que piensan, por lo que es muy corriente que los directivos se sorprendan cuando les dan su opinión directa sobre la gestión que están haciendo con la empresa. Aceptan el *feedback*, pero esperan tener la oportunidad de dar su opinión. Este es uno de los motivos por los que el *reverse mentoring* funciona tan bien cuando hacemos integración en modelos de transformación digital.

Ya conocemos un poco mejor a los *millennials*, pero ¿cómo es su comportamiento de compra?

Estamos hablando de una generación que mira el móvil más de 100 veces al día y que tiene una necesidad imperiosa de estar conectada, por lo que el concepto de omnicanalidad tiene en este caso mayor trascendencia que nunca.

No vamos a decir ahora que solo compran *online*, pero sí podemos asegurar que la presencia *online* va a ser crítica en el proceso de venta. En la gran mayoría de casos, o hacen la compra *online* o contrastan la información *online* antes de comprar, por lo que casi siempre el proceso de compra se inicia *online*. Van a comparar productos y precios, pero, sobre todo, van a contrastar referencias y opiniones de otros consumidores, y eso lo van a hacer siempre *online*.

Para un *millennial*, mañana es tarde, por lo que el concepto de inmediatez es fundamental, algo que tiene mucho que ver con cómo ofrecemos los contenidos y en qué formatos. El contenido efímero, que aparece por primera vez con Snapchat y que populariza Instagram a través de Stories, ha conectado con esta generación más y mejor que con ninguna otra. Más allá del *streaming*, que también les gusta, un contenido que está disponible *online* y desaparece en 24 horas provoca en los *millennials* un deseo irrefrenable y una gran adicción. Necesitan ser los primeros en verlo porque mañana será tarde, habrán perdido el hilo de la historia y eso, en una generación que tiene una presión social brutal para mantener su imagen *online*, tiene un alto precio que pagar en forma de rechazo por la comunidad, o tengo que decir "amigos".

Esa presión social explica en la mayoría de casos los motivos de lo que se ha dado en llamar "postureo", un estilo de comunicación fomentado por las nuevas "*celebrities*" del siglo XXI, a los que llamamos *influencers*, y que se hace incluso más evidente en la generación Y.

En referencia a la compra, dos son los conceptos principales a tener en cuenta: omnicanalidad y experiencia.

OMNICANALIDAD

En primer lugar, es importante dejar clara la diferencia entre multicanalidad y omnicanalidad.

El concepto "multicanal" hace referencia a la capacidad de una organización de interactuar con clientes potenciales a través de varias plataformas, como podría ser la publicación de un anuncio en redes sociales, publicidad en el punto de venta o un evento promocional.

El concepto de "omnicanalidad" es más holístico y presenta un enfoque más orientado a ventas que brinda al consumidor una experiencia de compra integrada, permitiendo comprar desde el móvil, el ordenador o la tienda con un flujo de información integrado en todos los canales que abarca desde actualizaciones automáticas en el perfil de usuario hasta promociones cruzadas.

Los modelos *omnichannel* deben cumplir un requisito fundamental: la consistencia, que debe garantizar que el consumidor podrá vivir la misma experiencia de compra desde cualquiera de los canales en los que opere para realizar su compra.

La coherencia entre los mensajes a través de las redes sociales, la página web, el blog o el punto de venta es fundamental para conectar con los consumidores, interactuar con ellos y recopilar datos que nos permitan a posteriori mejorar su experiencia de compra.

Hay una tendencia clara en muchas empresas a utilizar el concepto omnicanal de forma un tanto incorrecta, ya que muchas de estas empresas creen que se trata únicamente de ofrecer a los consumidores diferentes canales para sus compras, cuando la clave en realidad está en identificar a través de datos los perfiles de los diferentes *buyer persona* y sus hábitos de consumo para personalizar su experiencia de compra en su canal favorito. El uso adecuado de *Big Data* nos permitirá conocer mejor a los consumidores, mejorar su experiencia de compra y ahorrar esfuerzo y dinero al focalizar en los canales adecuados.

Starbucks siempre ha tenido una gran capacidad para conectar con las nuevas generaciones y lo cierto es que lo ha hecho muy bien. Fue pionera en su apuesta por las redes sociales y también en aplicar el concepto de *crowdsourcing* en una campaña en la que los usuarios escogían la decoración, productos y servicios de sus tiendas de forma colaborativa, lo que la convierte en una de las *lovemarks* por excelencia.

Su sistema de premios y recompensas revela por qué está considerada una de las empresas que brinda mejores experiencias omnicanal del mercado.

En primer lugar, es necesario hacerse con una de sus tarjetas de recompensas de forma gratuita que podrás usar siempre que hagas una compra. A diferencia de los programas de fidelización de clientes tradicionales, Starbucks permite a los consumidores verificar y recargar su tarjeta a través del teléfono, la web, en su *app* o en la propia tienda y, al hacer cualquier modificación, la tarjeta se actualiza en cualquiera de los canales a tiempo real, una tarjeta que además permite actualizar el saldo para pagar las compras en cualquier cajero. Un método sencillo, efectivo, que aprovecha todos los puntos de contacto con el usuario.

La generación Y espera que las empresas operen con una integración holística de todos los canales y, cuando la generación Z llegue a su madurez, esta será una tendencia que cobrará aun mayor relevancia. ¿A qué estás esperando para diseñar tu concepto *omnichannel*?

EXPERIENCIAS

Podemos establecer una relación muy clara entre omnicanalidad y experiencia de cliente, ya que en el fondo estamos hablando de ofrecer al consumidor una experiencia de usuario omnicanal y sin fricciones en la que el cliente pueda satisfacer sus necesidades de forma sencilla y agradable en cualquier canal sin tener que ir superando obstáculos.

Para diseñar una buena experiencia de usuario, podemos tomar como referencia los siguientes puntos:

- Omnicanalidad.
- Alcance.
- Conveniencia.
- Experiencia de usuario (UIX).
- Personalización.

Ningún *millennial* se plantearía comprar en una página web que no ofrezca recomendaciones de productos personalizados en base a su historial de compra. Actualmente, los potentes CRM, el *Big Data* y el *machine learning* nos ofrecen amplias posibilidades de personalización según un buen análisis previo, un modelo en el que tanto los datos como la inteligencia artificial son fundamentales.

Amazon hace recomendaciones para futuras compras en base al historial de navegación y las compras previas para mejorar la experiencia del consumidor. Los jóvenes consumidores del siglo XXI no quieren perder su tiempo navegando por un portal de *e-commerce* y, de hecho, no navegan; de ahí, la importancia de contar con un potente motor de búsqueda para facilitar las compras de los usuarios, pero, si le haces una recomendación personalizada, te lo agradecerán regresando una y otra vez a tu página y comprando más.

Podemos aplicar la misma mecánica a la gestión de contenidos. Los vídeos recomendados por YouTube están basados en el historial de los usuarios para mejorar su experiencia, un modelo de éxito que también podemos encontrar en Netflix, Prime y muchas otras plataformas de contenidos.

Mi amigo Julián, además de dar los mejores abrazos del mundo, es un cinéfilo empedernido. Me contaba que ya estaba un poco harto de que Netflix le recomendara películas de ninjas. "Es que a mí no me gustan nada", me decía.

Por eso es importante la personalización a nivel de usuario individual y dar la oportunidad al usuario de registrar varias cuentas para que el sistema de AI reconozca muy bien de qué usuario concreto se trata y le pueda ofrecer una experiencia personalizada para él, ya que, si no, corres el riesgo de que tu hijo vea pelis de ninjas y tu experiencia de usuario quede muy por debajo de tus expectativas. No se trata solo de ofrecer la opción, hay que ponérselo fácil al usuario, ya que puedes ofrecer la opción, pero, si nadie la usa, no sirve absolutamente de nada.

Los *millennials* han crecido con la Play, la X-Box y la Wii y, por tanto, se han acostumbrado a este tipo de personalización basada en el perfil de usuario desde muy pequeños, de modo que, si no les ofreces este tipo de experiencia, no vas a conseguir conectar con ellos.

El tema del cine y las plataformas de contenidos encaja a la perfección para exponer el siguiente ejemplo: el usuario como protagonista de la historia.

Ya hemos visto que los *millennials*, obligados en cierto modo por la presión social, pero en parte también vinculado a su naturaleza, son amantes del "postureo". ¿Te has planteado que ellos sean los protagonistas de tu historia de marca en tu próxima campaña de *branded content*?

Soñar con un mundo mejor o experimentar la felicidad son algunos de los conceptos que Coca-Cola ha estado utilizando en sus distintas campañas publicitarias. Con su *spot Cámaras de seguridad*, más allá de conseguir transmitir ese mensaje, logró algo totalmente nuevo: hacer que el usuario se sintiera protagonista de la historia.

La fuerza del anuncio y su capacidad de conectar de manera emocional con la audiencia es pura empatía. Todos y cada uno de nosotros podría haber protagonizado uno de estos momentos tomados por las cámaras de seguridad. Bueno, es necesario ser un poco valiente. O quizá bastante.

Todos podemos ser "ladrones de besos", "adictos a la música", "soldados inofensivos", "carteristas honestos" o "traficantes de patatas fritas". A todos nos pueden dar "ataques de amistad, de amor y de bondad".

El anuncio fue emitido en la final del Super Bowl de Estados Unidos y visualizado por más de 100 millones de personas. Fue el comercial más votado por los espectadores durante la retransmisión del evento, destacando entre más de 50, para acabar ocupando el puesto número uno.

El comercial fue premiado en importantes festivales internacionales de publicidad. Obtuvo un León de Plata en Cannes Lions Festival 2012, el festival internacional de creatividad más prestigioso del mundo, y consiguió un Sol de Oro en El Sol, el festival anual iberoamericano de la comunicación publicitaria que se celebra en Bilbao.

Continuando con el tema de Coca-Cola, en 2010 crearon una campaña publicitaria conocida como "*Happiness Machine*", creada por la agencia Definition 6, en la que se colocaba una máquina de Coca-Cola que ofrecía diversos regalos a los estudiantes, desde latas del refresco hasta bocadillos o pizzas. Una experiencia única en la que el consumidor es el protagonista y en la que la experiencia es clave para conseguir el *engagement* con la audiencia.

Uno de los secretos de éxito del marketing moderno para conectar con las nuevas generaciones pasa por originar *engagement* con el consumidor. Para conseguirlo, no hay nada mejor que crear una buena experiencia de marca.

La genialidad de la campaña, más allá de su capacidad de conectar con los *millennials* o ser lo suficientemente ingeniosa para despertar el estímulo necesario que les lleva a crear y difundir contenido en redes, se basa en su facultad para sacar una sonrisa de felicidad a todos y cada uno de los usuarios. Cuando esto proviene de la marca de la felicidad, podemos asegurar que, una vez más, Coca-Cola ha cerrado el círculo.

Si ofreces experiencias de marca emocionales a los nuevos consumidores de la generación Y, te responderán generando contenidos y compartiéndolos en sus redes sociales. ¿No es ese el sueño de cualquier director de marketing?

GENERACIÓN Z, YA *EZTÁN* AQUÍ

La generación Z forma una nueva oleada de potenciales clientes, pero también de futuros trabajadores. Además de haber crecido con acceso a Internet, también lo ha hecho rodeada de *smartphones* y *tablets*, cuentas en las redes sociales, contacto experiencial con realidad virtual o realidad aumentada, incluso con algunos robots.

Los de la Z son la primera generación digital verdadera, ya que todos y cada uno de sus integrantes han tenido acceso a Internet desde siempre y viven en un mundo hiperconectado que rebosa contenidos al alcance de pulsar una sola tecla.

Los integrantes de la generación Z viven en un mundo mucho más diverso, con menos prejuicios raciales y tienen una conexión especial con los animales, un hecho que tiene su reflejo en el incremento incesante de veganos, tendencia que no tiene que ver únicamente con ser más saludable, sino que también nos muestra esa sensibilidad hacia otros seres vivos.

Los miembros de esta generación han crecido en un entorno más diverso que en épocas anteriores, lo que les permite abrazar otras culturas de una forma mucho más natural, van a viajar mucho más, gracias a que Internet y las redes sociales les han permitido ver el mundo mucho más pequeño, y están respaldados por su mejor conocimiento de otras lenguas, sobre todo la inglesa.

Esta generación digital es y continuará siendo mucho más activista, mostrando un alto compromiso con la sostenibilidad y el medio ambiente, un tema que irá ganando peso específico en los años venideros y que debe ser tenido muy en cuenta por empresas y organizaciones, ya que muchos de ellos van a tomarse muy en serio el propósito de las empresas y sus valores antes de firmar un contrato laboral con ellas. Este último punto debe ser tenido en cuenta especialmente en lo referente a la atracción de talento, ya que serán los grandes talentos de futuro los más sensibles a estas circunstancias.

Desde una edad muy temprana se han habituado a usar varios dispositivos de forma simultánea, superando en esta faceta a los polifacéticos *millennials*. Esta forma de trabajar les ha brindado la posibilidad de desarrollar una capacidad multitarea sin precedentes, una competencia que les vendrá como anillo al dedo en los nuevos entornos laborales.

El uso de las redes sociales desde edades muy tempranas les ha permitido también crear grandes redes de contactos en los que hacer *networking*, una herramienta que en muchos casos puede llegar a tener un incalculable valor profesional, sobre todo si tenemos en cuenta que muchos de los miembros de esta generación acabarán por trabajar como *freelance*, debido tanto a las propias tendencias del mercado laboral como a su menor sentimiento de compromiso con la empresa, especialmente si los comparamos con los *boomers* y la generación X.

La generación Z es una generación plural, global, de mentalidad emprendedora, hiperconectada, con grandes valores y muy habituada al uso de la tecnología, elementos que les permitirán adaptarse de forma muy rápida a empresas que hayan abordado la transformación digital.

En el momento en que escribo estas líneas, se acaba de publicar un polémico vídeo en el que Frank Cuesta, más conocido como Wild Frank, parodia con dureza el papel de Greta Thunberg, la mediática activista y adolescente sueca nacida a caballo entre la generación Y y la Z. Por mi parte, sin ningún ánimo de juzgar a nadie, no puedo más que pensar que ambos luchan por la sostenibilidad, por la protección de los animales y el medio que los rodea y, en definitiva, por un mundo mejor, por lo que bienvenidos sean ambos y sus acciones, ya que en el fondo les une un mismo propósito.

Llegados a este punto, es muy posible que algunos de los lectores os estéis planteando si esta no será una visión demasiado positiva y quizá incluso exagerada de la generación Z. Quizá algunos de vosotros estéis más de acuerdo con la siguiente frase: "La juventud de hoy está corrompida hasta el corazón, es mala, atea y perezosa. Jamás será lo que la juventud ha de ser, ni será capaz de preservar nuestra cultura". Se trata de una afirmación que puedes leer en una tablilla babilónica, de más de 3.000 años de antigüedad.

La visión pesimista sobre la juventud no es nueva, pero la realidad es que el mundo evoluciona y lo hace cada vez a mayor velocidad; las nuevas generaciones evolucionan siguiendo ese ritmo en paralelo.

Los miembros de la generación Z van a continuar creciendo y evolucionando de forma más rápida y visible que en otras generaciones, debido en gran medida al impacto de la evolución de las tecnologías, por lo que las empresas deben ser conscientes y hacer un seguimiento de estos cambios dinámicos para poder aprovechar todo su potencial.

Los integrantes de la generación Z son consumidores desde hace unos pocos años y en breve estarán preparados para formar parte del mundo laboral, dos áreas en las que van a tener un impacto superior al de los *millennials*.

¿ALGUIEN VEÍA *BENNY HILL*?

En mi época de adolescente, en todo el mundo y también en España hacía furor una serie de televisión de la BBC que se llamaba *El show de Benny Hill*, protagonizada por Alfred Hawthorn Hill, un humorista inglés más conocido como Benny Hill.

Los adolescentes y adultos de esa época disfrutábamos con el humor de una serie que se emitía en *prime time*, que, dada la ausencia de Internet y el hábito por la risa fácil de la época, tuvo un éxito sin precedentes.

El programa empezó a emitirse en España en 1980 y funcionaba con una serie de *sketches* presentados y protagonizados por el propio Benny Hill, un cómico que nos mostraba un comportamiento pícaro y una gran debilidad por las mujeres, en especial cuando iban ligeras de ropa.

Hace 3 o 4 años, recordando viejos tiempos, decidí buscar algunos de los capítulos en YouTube. Lo que descubrí me dio un baño de realidad tremendo, ya que enseguida llegué a la conclusión de que tenía que ser muy estúpido para haber disfrutado y reído con un humor tan bochornoso, facilón y, sobre todo, tan machista.

Tras visualizar parte del capítulo, confieso que no pude acabar de verlo, llegaron las reflexiones y, tras ellas, algunas conclusiones que no pretenden ser empíricas, pero que, como mínimo, dan para reflexionar sobre el tema.

- ¿Por qué la serie nos hacía tanta gracia a principios de los 80?
- ¿Tendría éxito esa serie en la actualidad?
- ¿Algún adolescente o adulto actual la encontraría divertida?
- ¿Sería hoy políticamente correcta?
- ¿Aceptaríamos hoy como sociedad ese nivel de machismo?
- ¿Nos haría reír ese humor de brocha gorda?

Para todas esas preguntas, mi respuesta fue un NO rotundo.

A partir de aquí me planteo por tanto nuevas preguntas:

- ¿Qué ha cambiado desde los años 80?
- ¿Somos diferentes?
- ¿Hemos evolucionado?
- ¿Los jóvenes actuales han evolucionado al mismo ritmo que nosotros?
- ¿Los jóvenes actuales han evolucionado incluso más rápido?
- ¿Son mejores los valores actuales?

Y, tras dar respuesta a estas preguntas, me planteé una serie de conclusiones que no voy a compartir ahora, ya que prefiero que te tomes unos minutos, busques la serie en YouTube, la veas, te hagas tus propias preguntas y llegues a tus propias conclusiones.

Una vez hayas hecho el ejercicio, puedes plantearte las siguientes preguntas:

- ¿Los integrantes de la generación Z habrán evolucionado más que los de la Y?
- ¿Y los de la Y más que los de la X?

Pero, antes de que des respuesta a esta pregunta, por favor, lee con atención la siguiente historia.

"Cuentan que, en el lejano oriente, cerca de un pequeño pueblo, había una cueva en lo alto de las montañas donde vivía un viejo sabio, un ser querido y respetado por todos los miembros de la comunidad.

Un día, un grupo de niños traviesos tuvieron la idea de divertirse un poco a costa del anciano.

'Hoy vamos a desacreditar a ese viejo', pensaron. 'Vamos a demostrar que no lo sabe todo. Cogeremos un pájaro muy pequeño, lo ocultaremos entre nuestras manos y le preguntaremos si el pájaro está vivo o muerto. Si dice que está vivo, lo apretaremos en nuestras manos hasta matarlo y, si por el contrario dice que está muerto, abriremos las manos para liberarlo y este saldrá volando. De esta forma seguro que le engañamos'.

Motivados por la gran idea que habían tenido, corrieron prestos a capturar un pájaro pequeñito y se dirigieron eufóricos a la cueva donde vivía el sabio. Uno de los niños se dirigió al anciano y le preguntó: '¿El pájaro que tengo entre las manos está vivo o muerto?'. El sabio miró a los ojos del niño y con voz serena y autoritaria dijo: 'La respuesta está en tus manos'".

Ahora, si quieres, puedes dar respuesta a las preguntas:

- ¿Los integrantes de la generación Z habrán evolucionado más que los de la Y?
- ¿Y los de la Y más que los de la X?

"EL USO DE LA TECNOLOGÍA DEPENDE DE LAS PERSONAS"
MI NOMBRE ES KHAN
LA PARTE FILOSÓFICA
EX-MACHINA
HER
"¿A PARTIR DE QUÉ MOMENTO LA IA TENDRÁ SENTIMIENTOS?"
"¿PODREMOS ENAMORARNOS DE UNA APPLICACIÓN?"

5 LA PARTE FILOSÓFICA, SÍ, HAS LEÍDO BIEN, LA PARTE FILOSÓFICA

Si has llegado hasta este punto del libro, debo pensar que realmente estás interesado en dar algunos pasos hacia adelante en tu transformación digital personal y en la de tu empresa.

Pero, antes de entrar de pleno en el tema más estratégico, me gustaría que reflexionáramos sobre la tecnología y creo que puede ser muy divertido hacerlo a través del cine.

Para ello, te voy a recomendar algunas películas. Es posible que ya hayas visto alguna de ellas, puede que todas ellas, pero, si no es mucho pedir, te invito a verlas de nuevo haciendo una reflexión sobre transformación digital.

Veamos la primera de ellas.

MI NOMBRE ES KHAN

Una magnífica película india del año 2010, escrita y dirigida por Karan Johar, que narra la historia de un hombre de religión musulmana con síndrome de Asperger.

En la película, hay un momento glorioso en el que la madre del protagonista le explica que en este mundo hay dos tipos de personas: buenas y malas. Las personas buenas hacen cosas buenas y las personas malas hacen cosas malas.

Tiene todos los componentes de la filosofía de alto nivel, es simple pero real, como la vida misma.

Ahora pensemos en la tecnología. ¿Puede la tecnología ser buena? ¿Puede ser mala?

La tecnología es un medio y son las personas los que hacen que la tecnología sea buena o mala. Hay personas que trabajan en vehículos autónomos que permitirán una mejor movilidad a los discapacitados y otras que trabajan en un proyecto similar para que sea la punta de lanza en futuras batallas bélicas. En China, hay un proyecto para controlar a la población dotando a la policía con unas gafas con cámara de reconocimiento facial y conexión a la red, mientras en Londres y Nueva York se trabaja en un proyecto de *Big Data* que permita predecir el crimen. Mediante el *Big Data* se podrá predecir el próximo huracán, el próximo terremoto, la próxima catástrofe, pero también se podrá manipular el resultado de unas elecciones. La tecnología es solo un medio; si la usamos bien y para hacer el bien, será buena y viceversa.

Recuerda: hay dos tipos de personas, buenas y malas.

EX MACHINA

Se trata de una maravillosa película de ficción con firma británica, del año 2015, escrita y dirigida por Alex Garland.

El film cuenta la historia de Caleb, un programador de la empresa Bluebook que recibe como premio la invitación de Nathan, el presidente de la compañía donde trabaja, con el fin de realizar el test de Turing a una androide con inteligencia artificial.

Vale la pena visualizar la película con calma para disfrutarla, pero también para reflexionar tanto sobre el presente como sobre el futuro del mundo que nos rodea. Un viaje interesante a un mundo que no está tan lejos de nuestra realidad actual.

HER

En esta ocasión, estamos hablando de un film estadounidense escrito y dirigido por Spike Jonze en 2013. Narra la historia de un hombre que se enamora de un sistema operativo informático y que vive en un mundo digitalmente transformado, que en esta ocasión tampoco está demasiado lejos del nuestro. De hecho, hay casos reales de personas que se han enamorado de Siri, Alexa o Cortana. Bueno, de Cortana menos. 🙂

En el libro *Love and Sex with Robots* (*Amor y sexo con robots*), el experto en inteligencia artificial David Levy predice que los humanos y los robots sufrirán enamoramientos mutuos para antes de 2050. Personalmente, creo que se producirán antes; de hecho, tal y como comentaba antes, ya se han producido, leves, pero reales.

En nuestro mundo actual, la periodista norteamericana Judith Newman ha estado estudiando la interacción de su hijo autista con Siri, ya que el chico asegura que la asistente de Apple es su mejor amiga, lo que nos muestra que los avances en inteligencia artificial son muy notables.

Regresando al tema de las películas, te voy a pedir, y lo voy a hacer por favor, que veas estas películas con la mente abierta, sin prejuicios, y te lo tomes como una oportunidad para filosofar sobre nuestro futuro y sobre este nuevo mundo en constante transformación, recordando siempre que hay dos tipos de personas: las buenas y las malas.

Otra perspectiva interesante la puedes encontrar en la serie *Black Mirror*, en España se ofrece a través de Netflix. Se trata de una serie de televisión británica, creada por Charlie Brooker, que se caracteriza por la representación de historias ficticias bajo una perspectiva tecno-paranoica, con una visión bastante crítica sobre la tecnología y un formato muy divertido y dinámico.

Si este fuera el medio idóneo para recomendar películas, te recomendaría ver *Camino a casa* de Zhang Yimou, *La ciudad de los niños perdidos* de Jean-Pierre Jeunet, *El lado oscuro del corazón* de Eliseo Subiela, *Pozos de ambición* de Paul Thomas Anderson, *Dogville* de Lars von Trier, *El sacrificio de un ciervo sagrado* de Yorgos Lanthimos, *La balada de Cable Hoge* de Sam Peckinpah o *La vida es bella* de Roberto Benigni, por citar algunas, pero lo cierto es que no viene a cuento.

¿QUÉ FUE ANTES: EL HUEVO O LA GALLINA?

En mi opinión, la respuesta es obvia: el huevo apareció primero, ya que, antes de que aparecieran las gallinas, ya existían los reptiles, los peces o los insectos, que en su mayoría son ovíparos.

Evidentemente, la pregunta pretende resolver un tema más complejo, ya que referirse a este dilema es una forma de plantear cuál es el punto medular que debe ser solucionado para resolver una situación compleja, elevándolo de algún modo a cuestiones metafísicas a través del uso de la metáfora.

En el caso de la transformación digital, pretendo usar la metáfora del huevo y la gallina para tratar de dar respuesta a la siguiente pregunta: ¿qué llegó antes: la tecnología o la transformación digital?

En este caso, no hay conflicto, la respuesta es obvia y una es consecuencia de la otra, pero considero que es una reflexión importante para poner las cosas en su sitio.

Está claro que la tecnología lo está cambiando todo y que actúa como un gran facilitador del drástico cambio que se produce en el mundo, uno en el que las innovaciones, el conocimiento o las nuevas tecnologías crecen a un ritmo exponencial. Cierto es que cada vez nos cuesta más seguir el ritmo endiablado al que se mueven todos estos cambios.

Obviamente, a los más jóvenes, los de la generación Y y los de la Z, les es más fácil seguir el frenético ritmo de este nuevo mundo en constante transformación, por lo que se adaptan mejor y adoptan de manera más sencilla nuevos hábitos de comportamiento y de consumo, lo que genera nuevas demandas en forma de productos y servicios a los que las empresas deben dar respuesta.

La transformación digital nos permite optimizar y mejorar procesos a través de la tecnología, pero también posibilita dar respuesta a los nuevos hábitos de consumo de una generación de jóvenes ávidos de hacer las cosas de una forma diferente mediante el uso de la tecnología.

Una empresa de tamaño considerable, con un modelo de negocio tradicional, necesita tiempo para adaptarse a los dramáticos cambios que estamos viviendo y a los que están por llegar, mientras que un individuo, de forma independiente, especialmente si es joven y está en un entorno adecuado, se adaptará más rápido.

En los tiempos que corren, los de la digitalización, las *start-up* se mueven a mayor velocidad que las grandes corporaciones, pero los consumidores también, provocando que, en muchos casos, las empresas no tengan soluciones para dar respuesta a las nuevas necesidades del nuevo consumidor.

Con la transformación digital aparecen muchas y nuevas oportunidades de negocio, pero la empresa debe adaptar su estrategia para ser capaz de dar respuesta en tiempo real a lo que demanda ese nuevo consumidor.

EVOLUCIÓN, TECNOLOGÍA Y VELOCIDAD

La tecnología está evolucionando de forma vertiginosa, casi exponencial, y es la principal causa de la falta de adaptación de algunas empresas al nuevo entorno.

Para poder transmitir este concepto, vamos a utilizar el ejemplo de los teléfonos móviles y las diferentes generaciones de tecnologías de cobertura y velocidad de trasmisión de datos para hacernos una idea de nuestra situación actual en el mercado de las telecomunicaciones y comprender mejor la relación entre tecnología, velocidad y evolución.

- **Tecnología 1G:** Esta fue la tecnología usada en los móviles de primera generación, una tecnología desarrollada en 1981, de tipo analógico, que permitía por aquel entonces las llamadas de voz entre los diferentes dispositivos.
- **Tecnología 2G:** Se empieza a utilizar la primera tecnología digital que se crea a partir de la necesidad de transmitir datos de voz desde cualquier dispositivo móvil. Una tecnología conocida como GSM y que se continúa usando en la actualidad. La tecnología 2G permitió el uso de los primeros mensajes de texto o SMS.
- **Tecnología GPRS:** El incremento del número de usuarios y el consecuente aumento del tráfico de datos da lugar a la necesidad de aumentar la velocidad de transmisión de los mismos, lo que trajo como consecuencia el desarrollo de una nueva tecnología conocida como GPRS que permitió alcanzar velocidades de hasta 250 KBps.

  Esta nueva tecnología permite a los usuarios navegar por Internet y enviar o recibir emails, dando lugar a la utilización de los primeros chats.
- **Tecnología 3G:** En 2003, se desarrolla un nuevo tipo de tecnología conocida como UMTS o 3G, que representa un punto de inflexión en las comunicaciones, posibilitando una navegación más rápida y cómoda por Internet hasta el punto de permitir la visualización de vídeos *online*. Esta nueva tecnología ofrecía velocidades de transmisión hasta 2 Mbps.
- **Tecnología 4G:** La tecnología LTE o 4G llega a los usuarios en 2009 y permite la navegación desde dispositivos móviles con una experiencia de usuario similar a la de navegar desde un ordenador al permitir velocidades de hasta 100 Mbps.

  Este tipo de tecnología emite en una frecuencia de 800 MHz, por lo que debe ser utilizada en dispositivos con unas características técnicas y un sistema operativo específicos, dando lugar a una nueva generación de dispositivos llamados *smartphones*.

  La nueva tecnología permite la realización de videollamadas, transmisiones en *streaming* desde plataformas como Meerkat o Periscope o ver programas de televisión.
- **Tecnología 4G+:** Esta evolución de la tecnología 4G permite a los usuarios velocidades de transmisión de datos por encima de los 400 Mbps y llega al mercado en 2016.
- **Tecnología 5G:** Esta nueva tecnología que empieza a implementarse con fuerza durante este año 2020 multiplicará por diez las velocidades de los actuales modelos 4G, permitiendo velocidades que rondarán el 1 Gbps de velocidad

de transmisión, además de mejorar notablemente la velocidad de subida de datos, lo que permitirá aprovechar todo el potencial de "Internet de las cosas" y nos traerá grandes cambios en nuestro día a día y grandes oportunidades en el mundo de los negocios.

A caballo entre todas estas fases, lo que conocemos como móvil ha sufrido una transformación digital impresionante, evolucionando de teléfono a plataforma de comunicación, pasando de ser un dispositivo para llamar por teléfono a una plataforma que integra reloj, calendario, brújula, GPS, radio, TV, acceso a Internet, redes sociales y muchas más opciones derivadas de las propias funcionalidades del dispositivo y de los millones de aplicaciones que giran alrededor de este.

Esta evolución ha necesitado algo más de 30 años para desarrollarse, implementarse y cambiar nuestras vidas y la forma de hacer negocios por completo. ¡Y estamos hablando únicamente de móviles!

A partir de aquí, nos podemos plantear algunas preguntas que son muy fáciles de formular, pero que a la vez deberían dar mucho que pensar:

- ¿Evoluciona tu empresa al mismo ritmo que la tecnología?
- ¿Y tú? ¿Evolucionas al mismo ritmo que la tecnología?

Lo cierto es que el mundo tecnológico y todo lo que lo rodea se mueve a tal velocidad que cada vez nos cuesta más seguir el ritmo. Las carreras ya no son para toda la vida, las estrategias a medio y largo plazo ya no tienen sentido y, en muchos casos, mañana es tarde. Por todo ello, aspectos como la agilidad o la formación tienen hoy un peso específico sin precedentes y también forman parte de la transformación digital.

DINOSAURIOS
UNICORNIOS
DRAGONES
SE EXTINGUIERON
LOS HÍBRIDOS

6 LA EVOLUCIÓN DE LAS ESPECIES

Las personas son y forman parte de la transformación digital, son nuestro equipo, nuestra gente, y son tan o incluso más importantes que los procesos, tecnologías e infraestructuras que forman parte de esa transformación.

La cultura de la organización y lo que ofrece en términos de desarrollo y aprendizaje es un elemento clave en los procesos transformadores, por lo que es imprescindible desarrollar nuevas formas de empoderar a los empleados, darles mayor protagonismo, incrementar su visibilidad y ofrecerles oportunidades de crecimiento y desarrollo profesional dentro de la propia organización.

Actualmente, se estima que más del 40 % de las empresas actuales desaparecerá por falta de adaptación a los cambios actuales y venideros. La transformación digital lo está cambiando y lo continuará cambiando todo. Su crecimiento es exponencial e imparable y a muchas empresas no les da tiempo a adaptarse a los cambios o, lo que es aún peor, a muchas les da miedo. El miedo es malo, agarrota, ralentiza, provoca estrés e impide avanzar.

La teoría de la evolución, formulada por Charles Darwin, sostiene que las especies evolucionan y se adaptan a lo largo de los milenios por mera supervivencia.

Si bien la idea de la evolución ya contaba con precedentes, no fue hasta 1859, con la creación del libro *El origen de las especies*, que el concepto de evolución quedó establecido definitivamente.

Darwin presentó su teoría de la evolución de las especies, pero además conceptualizó un mecanismo para explicar las adaptaciones complejas de los seres vivos: la selección natural.

LAS EXTINCIONES EN MASA

A lo largo de los siglos de evolución, se han producido dos tipos de extinción de especies: las extinciones normales y las extinciones en masa, estas últimas más rápidas, devastadoras y de mayor magnitud.

Actualmente, tenemos conocimiento de cinco extinciones que se han producido a lo largo de los años, que han dejado muchos huecos ecológicos que han permitido que sean ocupados por los descendientes de las especies supervivientes. La ocupación de estos espacios ecológicos suele ir acompañada de una rápida y extensa diversificación morfológica denominada radiación adaptativa.

Hoy en día, no sabemos a ciencia cierta el motivo de las extinciones en masa, si bien parece más probable que se produjeran por causas físicas que por causas biológicas.

Esos fenómenos físicos serían, por ejemplo, el cambio climático o el impacto de un asteroide, fenómenos en todo caso que provocaron que las condiciones medioambientales cambiaran el entorno de forma radical.

LA EVOLUCIÓN DE LAS EMPRESAS

¿Podemos considerar la llegada de la digitalización como un fenómeno físico de gran impacto? Ya hemos visto que lo está cambiando todo, muchas son las empresas que han tenido que cerrar sus puertas o las personas que no han pasado el corte y se han quedado sin empleo.

Antes de continuar, me gustaría volver a Darwin y citar una sus más brillantes frases:

> "No es la más fuerte de las especies la que sobrevive, tampoco la más inteligente. Sobrevive aquella que es más adaptable al cambio".

Del mismo modo que ocurre con los seres vivos, en un entorno de mercado altamente cambiante, convulso y con un gran nivel de incertidumbre, serán aquellas organizaciones capaces de mutar las que logren adaptarse al cambio, sobrevivir e incluso en muchos casos medrar.

En este nuevo marco, van a ser clave aspectos como la flexibilidad y la agilidad, apoyadas por un nuevo entorno que adopte la transformación a través de una nueva cultura digital que abrace la digitalización como parte de ese proceso de cambio.

La capacidad de adaptación al cambio afectará al desarrollo del negocio, a sus procesos y a la adopción de tecnología, pero, sobre todo, tendrá un impacto colosal en las personas de la organización, que, como individuos y como equipo, deben estar dispuestos a cambiar y adoptar de forma constante nuevos conocimientos, habilidades y competencias a través sobre todo de la formación.

Los cambios evolutivos suelen ser adaptativos, lo que implica que las especies deben adaptarse en función de la presión selectiva que sufren. De hecho, en entornos de gran presión selectiva, o se adaptan o desaparecen. Algo similar a lo que ocurre con las empresas, pero también con las personas.

En los tiempos que corren, la presión selectiva es cada vez mayor, por lo que una empresa que no se adapta a esos cambios desaparecerá.

LA EVOLUCIÓN DE LAS PERSONAS

Yo evoluciono, tú evolucionas, él evoluciona, nosotros evolucionamos, vosotros evolucionáis, ellos evolucionan. ¡Parece que aún recuerdo cómo conjugar el presente de indicativo! Bromas aparte, no tengas ninguna duda, ¡todos evolucionamos! Sí, todos, sin excepción, pero unos lo hacen a un ritmo más alto que otros. Los más jóvenes tienen una ventaja clara en su capacidad de aprendizaje, pero también hay personas que cuentan con superpoderes, como las altamente flexibles o las muy adaptables, que les van a permitir ser los protagonistas de las próximas décadas.

Del mismo modo que pensar que si una empresa no hace nada frente al cambio prevalecerá es un acto de fe, también lo es creer que un profesional que no sigue el ritmo o que no cuenta con las competencias digitales requeridas triunfará. La realidad es que probablemente fracasará y será eliminado de forma selectiva. Es la tiranía de la evolución, pero la naturaleza es sabia y nos ha dotado de capacidad de adaptación. En el fondo, es una cuestión de actitud.

Reflexiona unos minutos sobre tu actitud ante los cambios que se están produciendo, recuerda que esos cambios suceden cada día a mayor velocidad, evalúa tu actitud frente al cambio y tus competencias y podrás visualizar tu futuro. Si no te gusta lo que visualizas, puedes entrar en fase de negación o rechazo o puedes cabrearte, pero también puedes decidir dar un paso al frente y tomar la decisión de cambiar actitudes y trabajar las nuevas competencias necesarias para afrontar la transformación digital con éxito. Míralo de forma positiva, se trata más de una oportunidad que de una amenaza.

LAS EMPRESAS DINOSAURIO, LOS UNICORNIOS, LOS DRAGONES Y LOS HÍBRIDOS

Los científicos no se ponen de acuerdo en las causas de la desaparición de los dinosaurios; no obstante, todos creen que los motivos estarían relacionados con algún tipo de fenómeno físico de gran impacto, como la erupción de un supervolcán o el choque de un asteroide contra la tierra, una hecatombe que habría desencadenado un gran cambio climático, es decir, un gran cambio en el entorno. Actualmente, estamos ante un gran cambio en el entorno y, del mismo modo que desaparecieron los dinosaurios por falta de adaptación, lo harán muchas empresas dinosaurio.

Eleodoro y Elio Ventocilla, en su magnífico libro *Tiempo de unicornios*, nos cuentan que las empresas dinosaurio son todas aquellas pertenecientes a un grupo de industrias extractivas y manufactureras que dominaron durante el siglo XX, caracterizándose por poseer gran tamaño de activos e instalaciones y movilización de altos volúmenes de producción. Son empresas grandes, con un gran músculo financiero, pero también muy lentas al estar lastradas por la gran cantidad de burocracia en sus procesos y sus organigramas.

Las empresas unicornio, más similares a las *start-up* y orientadas sobre todo al sector servicios, como pueden ser Airbnb, Uber o Netflix, cuentan con una estructura organizativa mucho más flexible, con modelos de negocio innovadores basados en tecnologías disruptivas y con costes marginales que tienden a cero.

No es posible transformar un dinosaurio en un unicornio de la noche a la mañana, además sería contraproducente, pero es posible transformarlo en un híbrido y esta es la clave de la transformación.

Sobre este tema, Aileen Lee, fundadora de la firma de capital riesgo Cowboy Ventures, definió a las empresas unicornio como "aquellas *start-up* que se financian con capital privado y cuya valoración supera los 1.000 millones de dólares americanos".

Posteriormente, los inversores John Bacus y Hemant crearon una nueva denominación para algunas *start-up* y aparecieron los dragones, como denominación para aquellas empresas que han devuelto íntegramente los fondos a los inversores.

Si seguimos con rigor las definiciones, pocos serían los unicornios nacidos en España (Cabify, LetsGo y quizá alguno más). Como este libro no está escrito para inversores y mi objetivo es hacerlo sencillo y fácil de comprender, en adelante denominaremos "dinosaurios" a las grandes corporaciones tradicionales, "unicornios" a las *start-up* de tamaño pequeño/medio, "dragones" a las antiguas *start-up* que se han convertido en grandes corporaciones e "híbridos" a las empresas en transición. Al final, lo importante es que nos entendamos.

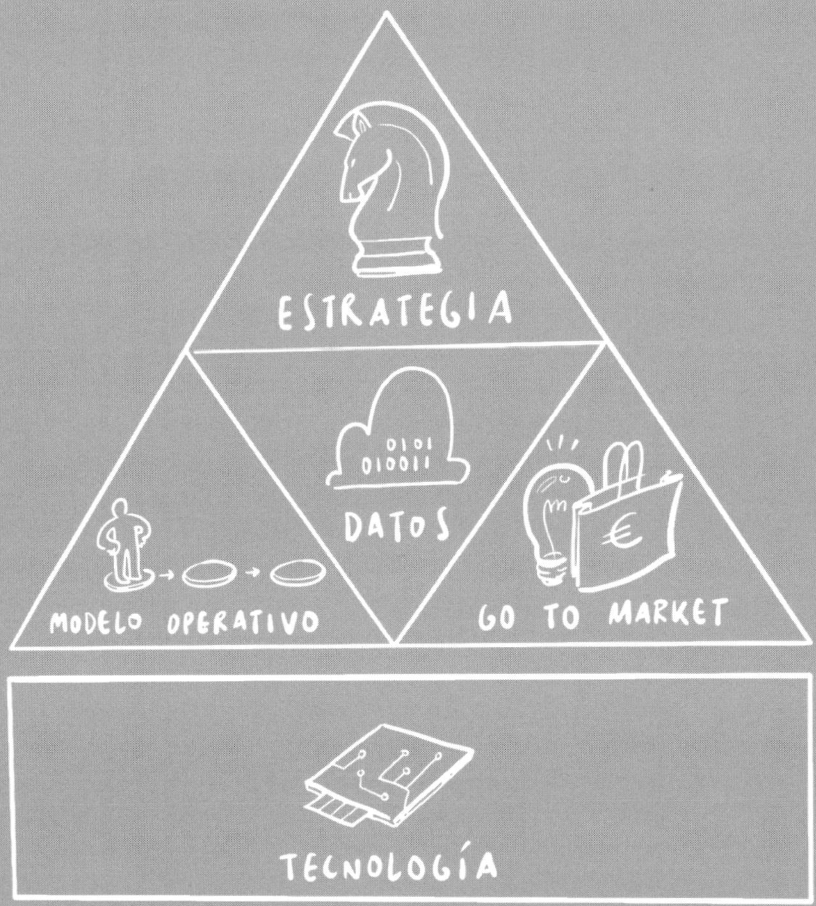
ESTRATEGIA
0101
010011
DATOS
MODELO OPERATIVO
GO TO MARKET
TECNOLOGÍA

7

UN MODELO PARA LA TRANSFORMACIÓN DIGITAL

En primer lugar, quiero empezar este apartado explicando la diferencia entre modelo de negocio y estrategia de negocio.

Un modelo de negocio es el conjunto de actividades que debe realizar una empresa para obtener beneficios. Debe mostrar la manera en que una organización desea obtener rentabilidad, ya sea a través de venta en los canales tradicionales, venta *online*, membresía, afiliación, publicidad o donaciones, por citar algunos ejemplos.

La estrategia es un conjunto de decisiones que muestran cómo conseguir resultados superiores a la competencia. Dará respuesta al cómo y, por tanto, se centrará en una planificación exhaustiva para captar consumidores que se transformen en clientes dispuestos a pagar por nuestro producto o nuestros servicios.

Ten en cuenta que dos organizaciones con un modelo de negocio casi idéntico pueden obtener resultados diametralmente distintos debido a las diferencias en su planificación estratégica.

En la era de los unicornios y los dragones, hemos podido comprobar que no son pocas las empresas que han definido de forma clara su estrategia, sin tener aun claro su modelo de negocio. Existe una tendencia muy clara en este tipo empresas a definir en primera instancia su estrategia y dejar para más adelante la definición del modelo de negocio. Ejemplos de estos modelos pueden ser Wallapop o Twitter en sus inicios.

Si tomamos como referencia el ejemplo de Twitter, veremos que se trata de una empresa que ha contado con una excelente estrategia de negocio, pero a la que le está costando mucho encontrar el modelo de negocio, aunque parece que últimamente se está acercando más al camino correcto.

Para ser honesto, no creo que en sus inicios empresas como Google o Facebook tuvieran claro su modelo de negocio. Estoy convencido de que no tenían la más remota idea de cómo monetizar, pero, por otro lado, sí tenían muy clara su estrategia, que se basaba en incrementar de forma exponencial el número de usuarios año tras año.

En un mundo ideal, deberíamos definir primero el modelo de negocio y, una vez validado, dar paso a la definición estratégica. En el fondo, se trata de un tema de mero sentido común. Primero, definimos QUÉ queremos hacer y, luego, CÓMO lo vamos a conseguir, pero no siempre vivimos en un mundo ideal, y tal y como decía Albert Einstein:

"Si quieres obtener resultados diferentes, haz cosas diferentes".

El nuevo entorno competitivo, empujado por la llegada de las nuevas tecnologías, está forzando a las organizaciones a reinventarse y, por tanto, a redefinir tanto sus modelos de negocio como su estrategia competitiva.

Ya hemos clarificado la diferencia entre modelo de negocio y estrategia de negocio. En este apartado, vamos a presentar un modelo para la transformación digital que no es ni un modelo de negocio ni una estrategia de negocio, pero que debería ser una herramienta fundamental para ayudarnos a definir ambos.

La llegada de la transformación digital nos ha traído gran cantidad de conceptos, herramientas y tecnologías que no es fácil ordenar. Toda esa información genera confusión y caos provocando errores de planificación estratégica en las organizaciones.

Contar con un modelo para la transformación digital es fundamental. Nos va a permitir tener estructura y contar con una guía imprescindible para poder seguir los pasos estratégicos fundamentales, desde la estrategia hasta la implementación.

Con el objetivo de que el modelo sea lo más visual posible, os voy a proponer un modelo piramidal. En la punta de la pirámide, vamos a situar la estrategia, que debe guiar la dirección de la organización y que debe dar respuesta a las 4 preguntas del millón que vimos anteriormente: por qué, qué, cómo y con quién.

En este apartado, integraremos la definición del modelo de negocio, la cultura organizacional, el propósito y todos los puntos que engloba la propia definición estratégica de la organización.

Para continuar con el modelo, vamos a dividir el tramo medio de la pirámide en tres apartados o dimensiones que a su vez podemos dividir en triángulos.

El primer triángulo representa nuestro modelo interno y está vinculado a la excelencia operacional. Podemos llamarlo modelo operativo. El segundo triángulo representa nuestro modelo externo y está vinculado a la centricidad en el consumidor. Lo denominaremos "*Go to market*". El tercer triángulo, que actuará como vínculo entre las dos dimensiones anteriores y al que por tanto situaremos en el centro, son los datos.

Podemos continuar dividiendo el primer triángulo (modelo operativo) en tres pilares fundamentales: organización, personas y procesos.

El segundo triángulo ("*Go to market*") podemos dividirlo en otros tres pilares: *customer centricity*, productos y servicios e innovación.

Para finalizar, en la base de la pirámide, vamos a situar la tecnología, ya que nos va a proporcionar las herramientas necesarias para maximizar todas las dimensiones superiores. Por tanto, nuestro modelo de transformación digital quedaría de la siguiente forma:

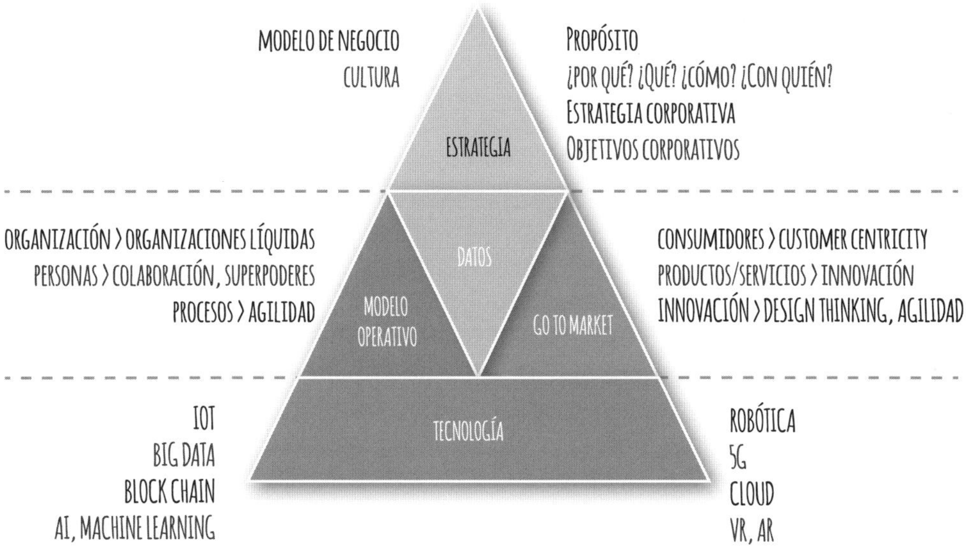

En el fondo, estamos hablando de un modelo cuyos cimientos se basan en la tecnología, que da soporte a las tres dimensiones superiores, modelo operativo o interno, "*Go to market*" o modelo externo y datos. Estos últimos deben ser clave como vínculo entre el modelo operativo y el GTM, y todo esto está liderado por la estrategia.

No he incluido en el modelo la cadena de suministro, muy influenciada en los tiempos que corren por los conceptos de industria 4.0 y que no vamos a tratar en este libro, ya que el valor que aporta una organización es principalmente el producto resultante de un equilibrio entre las interacciones que se dan entre los tres pilares internos y los tres externos.

Finalmente, las tres dimensiones intermedias y la base van a ser la clave de nuestra nueva cadena de valor.

RE-DISEÑAR
¡EN EL CENTRO!
CONSUMIDOR
SERVICIOS
DISTRIBUCIÓN
MKTG Y VENTAS
PRODUCCIÓN
LOGÍSTICA
ANTES...
LOGÍSTICA
PRODUCCIÓN
MKTG VENTAS
DISTRIBUCIÓN
SERVICIOS

8 LA NUEVA CADENA DE VALOR

El modelo propuesto en el punto anterior está muy vinculado a la cadena de valor, por lo que vamos a dedicar unas líneas a explicar cómo ha evolucionado. Las organizaciones disruptoras están transformando los modelos de cadena de valor tradicionales reestructurando sobre todo la forma de entregar valor al consumidor. La tecnología y las innovaciones digitales han permitido a los nuevos jugadores reformular las etapas de diseño, los procesos de producción, la forma de comunicarse con el consumidor, los modelos de comercialización o la forma de monetizar.

En pleno siglo XXI, los complejos modelos de cadena de valor tradicionales que necesitan grandes infraestructuras e inyección de capital ya no tienen sentido debido a la imposibilidad tanto transformar como de eliminar algunas de las etapas del proceso.

En 1985, Michael Porter acuñó el término "cadena de valor" con el objetivo de describir el conjunto de actividades necesarias para diseñar, producir, comercializar, entregar y dar soporte a los productos realizados por una empresa. Este modelo revolucionó la forma de entender y aplicar estrategia, ya que la nueva cadena de valor propuesta por Porter se orientaba a ofrecer valor para el cliente, en lugar de centrarse en las más tradicionales cadenas de suministro orientadas a las entradas y salidas de materias primas y productos terminados. El nuevo modelo planteado por Porter se centraba más en la maximización de cada una de las etapas de la cadena de valor con el objetivo de satisfacer las necesidades cambiantes del cliente, en lugar de focalizar todos los esfuerzos en mejorar la eficiencia de los procesos de producción y entrega.

En general, las cadenas de valor largas y complejas tienen problemas para dar una respuesta rápida a las cambiantes necesidades de los consumidores, ya que la democratización de la información está llevando a que la vida útil de los productos tienda a colapsar. Estamos ante un cliente hiperinformado y un entorno hipercambiante. Esta combinación es devastadora para cualquier organización que trabaje con una cadena de valor larga y compleja.

En este entorno altamente cambiante, los avances tecnológicos nos permiten, por un lado, incrementar el contacto y mejorar la conexión con los consumidores y, por otro, reducir la complejidad, incluso eliminar inventarios.

Actualmente, es posible conversar con los consumidores a través de las redes sociales, anticipar sus necesidades mediante el uso del *Big Data*, automatizar procesos a través de la utilización de IoT o reducir inventarios utilizando la impresión 3D. Estos son solo algunos ejemplos de cómo la tecnología nos permite eliminar o simplificar algunos de los elementos de la cadena de valor; por tanto, la tecnología será la base de nuestros proyectos, la base de la pirámide.

ZARA, del grupo Inditex, ha sido capaz de implementar un modelo de producción *Just in Time*, desafiando las reglas de las tradicionales cadenas de suministro, que les permite una renovación constante de las colecciones, la optimización de los inventarios y dar respuesta a las necesidades de los consumidores adaptándose a la demanda de forma ágil y eficiente.

ZARA cuenta con un sistema en sus tiendas que les permite conocer los hábitos de compra de sus clientes para que los diseñadores creen colecciones basadas en necesidades de demanda real. De hecho, el grupo Inditex se centra mucho más en capturar tendencias y reinterpretar colecciones de grandes diseñadores que en innovar en producto, pero lo hace de forma ágil y a un coste asumible para la gran mayoría de consumidores.

Actualmente, ZARA está trabajando con el sistema *Pull*, que funciona con tarjetas Kanban, y se basa en la utilización de *stocks* intermedios o semiterminados que están listos para ser usados en el proceso cuando se necesita, de modo que, cuando el cliente compra el sistema, envía una señal para terminar el *stock* intermedio. El sistema funciona gracias a plantas de producción ubicadas en España, el norte de África y Turquía, que producen los *stocks* intermedios que, a su vez, se envían a plantas de producción de acabado que lo transforman tras la aprobación en el producto final. Un modelo que les permite enviar el producto a cualquier país de Europa en tan solo 24 horas, adaptando la oferta a la demanda de forma muy ágil.

El modelo *Just in Time* fue creado e implementado por Toyota en 1948 y el grupo Inditex fue la primera empresa de su sector en adaptarlo para su negocio.

Actualmente, ya no se habla tanto del concepto *Just in Time* y utilizamos más el concepto *Lean*, pero la relación entre ambos es más que evidente.

Otro interesante ejemplo es el de Under Armour. La firma de indumentaria deportiva, con sede en Baltimore, ha desarrollado una aplicación conocida como Connected Fitness, una plataforma que permite compartir, rastrear y analizar datos personales sobre hábitos deportivos y salud a través de los *smartphones* de los usuarios. Para desarrollar la aplicación, Under Armour adquirió varias empresas de *fitness* basadas en tecnología, como MyFitnessPal, MapMyFitness y Endomondo, lo que les proporcionó tanto la tecnología necesaria para el desarrollo de la *app*, como una buena base de usuarios con la que empezar a trabajar.

La nueva aplicación suministra un flujo de información que permite identificar en tiempo real el estado físico y de salud de los usuarios y sus principales hábitos deportivos, lo que permitió a Under Armour identificar una nueva tendencia de marcha deportiva, que se inició en Australia y que ha terminado por ser una tendencia global.

Esta información privilegiada posibilitó que Under Armour se anticipara a sus competidores creando campañas de marketing y productos específicos personalizados.

Por otro lado, la aplicación es capaz de mejorar notablemente la experiencia de usuario, ya que les permite ofrecer campañas de producto personalizadas en función de sus hábitos deportivos y su historial de compra. A modo de ejemplo, la plataforma notifica a los usuarios de calzado deportivo el fin de vida útil de sus zapatillas al llegar a los 650 km, lo que minimiza el riesgo de lesiones. Es un gran ejemplo de centricidad en el cliente, además de un planteamiento diferente en la forma de ofrecerles valor.

Podemos identificar tres ejes principales en la transformación de los negocios que nos ayudarán a comprender mejor cómo cambiar la cadena de valor:

- Desarrollo empresarial.
- Acercamiento al cliente.
- Rediseño de productos y servicios.

DESARROLLO EMPRESARIAL

La digitalización y la búsqueda de oportunidades de mejora en todos los procesos de la organización nos debe llevar a un aumento de la productividad. El análisis y reconstrucción de la cadena de valor es fundamental a la hora de encontrar nuevas oportunidades de negocio.

Amazon está utilizando una solución de *packaging* inteligente llamada PillPack para pacientes con enfermedades crónicas que toman un buen número de medicamentos en forma de píldora.

El funcionamiento de PillPack no puede ser más sencillo. El médico envía las recetas a PillPack de forma electrónica, ingresa los datos en un bot que prepara las píldoras en una caja que separa las pastillas para cada día en diferentes compartimentos y las envía al paciente.

Mientras tanto, los fabricantes de productos farmacéuticos tradicionales continúan anclados en su cadena de valor tradicional, en la que el proceso consta de varios intermediarios, médico, mayorista y farmacia, aumentando el coste del producto y haciendo que el proceso sea más lento.

Por otro lado, la eliminación de intermediarios nos va a proporcionar obtener más información sobre el consumidor como perfil, comportamiento y hábitos de compra, lo que nos va a permitir trabajar con *Big Data* e inteligencia artificial para poder hacer predicciones de compra futuras, que, a su vez, se traducirá en un incremento sustancial de las ventas y en una mejora de la experiencia de cliente aumentando de forma notable la fidelización.

De forma similar a Amazon y su sistema PillPack, hay muchas empresas que explotan esta idea básica que se reduce a una plataforma para facilitar operaciones confiables entre oferta y demanda. Uber lo hace con vehículos, Convoy con camiones, Airbnb con apartamentos y casas, Flexe con almacenes e Instacart con comestibles. El modelo se repite una y otra vez.

Mi amiga Ana, que trabaja en BMW, me explicaba hace poco que han implementado un sistema Kanban conjuntamente con Lear Corporation, una empresa que se dedica a la fabricación de asientos para automóviles.

Basándose en la demanda diaria de BMW y respaldada por un potente sistema ERP, envían los pronósticos de entrega a Lear en tiempo real dando a este proveedor 300 minutos para producir y entregar los asientos a la línea de montaje. Un modelo de producción *Just in Time* que ha permitido a BMW ahorrar algo más de 74 millones de euros.

Kanban viene siendo usado con gran éxito en estrategias de producción *Just in Time* permitiendo a las empresas mantener bajos niveles de inventario. Actualmente, Kanban utiliza Internet para la gestión de la cadena de suministro, dejando controlar los consumos de los clientes en tiempo real, lo que optimiza el flujo de la información y material entre clientes y proveedores. Esto, a su vez, crea entornos de visibilidad y transparencia, estimulando la colaboración de la cadena de suministro y creando vínculos entre los agentes.

Otra forma en la que puedes revolucionar la cadena de producción es la que conocemos como industria 4.0, un innovador enfoque que está siendo considerado como la cuarta revolución industrial.

Los modelos de producción 4.0 permiten la comunicación entre producto y maquinaria a través de "Internet de las cosas", de tal modo que es el producto el que le comunica a la máquina qué es lo que tiene que hacer.

La introducción de ordenadores en la industria 3.0 fue una auténtica revolución en su época, pero el desarrollo de la industria 4.0 es mucho más disruptivo. En el nuevo modelo, los ordenadores están conectados y se comunican entre ellos para tomar decisiones sin intervención humana. Un sistema que se orquesta a través de Internet de sistemas, "Internet de las cosas" y sistemas ciberfísicos, que dan como resultado máquinas que aprenden a diario a medida que obtienen acceso a más datos, que son cada vez más inteligentes, haciendo que los sistemas de producción sean más eficientes.

Trumpf es una empresa de alta tecnología que ofrece soluciones de producción para máquinas-herramientas, tecnología láser, electrónica e industria 4.0. Esta empresa alemana ofrece una solución llamada TruConnect, que combina personas, máquinas, software y servicios, proporcionando un apalancamiento contra la pérdida de tiempo o una planificación demasiado compleja. Esta solución ayuda a procesar los lotes de pedidos pequeños de una forma más económica, eliminar cualquier falta de transparencia en la gestión de pedidos y evitar largos tiempos de reacción y de entrega.

Otra interesante oportunidad es el concepto de multicanalidad, es decir, la venta e interacción con el consumidor usando todos los canales disponibles.

El nuevo comportamiento de los consumidores, sobre todo por parte de los *millennials* en cuanto a la búsqueda de información, comunicación, interacción y compra, ha hecho que las empresas más despiertas hayan modificado drásticamente su relación con el consumidor, algo que solo se puede conseguir haciendo una evaluación exhaustiva de todos los puntos de contacto con este.

Hace tan solo unos pocos años, la legislación obligaba a los bancos y a las empresas aseguradoras a que al menos uno de los apartados de las transacciones se llevara a cabo en un único canal, ya que para contratar un seguro o abrir una nueva cuenta bancaria era obligatorio identificarse de forma presencial en la oficina del corredor de seguros o en la de banco. Actualmente, la normativa ha cambiado permitiendo a una *start-up* como WebID o IDNow digitalizar el proceso por completo al ofrecer sistemas de identificación virtuales a través de ordenador, *smartphone* o *tablet*.

Esta oportunidad ha sido aprovechada de forma ventajosa como hemos visto por *start-up*, pero algunas empresas con mucha más tradición en el sector no se han quedado atrás. En BBVA se enorgullecen de tener la mejor *app* de banca móvil del mundo, no es para menos. Mi amigo Toni me cuenta que el banco español lidera el sector de banca móvil a nivel global por segundo año consecutivo. "The Forrester

Banking Wave: Global Mobile Apps Summary, 2018" sitúa a BBVA como el líder entre los nueve candidatos a formar parte de las mejores entidades con *apps* de banca móvil a nivel global. Le siguen en el ranking Garanti, mBank y CaixaBank.

Toni me explica que, entre otras funcionalidades, la *app* de BBVA permite al usuario hacer una estimación del valor de una propiedad, ya sea para compra o alquiler, calculando opciones para hacer la transacción. Continúa contándome que otra de sus funciones, conocida como movimientos previstos, posibilita calcular la cantidad de dinero necesaria para llegar a final de mes. En la misma línea, la *app* ofrece al usuario una visión muy clara de su situación financiera y propone de forma activa un plan de acción personalizado para mejorar los puntos débiles.

Finalmente, Toni me explica que, recientemente, BBVA ha incorporado una nueva funcionalidad a su *app*. Se trata de "Programa tu cuenta", una característica que permite al usuario automatizar varias tareas en base a reglas, con el objetivo de ahorrar tiempo a la hora de hacer gestiones. "Programa tu cuenta" permite, entre otras cosas, establecer un saldo mínimo o máximo, redondear los pagos realizados con tarjeta de débito o indicar unas pautas de ahorro a través de presupuestos, nóminas o a final de mes.

Desde su lanzamiento en julio de 2016, la *app* ha registrado más 2,7 millones de consultas y el 38,6 % de los clientes que han contratado una hipoteca con el banco han interactuado con ella.

Además de encontrar nuevas oportunidades de negocio, es importante que las empresas ofrezcan a los clientes una experiencia inolvidable en todos los canales relevantes y en todos los puntos de contacto.

ACERCAMIENTO AL CONSUMIDOR

Otro aspecto fundamental a tener en cuenta es el acercamiento al consumidor. Las herramientas digitales nos permiten acceder de forma más fácil a los consumidores, mejorar las relaciones con ellos, personalizar productos y servicios o incluso anticiparnos a sus necesidades, además de facilitar el análisis del mercado.

Tengo un par de amigos que trabajan en BMW y Porsche, Ana, de la que ya os he hablado anteriormente, y Manuel. Durante una cena con ellos, pudimos llegar a la conclusión de que ambas empresas han aumentado su posición en la industria a través de una estrategia de transformación digital usando herramientas más personalizadas.

Ana nos contaba que BMW ha iniciado una estrategia con un enfoque centrado en el cliente a través de herramientas digitales, que les permiten conocer cada detalle sobre el vehículo en función de su número de identificación, lo que les permite crear ofertas personalizadas para cada uno de sus clientes.

Este modelo de transformación integra los canales web, las redes sociales y la información procedente de la red de distribuidores para conocer en detalle cómo los clientes de BMW utilizan sus automóviles y poder dar respuesta a cualquier problema que tengan los usuarios del vehículo en tiempo real, ofreciendo servicios en el día y hora más conveniente para los clientes.

Además, Ana nos cuenta que los usuarios disponen de datos en tiempo real sobre las mejores plazas de aparcamiento, proyecciones futuras sobre el tráfico en un determinado lugar a una hora concreta e información personalizada basada en los datos del propio usuario.

Por su parte, Manuel nos dice que en Porsche obtienen resultados parecidos a través de un método distinto. Porsche hizo una fuerte inversión en software con la integración en la compañía de un CRM que permite identificar a cada uno de sus clientes a través de un ID.

Según Manuel, esto les permite hacer una segmentación de clientes a tiempo real y aprovechar el análisis predictivo para ofrecer a los usuarios lo que desean en base a la segmentación. Además de mejorar la calidad del servicio y de estar más cerca del cliente, esto permite a Porsche conocer cuáles son los clientes que tienen un interés real por comprar un nuevo Porsche, lo que se ha traducido en un aumento considerable de las ventas.

Ambas compañías han mejorado la experiencia de conducción de sus clientes, ofreciéndoles información y soluciones sobre su vehículo, estado del tráfico y opciones de aparcamiento a tiempo real. Representan un excelente ejemplo de cómo usar la transformación digital para acercarse más al consumidor, ofreciéndole soluciones inteligentes.

REDISEÑO DE PRODUCTOS Y SERVICIOS

Hemos entrado en una era que nos permite transformar productos y servicios mediante nuevas formas de entender, preparar y entregar la oferta existente.

La adopción generalizada de las *digital twin technologies* (tecnologías gemelas digitales) está revolucionando el diseño de productos y servicios y, por ende, la innovación.

La empresa Whirlpool está utilizando el concepto de gemelos digitales para mejorar el desarrollo de sus productos y sus procedimientos de servicio para testar prototipos de baja fidelidad, al tiempo que permite la colaboración entre funciones a través del intercambio de datos en toda la organización.

Cuando nos planteamos el rediseño de productos y servicios, tenemos que fijar nuestro enfoque más allá del de los procesos de fabricación tradicional y comprender el producto en todos los puntos de la cadena de suministro, incluyendo todos los *insights* procedentes de los consumidores y los *stakeholders*.

Los *digital twins* permiten a una empresa mejorar la etapa de diseño a través de la recopilación de datos sobre el uso de los productos en el mundo real. El proceso requiere capturar el estado pasado, actual y futuro del producto y es posible llevarlo a cabo a través de aplicaciones como PLM o CAD.

Las futuras generaciones de *digital twins* permitirán incluso optimizar el proceso a través de plataformas de "Internet de las cosas", que permitirán hacer predicciones de resultados anticipándose a las necesidades del consumidor.

Otro ejemplo interesante para optimizar el diseño de productos es la utilización de metodologías *agile*.

La transformación digital nos ha permitido aprender de algunas *start-up*. Para las empresas de software, la forma de diseñar proyectos ha dejado de ser un ciclo cerrado con un principio y un fin para convertirse en un proyecto vivo que va evolucionando de manera paulatina a través de ciclos iterativos.

El movimiento Lean Startup viene defendiendo la idea de que la estrategia de cualquier empresa puede definirse asimismo en ciclos iterativos desde 2008.

Steve Blank, profesor en Stanford, Berkeley y Columbia y autor de algunos de los más reconocidos libros para *start-up*, dice: "Ningún plan de negocio sobrevive al primer contacto con el cliente", frase que refleja el concepto *agile* llevado al extremo y que nos mostraría el camino para desarrollar estrategias con periodos más cortos, pero, sobre todo, con capacidad para evolucionar progresivamente de forma iterativa a partir de pruebas piloto reales con los clientes.

Las metodologías *agile* como Scrum, XP o Kanban, que veremos con más detalle más adelante, están permitiendo a las empresas ser más ágiles tanto a nivel estratégico como en el diseño de productos y servicios.

Otra interesante alternativa para el rediseño de productos y servicios es utilizar métodos de *design thinking*.

Con la utilización de técnicas de *design thinking*, las empresas innovadoras buscan minimizar la incertidumbre y el riesgo que representa la innovación mediante de la utilización de inteligencia colectiva a través de procesos que permiten mejorar la comprensión de las necesidades del cliente.

Estos métodos se basan en la creación de una serie de prototipos que permiten aprender, probar y refinar conceptos, incluyen la participación activa de los consumidores para, a través del diálogo y la interactividad, llegar a descubrir sus necesidades principales.

Todas estas metodologías de transformación digital se basan en la integración del consumidor en el proceso de innovación a través de experimentos llevados a cabo en el mundo real, no solo en datos históricos y estudios de mercado. Por ello, podemos decir que, en gran medida, situar al cliente en el centro y los procesos de innovación deben ir de la mano para asegurar el éxito.

En realidad, cuando trabajamos en conjunto los conceptos de innovación, centricidad del cliente y agilidad, obtenemos un efecto multiplicador que nos aportará resultados muchos más poderosos que si trabajamos solo con estos conceptos por separado, lo que nos muestra de nuevo, que estamos hablando fundamentalmente de estrategia.

EL RETO DEL SIGLO XXI

ÁNGEL FARRIOLS

DIRECTOR GENERAL DE HENKEL BEAUTY CARE PROFESSIONAL ESPAÑA Y PORTUGAL

¿Estamos preparados para afrontar con éxito como empresa la denominada 4.ª revolución industrial?

Esta pregunta tan básica conlleva muchas otras preguntas relacionadas: ¿las herramientas digitales de las que disponemos son suficientes?, ¿tenemos una estrategia digital clara?, ¿la organización está preparada para una transformación digital definida?

El perfil de nuestro cliente está cambiando y eso lo debemos tener siempre presente; el mundo está hiperconectado, con acceso inmediato y libre a toda la información, contenidos, así como tecnologías. Por ello, las empresas debemos tener muy presente y definir nuestra estrategia según el cambio de una organización basada y centrada en productos y en el cliente y su experiencia, pasar de pensar en qué ofrecer a cómo ofrecerlo (servicio, precio, etc.), cambiar la mentalidad de realizar una oferta, aprender según la evolución constante, ser ágiles en las decisiones viviendo en tiempo real, realizando eventos o escuchando comentarios en el universo social donde nuestros clientes se relacionan y viralizan entre ellos, aportando lo que, hoy por hoy, es el valor más preciado: "la información o los datos".

Los datos son el eje vertebrador de todo éxito en el futuro. Pero ¿sabemos qué hacer con ellos?

No se trata de acumular zettabytes de datos y almacenarlos en *data lakes* o *data warehouses*, sino de combinar tecnología, herramientas y procesos que permitan transformar los datos almacenados en información, de esta a conocimiento, que vaya dirigido a un plan o una estrategia comercial.

En este aspecto, es vital contar con un área de *business intelligence* que nos ayude en la transición de entender el universo interno y externo para conseguir ventajas de negocio.

Debemos usar las 4 V del *Big Data* (volumen, velocidad, variedad y valor), ya que, en el momento que seamos capaces de predecir, sea por simulación u optimización, y prescribir, es decir, *machine learning* aplicado al negocio, daremos respuesta a la necesidad de nuestro cliente.

Como compañía debemos generar un ecosistema donde confluyan todos los aspectos necesarios para dar respuesta a todas nuestras generaciones de clientes, desde *baby boomers*, generación X, *millennials*, generación Z y todas las venideras.

Esta misma realidad generacional que existe en el mercado es el gran reto que nos encontramos como organización en el proceso de transformación digital. Debemos diseñar y entender nuevas formas de gobierno corporativo, redefiniendo las estructuras organizativas, apoyando, promocionando, motivando, pero, sobre todo, formando al equipo en la gestión del cambio hacia una cultura digital.

La gran dificultad radica en la velocidad de cambio que nos demanda el mercado en esta era digital (*e-commerce*, *omnichannel*, consulta digital, etc.) y cómo de ágiles seamos las empresas en los procesos y organizaciones para acompañar con éxito esta transformación digital.

La paradoja es que, en un universo cada día más *online*, el éxito de cualquier transformación digital se basa en el liderazgo *offline*, es decir, las personas.

ORGANIZACIÓN

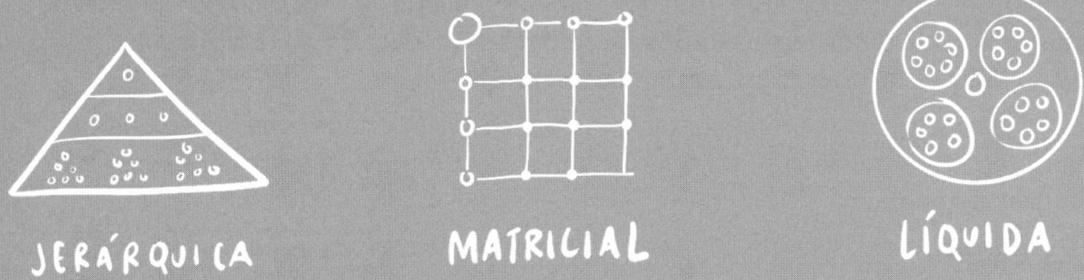

PERSONAS

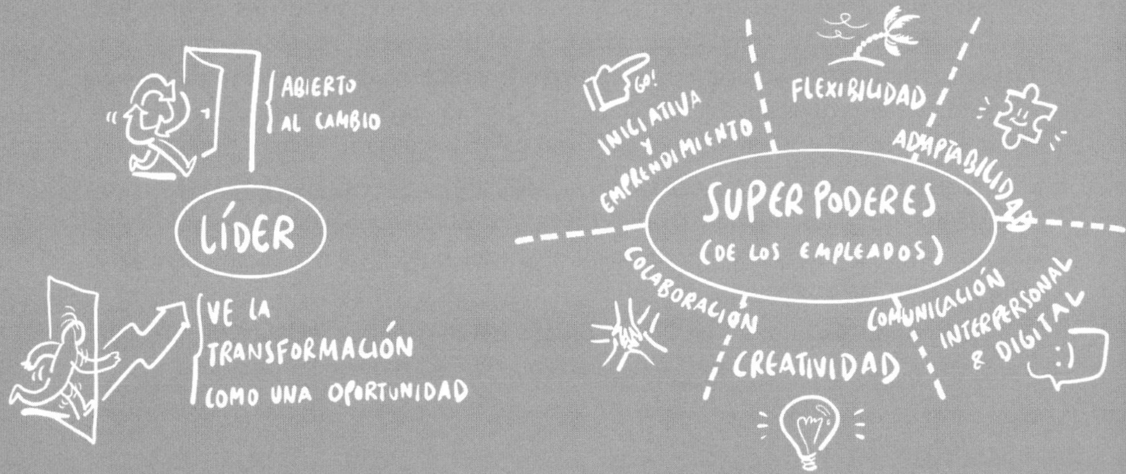

PROCESOS

9 MODELO OPERATIVO

Tal y como vimos anteriormente, en el modelo propuesto vamos a dividir el modelo operativo en tres apartados: organización, personas y procesos.

ORGANIZACIÓN

Las organizaciones nacen sobre todo de la necesidad que tenemos los seres humanos de cooperar y obtener mejores resultados en conjunto que, de forma individual, tenderán a mejorar si se diseña una estructura adecuada.

Una organización que cuenta con las personas adecuadas rendirá mejor, pero también es cierto que mantener cierto grado de libertad estructural estimula la colaboración entre los diferentes miembros del grupo o del equipo.

Hay organizaciones que están integradas por grupos, otras que cuentan con equipos y algunas pocas, las que mejores resultados obtienen, poseen equipos de alto rendimiento. Créeme, hay una gran diferencia entre un grupo y un equipo de alto rendimiento.

Cualquier persona, independientemente del nivel de conocimientos, habilidades y competencias que posea, mejorará su desempeño si conoce tanto su rol como su ubicación en la organización. Por tanto, para las empresas y otras entidades, es fundamental definir la organización de las personas. Para ello, utilizamos entre otras herramientas los organigramas.

Por lo tanto, la estructura de una organización debe diseñarse de tal forma que todos los miembros de la misma tengan muy claro su rol, su ubicación, su nivel de responsabilidad e idealmente también sus principales interlocutores.

ORGANIZACIÓN PIRAMIDAL

Las organizaciones más tradicionales suelen utilizar como modelo estructuras piramidales y jerárquicas que, debido al diseño de su propia estructura, ralentizan la toma de decisiones.

Una organización piramidal es excelente para asegurar que las decisiones se tomen en el vértice de la pirámide, es decir, en la planta ejecutiva, y sean implementadas por el resto de la organización, asegurando, de forma general, un nivel de ejecución notable y en algunos casos sobresaliente.

Las organizaciones piramidales aseguran la excelencia en la implementación y ejecución a través de complejos modelos de mandos intermedios e instrucciones detalladas que facilitan la comprensión de la estrategia definida en los niveles superiores, pero que, a su vez, mantienen grandes niveles de burocracia y limitan notablemente la creatividad y, como consecuencia, la innovación.

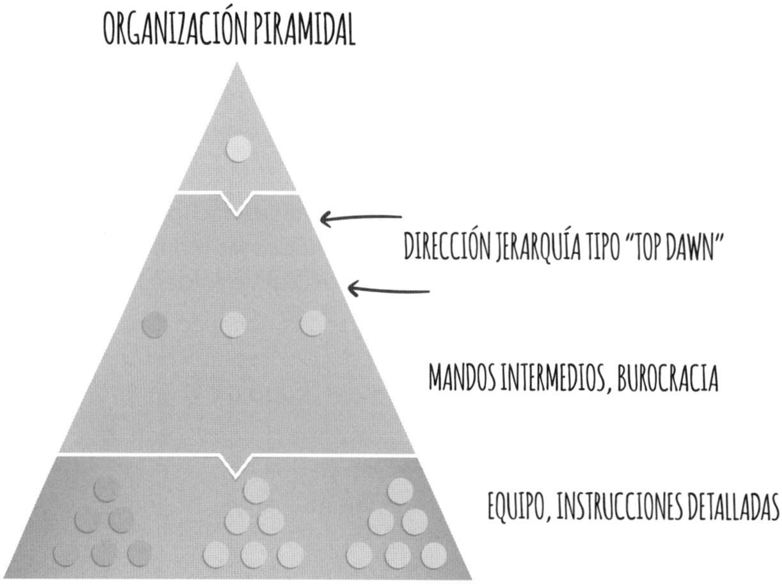

Existen dos tipos principales de organizaciones piramidales: las organizaciones lineales y las funcionales.

El modelo de organización lineal es el más antiguo y, por su simplicidad, el más fácil de diseñar. Se trata de un modelo inspirado en las organizaciones del ejército.

Las organizaciones lineales presentan un modelo organizativo sencillo y de fácil comprensión para todos los miembros de la organización, delimitan de forma muy clara los roles y responsabilidades tanto de los directivos como de los subordinados que acatan las órdenes que les llegan de la parte superior del organigrama.

Este tipo de organizaciones son rígidas, inflexibles, poco innovadoras y, dependiendo del tamaño, también lentas, lo que termina por provocar frustración en las personas.

La gran mayoría de empresas de gran tamaño están organizadas de forma funcional y ubican a todas las personas que se dedican a una misma actividad en lo que llamamos departamentos. Estos se pueden integrar en grupos más amplios denominados funciones, que engloban varios departamentos con características similares.

La organización por funciones facilita de manera notable la supervisión y el control al ser un diseño por especialización en el que los integrantes de departamentos y funciones están muy especializados y los supervisores también.

Este tipo de organización es el más usado por las empresas dinosaurio. Si tenemos en cuenta que vivimos en un mundo cada vez más dominado por dragones y unicornios, debemos reconsiderar el diseño de nuestra organización si es de tipo piramidal.

ORGANIZACIÓN MATRICIAL

Vivimos en un mundo que se está transformando gracias a la digitalización, en constante cambio y cada vez más globalizado, por lo que es imprescindible que las empresas adapten sus modelos organizativos a las nuevas necesidades de un entorno cada vez más dinámico y competitivo, ganando en flexibilidad y capacidad de innovación.

Las organizaciones matriciales son más versátiles, flexibles, ágiles e innovadoras y, en general, también más eficientes que las piramidales.

La esencia del diseño de una organización matricial pasa por reconocer dos o más dimensiones en la empresa, lo que permite implementar sistemas de mando duales, en los que cada cuadrante de la matriz está liderado por dos personas con responsabilidades cruzadas, como, por ejemplo, un responsable de función y uno de producto/servicio o un responsable regional y uno de funciones.

Para que el modelo funcione, los líderes duales de cada matriz deben tener el mismo grado de responsabilidad y los equipos integrados en la matriz reportar a ambos por igual.

Estamos hablando, por tanto, de un modelo menos jerárquico y vertical que el de las más tradicionales organizaciones piramidales, en el que las personas y los roles son complementarios y en el que los integrantes de la organización se ven obligados a colaborar de forma más estrecha con interlocutores de dos o más niveles.

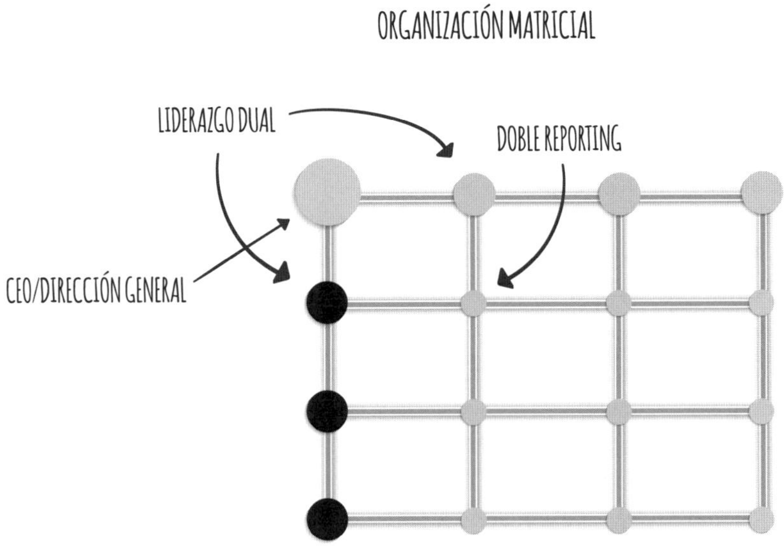

Los modelos de organización matricial conceden mayor autonomía tanto a los equipos como a los líderes intermedios, estimulan la cooperación entre departamentos, funciones y áreas de especialización y generan un clima más adecuado para la innovación.

ORGANIZACIONES LÍQUIDAS

Las organizaciones líquidas se caracterizan por ser capaces de formar equipos multidisciplinares que se crean en base a necesidades, y que dan como resultado equipos que lideran y gestionan proyectos de forma independiente. En algunos casos, estos equipos se deshacen al finalizar el proyecto, para volver a armarse casi sin pausa con las variaciones que sean oportunas, integrando nuevos miembros al equipo con el fin de abordar un reto distinto o el siguiente nivel en el proyecto que estaban gestionando.

El concepto de organización líquida nos permite optimizar estructuras, ahorrar costes y funcionar desde un tamaño mucho más ágil, flexible y adaptable con el objetivo de ganar velocidad y competitividad en el mercado.

Del mismo modo que utilizamos la metáfora de la evolución de las especies para comprender mejor el concepto de evolución digital, podemos usar como metáfora las células vivas para comprender mejor el concepto de organización líquida. La naturaleza es sabia y puede darnos muchas lecciones empresariales.

Las células cuentan con unidades autónomas que pueden operar tanto de forma individual como en cooperación con otras unidades que, a su vez, también pueden operar de forma autónoma. Por otro lado, en los organismos multicelulares, una célula es capaz de operar de forma independiente al tiempo que coopera con otras células.

A modo de ejemplo, una de las claves de la respuesta inmunitaria es la cooperación entre macrófagos y linfocitos T. Ambas células cumplen su función de forma independiente. El macrófago, la de fagocitar al organismo invasor; el linfocito T, la de desencadenar la respuesta inmunitaria, una respuesta que no se daría si no hubiera cooperación entre ellos.

Del mismo modo que ocurre con las células, las organizaciones líquidas diseñan equipos multidisciplinares integrados por varios miembros que son capaces de operar de forma independiente y de colaborar entre ellos con un alto nivel de autonomía, al tiempo que cooperan con otros equipos multidisciplinares para obtener mejores resultados.

ORGANIZACIÓN LÍQUIDA

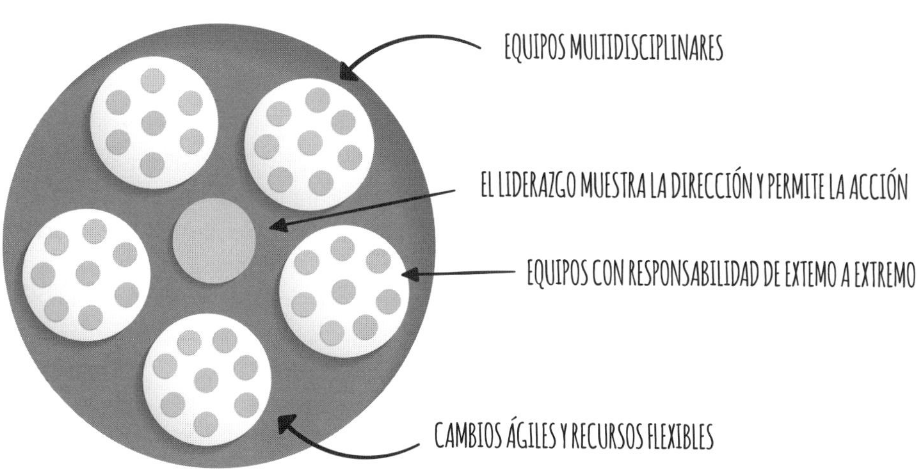

La transición necesaria para pasar de un modelo de organización piramidal a un modelo de organización líquida no es fácil, por lo que tratar de hacerlo en un solo paso, más que un sinsentido, sería una locura.

Una organización líquida nos permite ser más ágiles, flexibles y, sobre todo, mucho más innovadores. También es cierto que su comportamiento será más caótico y tendrá siempre una tendencia clara a cometer errores de implementación y ejecución.

Para poder llevar a cabo una transición controlada entre un modelo piramidal y uno líquido, el primer paso es evaluar la cultura empresarial para poder conocer el momento en el que se encuentra la organización y evaluar si está lista para dar ese paso de gigante. Nos encontraremos con que, en el 99 % de los casos, la organización no está preparada para dar ese salto; por tanto, es mejor hacer una transición intermedia utilizando para ello el modelo matricial.

Hacer una transición radical es posible, pero la decisión debe ser tomada siempre tras una evaluación que considere criterios como relevancia estratégica, cultura predominante, capacidad y limitaciones de la organización, disponibilidad de las personas, interdependencia de los equipos, limitaciones presupuestarias, retorno de inversión o niveles de riesgo. Si tienes dudas, opta por dar un paso intermedio para asegurar el éxito.

A modo de ejemplo, una organización que se enfrente a una amenaza estratégica urgente puede necesitar un cambio radical, como le sucedió a ING Holanda, que, ante el incremento de la demanda de soluciones digitales por parte de los consumidores y el aumento de competidores de estilo *fintech*, apostó por un cambio radical en su estructura organizativa eliminando varias de sus funciones, como el desarrollo de IT, la gestión de productos y canales y los departamentos de marketing. ING creó equipos "donut" multidisciplinares y ágiles en una reestructuración organizativa que involucró a más de 3.500 personas y en las que más del 40 % de estas acabaron por desempeñar nuevas funciones. El modelo se desplegó con gran éxito, pero ten en cuenta que se trata de excepciones.

Las transiciones radicales no son fáciles de abordar y deben contar con un liderazgo absoluto y con el compromiso de toda la organización, una cultura receptiva y suficientes profesionales con mentalidad y talento ágil para formar los nuevos equipos "donut". Por tanto, el primer paso es conocer nuestro punto de partida para poder ir dando pequeños saltos que nos transporten hasta el lugar a donde queremos llegar, a estos saltos más cortos los podemos llamar etapas de implementación.

Etapa 1: Redefinir visión y valores y adoptar los principios de agilidad en toda la organización

Health Information Systems de 3M creó ente 8 y 10 equipos "donut" regularmente de forma bimensual. Tras dos años de implementación, contaban con más de 90 equipos ágiles en funcionamiento, que han sido capaces de acelerar la entrega de productos y lanzar una aplicación con 6 meses de antelación a las previsiones iniciales.

Muchas de las empresas ágiles de referencia, como Tesla, Salesforce, SpaceX, Google, Netflix o Spotify, combinan equipos ágiles con estructuras más tradicionales, como puede ser el modelo matricial, con gran éxito.

Las empresas con organizaciones piramidales pueden crear de manera fácil un pequeño número de equipos ágiles y distribuirlos a través de la organización obteniendo resultados satisfactorios, ya que los conflictos entre los equipos "donut" ágiles y la burocracia presente en el resto de la organización se resolverán gracias a conversaciones personales y buena actitud. Por otro lado, si una organización desea ampliar considerablemente el número de equipos ágiles, el resto de integrantes de la organización, anclados aún en una visión y valores más tradicionales, defenderán el *statu quo*, generando anticuerpos que terminarán por desestabilizar a los equipos "donut" ágiles.

En consecuencia, para hacer una transición a una organización líquida o ágil con éxito, es fundamental redefinir visión y valores y adoptar los principios de agilidad en toda la organización, primero con los equipos "donut" y luego con el resto de miembros de la organización.

Etapa 2: Redefinir el modelo operativo

Debemos tener en cuenta que el organigrama operativo de una organización líquida no difiere tanto como podríamos pensar del organigrama de una organización más tradicional. Los principales cambios tienen que ver sobre todo con menos niveles de gestión y control, ya que, a medida que la cultura de la organización va abrazando los principios ágiles, los supervisores aprenden a confiar más en los equipos "donut" y en las personas, por lo que se puede ir eliminando burocracia progresivamente. Ten en cuenta que una organización líquida busca, además de agilidad, innovación.

Para llevar a la organización un paso más allá, será necesario modularizar e integrar todos los flujos de trabajo.

Tesla diseña a medida las interfaces de los componentes de sus vehículos con el objetivo de incentivar la innovación de cada módulo de trabajo de forma independiente, de modo que el equipo que diseña la consola puede introducir innovaciones y mejoras en cualquier elemento relativo a la propia consola. El equipo Tesla es capaz de introducir alrededor de veinte cambios de ingeniería semanales para mejorar tanto la producción como el rendimiento de su modelo S.

Etapa 3: Atracción y fidelización del talento

Para trabajar en una organización líquida ágil, se necesitan personas ágiles. Las empresas ya no pueden contratar talento en base a la formación académica, la experiencia y la capacidad de desempeño individual. Una organización ágil necesita redefinir los procedimientos del departamento de recursos humanos.

Entre las nuevas competencias, la actitud y el entusiasmo por trabajar en equipos colaborativos es fundamental y, por tanto, va a ser crítico poder evaluar el desempeño de las personas cuando trabajan en equipo, su capacidad para relacionarse en ese entorno y las evaluaciones multidireccionales que se van a dar entre los diferentes miembros del equipo "donut" ágil.

En los modelos de organización más tradicionales, la evaluación del desempeño se hace de forma anual en base a una serie de competencias críticas vinculadas cada vez más a los resultados. Los modelos ágiles evalúan el desempeño con modelos de retroalimentación por proyectos vinculados, como norma general, a la innovación y lo hacen cada pocas semanas o meses.

Por otro lado, debemos considerar que los miembros de la organización van a cambiar de un equipo ágil a otro de forma constante e ininterrumpida a través de rotaciones que fomentan la flexibilidad, incrementan la capacidad de aprendizaje y mantienen a los integrantes de los equipos fuera de la zona de confort durante más tiempo.

Las organizaciones piramidales y matriciales basan sus programas de incentivos anuales principalmente en los resultados individuales, mientras que en los modelos ágiles se hace un gran esfuerzo para recompensar la consecución de objetivos de equipo. Algunas de las empresas más avanzadas ponen en valor el reconocimiento público y ante toda la organización para premiar el desempeño de los mejores equipos. Incluso se premia a los mejores colaboradores con mayor flexibilidad laboral o más tiempo libre, un concepto muy valorado por las generaciones más jóvenes.

En cuanto al desarrollo profesional, debemos tener en cuenta que los equipos "donut" ágiles cuentan con un líder de producto y un líder de metodología ágil, que trabaja en paralelo con múltiples proyectos de dimensiones diferentes. En estos modelos se utilizan mucho los programas de *mentoring*, que contribuyen, junto al resto de medidas, a mantener un alto nivel de motivación entre los miembros del equipo.

Etapa 4: Redefinición de la estrategia

Las organizaciones ágiles planifican su estrategia en base a supuestos y no la definen según ciclos anuales, ya que son conscientes de que la digitalización avanza a pasos agigantados y, por tanto, las necesidades de los consumidores cambian muy rápido.

Frente a las típicas sesiones anuales de estrategia y a las negociaciones presupuestarias de las organizaciones piramidales y matriciales, que limitan la innovación a complejos sistemas de aprobación o a la obtención de recursos y presupuesto, las organizaciones ágiles son conscientes de que más del 60 % de las innovaciones necesitarán cambios y evoluciones durante el desarrollo, por lo que necesitan flexibilizar la toma de decisiones y financiar los lanzamientos sin esperar al próximo ciclo anual. Sus procedimientos de financiación son similares a los modelos de capital riesgo y la toma de decisiones se basa en supuestos sobre proyectos en los que las prioridades se definen en base al potencial de innovación.

Hay que tener en cuenta que, en el desarrollo de soluciones ágiles cuando una empresa lanza un producto, ya hay un equipo listo para trabajar en su evolución sin esperar a que agote su ciclo de vida, por lo que se innova de forma constante y a una gran velocidad.

El modelo usado por las organizaciones ágiles induce a cometer un mayor número de errores, pero, por otro lado, acelera el coste de aprendizaje y la capacidad para innovar. Ten en cuenta que, en una organización ágil, tanto los errores como los aciertos forman parte del proceso. Para innovar de forma ágil, es fundamental asumir que se cometerán errores como parte del proceso de aprendizaje y del propio procedimiento de innovación.

PERSONAS

Las personas son la esencia fundamental de la organización y las que crean la cultura de la misma. Se trata de individuos que participan activamente en la creación de valor de la propia organización, al tiempo que son alcanzados por ese mismo valor.

Antes de afrontar un proceso de transformación digital con éxito en cualquier organización, hay que tener en cuenta que los empleados deben cambiar su forma de trabajar, sacar partido a los datos, cambiar su perspectiva sobre el consumidor para situarlo en el centro, trabajar de forma colaborativa y en equipos multidisciplinares ágiles, abrazar la tecnología y utilizar nuevas herramientas digitales. Se trata de un cambio profundo que afecta a todos los estamentos de la organización y que no solo requiere planificación estratégica, también será necesaria la involucración del equipo, un alto grado de compromiso y un alto nivel de flexibilidad por parte de todos los individuos que conforman la organización.

Las personas de la organización van a necesitar adquirir nuevos conocimientos, habilidades y competencias. Para ello, van a necesitar tiempo y apoyo constante por parte de la propia organización.

Del mismo modo que no conseguiremos nada implementando las últimas tecnologías sin una buena planificación estratégica, tampoco servirá tratar de digitalizar la empresa si los propios integrantes de la organización no adoptan una mentalidad digital.

El desafío al que nos enfrentamos es construir un equipo de alto rendimiento, multigeneracional y heterogéneo, que se sienta identificado con el propósito de la organización y quiera vivir una experiencia personal que vaya más allá de un simple puesto de trabajo.

Para abordar ese desafío, debemos seguir una serie de pautas que faciliten a las personas de la organización dar el salto digital, que implicará un cambio de mentalidad y la adquisición de nuevos conocimientos, habilidades y competencias:

- Comunicar el propósito.
- Compartir la estrategia con todos los miembros de la organización a través de todos los puntos de contacto posibles.
- Identificar y dar visibilidad a los *digital champions*.
- Potenciar el uso de las redes sociales corporativas.
- Diseñar y poner en marcha un programa de formación que cubra las nuevas necesidades de los miembros de la organización.
- Facilitar el trabajo colaborativo a través de la creación de un entorno adecuado.
- Impulsar el uso de herramientas digitales, de colaboración, DDDM (*Data Driven decision making*).
- Flexibilizar horarios.
- Fomentar la transparencia.
- Incentivar el *networking* y la colaboración.
- Atraer y fidelizar nuevos talentos.

Las personas necesitan comprender los motivos que llevan a la organización a dar el salto digital, necesitan un POR QUÉ y también necesitan conocer el CÓMO. Vivimos la época de mayor transparencia informativa de la historia y, por tanto, en los tiempos que corren, es fundamental obrar en consecuencia diseñando un modelo de comunicación interna transparente que llegue a todos los miembros del equipo. La democratización de la información también debe llegar a las empresas y organizaciones.

En todas las empresas hay personas positivas, que abrazan el cambio con alegría y motivación. Identifícalos, nómbralos embajadores del cambio y dales la oportunidad de fomentar la transformación junto a los líderes de la organización. Averigua también qué personas tienen conocimientos, habilidades y competencias digitales y concédeles la oportunidad de brillar como embajadores digitales, ellos serán tus *brand champions*. Es posible que te sorprenda lo motivados que estarán de colaborar tanto con el departamento de comunicación interna como con el equipo de marketing a través de las redes sociales o el blog corporativo. Ten en cuenta que la digitalización es un poderoso aliado del empleado capacitado.

Mi amigo Victor Küppers siempre dice que la actitud multiplica y yo no puedo estar más de acuerdo. Cambiar actitudes es muy complejo; en cambio, dar la oportunidad a personas con actitud, con ganas de aprender y de mejorar sus conocimientos, habilidades y competencias a través de la formación es una inversión en la que vamos a obtener un retorno positivo siempre. Con equipos bien formados vamos a potenciar talento interno impulsor de la transformación, mientras que, con grupos poco formados, vamos a generar frustración y apatía.

Durante el proceso transformador, podemos encontrar en la tecnología un gran aliado que nos aporte nuevos formatos de aprendizaje y nuevos entornos de formación. Se pueden utilizar modernas plataformas de *e-learning*, *webinars*, píldoras formativas en *streaming* o en vídeo y combinarlas con formatos más tradicionales, como conferencias y talleres presenciales, involucrando a formadores especializados y líderes digitales de otros sectores. Es lo que denominamos *blended learning*.

El lugar de trabajo debe ser un espacio que permita crear una experiencia laboral que fomente el valor y el talento de cada persona de la organización. Los despachos cerrados deben dejar paso a espacios flexibles que incentiven la colaboración y la creatividad que desencadena la innovación. En este punto, una vez más la tecnología puede ser nuestro gran aliado, facilitando la colaboración a través de herramientas como Share Point o Teams, posibilitando el *networking* interno a través de Yammer o Zyncro o favoreciendo la comunicación a distancia mediante Skype Business o GoToMeeting. De hecho, tanto Google como Microsoft ofrecen *packs* completos a través de sus paquetes G suite y Office 365, respectivamente.

Cuando las personas y la tecnología colaboran juntas en un proyecto, la tasa de error es menor que cuando ambas los hacen de forma independiente.

Por otro lado, es fundamental tener en cuenta que la tecnología y la estandarización de procesos desencadena altos niveles de automatización que pueden generar frustración en los empleados, por lo que en muchos casos es necesario dotar a las personas de un cierto grado de libertad y empoderamiento para mantener alto su nivel de motivación y creatividad.

Los empleados de Google disfrutan de un concepto denominado *20 % Google Policy*, que posibilita trabajar en proyectos propios, siempre bajo ciertas condiciones, un día a la semana. Quizá haya quién esté pensando que es un despropósito, pero los resultados nos muestran lo contrario, ya que, de estas iniciativas, nacieron proyectos como Gmail y Adsense, y son muchas las empresas que ya han puesto en marcha programas similares como Microsoft, Apple o LinkedIn. A los unicornios y los dragones, al ser animales de ficción, les gusta hacer las cosas diferentes. 🙂

Finalmente, es fundamental atraer y fidelizar talento para encontrar equilibrio y sostenibilidad en la organización.

Ya hemos visto que los *millennials* han conocido los PC desde siempre, han crecido conectados a Internet, están habituados a usar cientos de aplicaciones en su *smartphone* y muchos de ellos han estudiado de forma colaborativa y en la nube, de modo que esperan poder disfrutar de las mismas herramientas digitales en su entorno laboral, que para ellos son fáciles de usar y les hacen la vida más sencilla.

Los jóvenes empleados de hoy esperan poder desarrollarse de forma profesional en entornos que faciliten la colaboración, el acceso a la información y el trabajo a distancia, en cualquier momento y desde cualquier lugar.

EL LIDERAZGO EN LA ERA DE LA MODERNIDAD LÍQUIDA

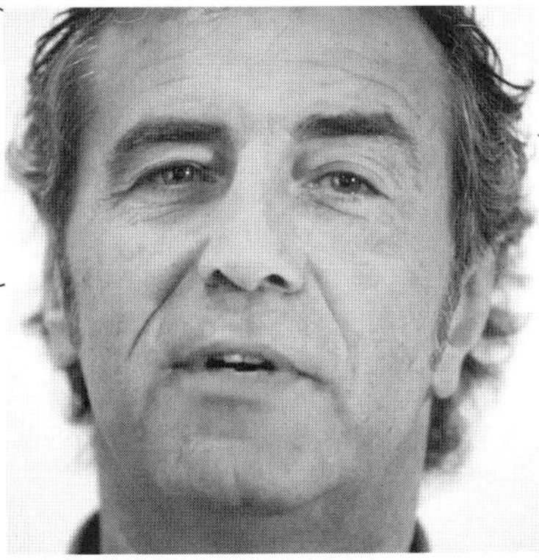

NORBERT MONFORT

CEO DE MONFORT AMBIENT MANAGEMENT Y PROFESOR DE ESADE

Zygmunt Bauman se convirtió en una referencia mundial de la sociología cuando, en 1999, planteó su idea de la "modernidad líquida". Los análisis que subyacen a esta idea, junto con todo el oscuro diagnóstico que la acompaña, acaso exceden el punto que nos proponemos ilustrar en estas páginas. Dejaré a un lado, por ahora, la mayoría de las crisis y consecuencias filosóficas que este pensador británico-polaco ha elucubrado para las sociedades contemporáneas.

A riesgo de caer en un reduccionismo, nos concentraremos en la figura que Bauman ha elegido para referirse a los tiempos de hoy, que bien nos puede servir para comprender la transformación de las relaciones humanas en los últimos años, que no siempre ha sido acompañada por modelos educativos o de formación adecuados.

La "fluidez", nos explica Bauman, es la cualidad de los líquidos y los gases. Estos se distinguen de los sólidos, más que nada, en la medida que "sufren un continuo cambio de forma cuando se los somete a una tensión". En lenguaje simple, los fluidos implican que los líquidos, a diferencia de los sólidos, no conservan fácilmente su forma. Se desplazan con facilidad. "Fluyen", "se derraman", "se desbordan", "salpican", "se vierten", "se filtran", "gotean", "inundan", "rocían", "chorrean", "manan", "exudan"; a diferencia de los sólidos, no es posible detenerlos de manera fácil (sortean algunos obstáculos, disuelven otros o se filtran a través de ellos, empapándolos).

La metáfora sirve para traer a consideración las estructuras sociales (los sólidos) que se han mantenido estables durante siglos, donde los límites y estándares instaurados por dichas estructuras eran inalterables, incluso incuestionables.

La sociedad contemporánea de hoy todavía puede observar herencias de instituciones rígidas que datan de muchos siglos, creadas a partir de moldes que no dejaban lugar a la improvisación. Parece improbable que hoy, siempre dentro de la cultura occidental, continúen existiendo esta clase de atributos "sólidos" que se alejan de la realidad. Hoy estamos ante, precisamente, atributos opuestos: lo efímero, lo mutable, lo impredecible.

El desarrollo de Bauman apunta a demostrar cómo gran parte de los escenarios actuales se han conformado por intentar resquebrajar estructuras y modificar pautas que regulaban la vida social y las posibilidades económicas. De alguna manera, la modernidad "celebró" la capacidad de derretir todas las instituciones que se mantenían congeladas.

La vida líquida es aquella en la que el hombre no acepta más un molde preexistente, sino que "crea el propio y que incluso no se limita a aquel que creó, sino que está dispuesto a cambiar de molde la mayor cantidad de veces". La solidez, sinónimo de estancamiento, fue rebasada y el hombre se entregó al fluir indiscriminado de la modernidad, al torrente que lo desafía con su cada vez mayor velocidad. "Las posibilidades de acción ahora son infinitas, como infinitas las formas que pueden tomar los líquidos".

¿Cómo nos situamos en este entorno desde nuestro rol directivos? Y más importante aún, ¿cómo actuamos?

Nos centraremos en estos apartados en cuestiones que se han anticipado (o no, depende en qué orden estén leyendo el libro) en otras páginas, que tienen que ver con PARADIGMAS.

"Todas las generalizaciones son falsas, incluida esta", dijo Mark Twain. Las generalizaciones son la plaga de los teóricos, de los elaboradores de diagnósticos. Es el camino fácil, porque nos permite ahorrarnos las excepciones (que pueden ser muchas).

¿Por qué el paradigma ha cambiado? ¿Qué vemos en las nuevas generaciones que trabajan en organizaciones?

Hagamos un intento de generalización.

Era el modelo del pastoreo de ovejas

El directivo omnipotentente y omnisiciente lo ordenaba todo, lo instruía todo. Y las ovejas (con respeto hacia todas las personas de la organización, por favor, es tan solo un símil para la conceptualización), débiles y con necesidad de guía, respondían rápida y dócilmente. Todas juntas. En grupo. "Hay que ir hacia el monte a buscar pastos verdes". Todas al monte a buscar pastos verdes. Las órdenes no se cuestionaban, no se alteraban, pero porque no está en la esencia de las ovejas. El rebaño se mueve en bloques. ¿Y si por casualidad aparecía alguna oveja descarriada? ¿Una que, por alguna razón u otra, se salía del grupo? ¡Echen a los perros! Los mastines, estrechísimos colaboradores del pastor, con gran autoridad (la que parte del miedo) ponían a todas en su lugar. Nadie se aleja del grupo. Nadie elige otros caminos. Todas obedecen. El pastor siempre sabe lo que es mejor para su rebaño.

Repetimos: ¿este pastoreo de ovejas ha salido tan mal? Estaremos de acuerdo con que la metodología no invita a la participación, al poder del asombro, a la curiosidad... Pero hemos tenido grandes ovejas, ¿no es verdad? Incluso el autor de estas líneas ha pasado por un largo pastoreo de ovejas y aquí me tenéis: ¡escribiendo un capítulo un tanto disruptivo!

Pero hoy, en las organizaciones, vemos cada vez menos ovejas. ¿A qué se enfrentan los pastores de hoy?

El modelo de hoy es el del pastoreo de gatos

Suena extraño, ¿verdad? El gato, casi por definición, es un animal que básicamente hace lo que se le antoja. De nada vale que le grites, que lo trates con cariño o que lo ignores. Cuando el pastor dice: "Hay que ir hacia el bosque a trepar árboles", el gato mira (con suerte) y verá qué tiene de interesante ese bosque. Si le apetece ir, irá. Pero a su ritmo, midiendo lo que tiene enfrente, o acaso con entusiasmo. Los gatos pueden juntarse entre ellos, pero no necesariamente se mueven juntos. Eligen sus compañías con mayor cuidado. El gato muchas veces dice que no. Mira para otro lado, pospone tareas. Tratar a los gatos no es fácil: tienen un humor vacilante, cambiante.

¿Y el pastor de gatos? ¿Qué rol ocupa?

El pastor de gatos tiene que reunir varias competencias, pero, antes que nada, debe tener la flexibilidad suficiente para comprender que no trabaja con grupos estandarizados. Trabaja con seres únicos e irrepetibles. Trabaja con distintos *players*.

Hagamos algo de *benchmarking*. ¿A qué se debe el éxito de las series de televisión? ¿Por qué Netflix domina el entretenimiento cinematográfico? Quizás es obvio apuntar al hecho de que cada capítulo va creando una adicción mayor, fruto de innumerables *cliffhangers* que dejan en suspenso todo tipo de historia. Pero es menos obvio pensar también que cada capítulo cuenta una historia, que no tiene por qué ser real, que despierta una riquísima variedad de emociones y sentimientos y... queda inacabada. Al término de un capítulo, por lo tanto, es muy común que los espectadores entren de lleno en lo que se conoce como la TRANSMEDIA.

En los tiempos (muy cercanos de hecho) en los que no se podían descargar temporadas de series enteras o que servicios como Netflix no existían y, por lo tanto, no era posible darse grandes "atracones de series", había un tiempo entre la salida al aire de un capítulo y otro. Era común, por tanto, emplear todo ese tiempo de espera entre los episodios "transmediáticamente", es decir, buscando en IMDB la cartilla completa de actores: quiénes eran, de dónde provenían, en qué más habían actuado; se miraba por YouTube el tráiler del siguiente episodio; descargábamos la banda sonora de la serie; se investigaba a los compositores; entrábamos a múltiples foros para compartir teorías con otros seguidores, especulaciones, consultas, recomendaciones...

La TRANSMEDIA tiene posibilidades casi infinitas. Si hay una buena historia, que emociona y pone los pelos de punta, activará cualquier tópico relacionado a ella en cualquier entorno, incluso en una clase sobre la Edad Media. *Juego de tronos*, la exitosa producción de HBO, se convirtió en el *show* más popular del último lustro. Basada en la saga del autor George R. R. Martin (QR), titulada *Canción de hielo y fuego*, esta serie marca tendencia mundial debido a soberbias actuaciones, una ambientación épica, una composición musical sublime y, sobre todo, una intrincada trama que se destaca por ser letal, ingeniosa, aguda y completamente impredecible. En pocas palabras, tiene todos los ingredientes para lograr ese compromiso emocional (*engagement*) que los millones de espectadores no pueden soltar.

Creo que hay dos tipos de directivos: los arquitectos y los jardineros. Los primeros planean todo con antelación, igual que un arquitecto diseña una casa. Saben cuántas habitaciones va a tener la casa, qué tipo de tejado van a instalar, por dónde van a pasar los cables, qué fontanería va a haber... Lo tienen todo diseñado y planificado, incluso antes de poner el primer clavo. Los segundos cavan un agujero, depositan una semilla y la riegan. Saben más o menos qué semilla es, pero, cuando la planta brota y la riega, no saben cuántas ramas va a tener, lo averiguan según va creciendo. Yo soy más jardinero que arquitecto.

Repetimos y repetiremos, aunque agobiemos: los modelos no tienen por qué entrar en contradicción. Las visiones de las cosas no son maniqueas. No todo lo anterior ha estado mal ni todo lo de hoy es válido.

Los gatos tienen límites

No podemos permitir que el gato se salte todas las reglas, las leyes, las normas. El gato también es un Ícaro: puede quemarse por el sol o caerse al agua (y veremos si cae de pie, como dicen). Como pastor de gatos, hay que dejar ciertos VALORES bien claros: "el gato no puede orinar en el sofá". No puede, aunque sea cómodo, aunque tenga realmente muchas ganas.

No se puede forzar al gato a dirigirse a determinado lugar. No se puede forzar a un colaborador a aprender; parafraseando a Borges, "el aprender no soporta el imperativo; debería ser una forma de ser feliz".

LIDERAZGO Y LIDERAZGO TRANSFORMADOR

Hemos visto que los procesos de transformación digital deben partir de la cúpula directiva y que el principal reto con el que solemos encontrarnos es que, en muchos casos, son los directivos de más alto nivel los que tienen menos predisposición a dar el salto digital.

Los CEO más avispados son los primeros en predicar con el ejemplo mostrando su interés por todos los temas relacionados con la transformación digital al resto de miembros del *board* y a todos los del equipo; en muchos casos, se encargan personalmente de que todo el equipo, en especial los directivos más conservadores, reciban la formación adecuada.

Un líder transformador debe alentar, inspirar y motivar a todos los integrantes del equipo para innovar, situar al consumidor en el centro, trabajar de forma colaborativa o abrazar las nuevas tecnologías, no practicar el micromanagement ni perderse en detalles, saber delegar, predicar con el ejemplo y seguir una línea coherente entre lo que dice y lo que hace, es lo que denominamos "*walk the talk*".

No es demasiado difícil reconocer a un líder transformador, ya que, en el fondo, es una cuestión de sentido común, pero aquí tienes algunas características para poder reconocerlos:

- Son un ejemplo a seguir para toda la organización.
- Fomentan la motivación y el desarrollo positivo de los equipos.
- Estimulan el trabajo colaborativo.
- Les apasiona la innovación.
- Son *digital savvy.*
- Saben delegar y potencian que se delegue en la organización.
- Fomentan la cooperación y la comunicación abierta.
- Brindan asesoramiento y orientación.
- Son cercanos y muy flexibles.

Podemos dividir el liderazgo transformador en cuatro apartados principales:

- **Consideración personalizada:** El grado en que un líder atiende a las necesidades de su equipo, su capacidad para escuchar, premiar y actuar como mentor de terceros.
- **Simulación intelectual:** Capacidad para asumir riesgos, para desafiar a los demás, fomentar la innovación y la creatividad.

- **Motivación inspiradora:** Capacidad para definir y transmitir un propósito y una visión atractiva y cautivadora, para definir objetivos y retos e involucrar al equipo en la consecución de los mismos.
- **Influencia idealizada:** Para el equipo, es una figura respetada, que inspira confianza y respeto profesional y de la que todos se sienten orgullosos.

En los próximos cinco años, se espera que los trabajadores no permanentes y remotos representen el 40 % de la fuerza laboral de una organización promedio. Cada vez veremos más personas trabajando en la nube y de forma remota, de manera colaborativa, en proyectos comunes, un entorno en el que el liderazgo por influencia cobra una especial relevancia y en el que se crean alianzas entre los equipos de trabajo para conseguir un resultado común.

LOS SUPERHÉROES DEL SIGLO XXI Y SUS SUPERPODERES

Los chicos de mi generación crecimos leyendo cómics de superhéroes de Marvel y DC, personajes como Los 4 fantásticos, Wonder Woman, Batman, Superman, Spiderman o Thor, repletos de superpoderes; las chicas y chicos que van a marcar el futuro de las organizaciones los han visto en la gran pantalla, en muchos casos junto a sus padres. En algunos, los superpoderes venían de serie, como en el caso de Superman o en el de Thor, pero, en otros, esos superpoderes se desarrollaron gracias al entrenamiento, la disciplina y la tecnología.

En los entornos empresariales pasa algo parecido. Contamos con personas que tienen superpoderes de serie y también con muchas otras que los desarrollan con entrenamiento y disciplina. Ellas y ellos son nuestros superhéroes, aquellos que nos van a permitir llevar a la empresa al siguiente nivel.

Hemos visto que el mundo evoluciona, que lo hace a gran velocidad y que lo hará incluso más rápido en los próximos años. Para adaptarse a estos cambios, vamos a necesitar personas que evolucionen al mismo ritmo. Hay personas que aman los cambios y personas que los odian. Los primeros serán siempre tus aliados, tus embajadores del cambio. A los segundos, habrá que ayudarles a adaptarse a través de la formación, los incentivos y el ejemplo de los primeros.

Para afrontar la transformación digital con éxito, vamos a necesitar contar con un buen equipo de superhéroes que cuente con algunos superpoderes acordes a las necesidades del nuevo entorno.

Las personas que ya forman parte de la organización hoy y las que están por llegar necesitan contar o desarrollar nuevas competencias para poder rendir al máximo nivel en el nuevo entorno digital. Veamos cuáles son esos superpoderes.

El superpoder colaboración

Las nuevas herramientas de colaboración, como Microsoft Teams y Sharepoint o Google Docs y Basecamp, no van a compensar de ningún modo la falta de competencia de los miembros del equipo. Algunas personas tienen el mal hábito de no compartir la información aferrándose al malentendido concepto de "la información es poder". El uso de las modernas herramientas de colaboración no funcionará si no se fomenta una cultura de confianza mutua, un sistema de incentivos que impulse el trabajo colaborativo y un equipo que disponga de las competencias adecuadas.

La creación y producción de productos, servicios, procesos, recursos o herramientas mediante modelos de trabajo colaborativo obtendrá siempre mejores recompensas tanto para la organización como para el equipo, sobre todo si integramos a los consumidores en el propio proceso colaborativo.

La capacidad para interactuar tanto a nivel personal como a través de las nuevas tecnologías digitales y saber sacarles partido es fundamental en los modelos de trabajo colaborativo, así como la disposición para compartir información, datos y contenidos a través de las plataformas adecuadas.

En el fondo, se trata de tener disposición para participar como miembro integrado de un equipo con el objetivo de obtener un resultado común que va más allá de los intereses personales.

Los superhéroes que poseen este poder son ideales para trabajar en equipos "donut" y a muchos de ellos los encontrarás disfrutando en unicornios y dragones.

El superpoder de la alta flexibilidad y adaptabilidad

En entornos muy cambiantes como los que vivimos en la actualidad, es fundamental contar con personas que tengan capacidad de adaptación y un alto grado de flexibilidad.

Los profesionales muy flexibles ven las nuevas situaciones como oportunidades, muestran interés por conocer las necesidades de compañeros y clientes aportando soluciones, se adaptan con facilidad a nuevos puestos de trabajo y a nuevos entornos y tienen capacidad para anticipar los cambios de contexto, una habilidad que les permite prevenir conflictos.

Una persona altamente flexible escucha, analiza, valora y se adapta mostrando altos niveles de empatía.

En el fondo, se trata de estar en disposición de modificar el comportamiento para adoptar un tipo diferente de enfoque sobre ideas o criterios.

El superpoder de la alta capacidad creativa

En un entorno muy competitivo, la innovación es uno de los factores de éxito más relevantes para una organización, por lo que contar con miembros en el equipo cualificados para poner en marcha procesos de innovación con éxito es fundamental.

La creatividad consiste en la capacidad para aportar distintas alternativas de solución a un problema, es decir, visualizar un número indeterminado de respuestas ante una circunstancia, mientras que la innovación consiste en encontrar ideas originales que aporten valor, sobre todo si se trata de activos estratégicos a largo plazo.

El análisis y el razonamiento presentan limitaciones a la hora de buscar soluciones a problemas y encuentran la solución en el pensamiento lateral, que libera la mente del efecto polarizador de las viejas ideas estimulando las nuevas, lo que demuestra en última instancia que la creatividad no es exclusiva de ciertas personas, sino que se puede desarrollar a través de métodos como, por ejemplo, el *design thinking*.

Las personas altamente creativas buscan de manera constante alternativas a la realidad y hacen lecturas distintas de un mismo modelo planteando diferentes caminos que desembocan en la originalidad y la innovación.

En definitiva, estamos hablando de personas que ofrecen soluciones imaginativas y originales y que proponen alternativas a los métodos y soluciones tradicionales.

El superpoder de la alta capacidad de comunicación interpersonal y digital

En el siglo XXI, un gran porcentaje de la comunicación es digital. La comunicación nos permite trasladar el mensaje de la marca tanto a nivel interno como externo y, si queremos llegar a los nuevos consumidores, vamos a necesitar comunicadores 360 grados, que saquen el máximo partido a todos los canales disponibles y puedan comunicarse con el equipo interno y con el consumidor a través de todos los puntos de contacto posibles. Estamos hablando de profesionales que llevan la comunicación a otro nivel. No se trata solo de saber transmitir el mensaje de forma comprensiva, sino de ser capaz de generar un gran impacto a través del mensaje que se quiere transmitir y de poseer la habilidad de crear comunidad.

Existe una relación clara entre pensamiento y comunicación, por lo que, hasta cierto punto, comunicarse con claridad es una extensión de pensar con claridad, una competencia que permite argumentar de forma persuasiva, sintetizar la información, promocionar una marca, un producto o un servicio y, sobre todo, inspirar a terceros.

El superpoder de la alta capacidad de iniciativa y emprendimiento

Contar con creativos en el equipo tiene valor, pero contar con personas creativas, que además tienen iniciativa, multiplica de forma exponencial ese valor.

Las personas con alta capacidad de iniciativa son capaces de convertir ideas en acciones. Son personas que no se anclan a los sueños, los transforman en realidad. Este tipo de profesionales cuentan con la habilidad de asumir riesgos controlados que les permiten planificar y gestionar proyectos para lograr la consecución de objetivos.

Para concluir, se trata de profesionales con un alto nivel de proactividad y un gran espíritu emprendedor que les permite transformar ideas en hechos.

Mi amigo J. J., un profesional con una dilatada experiencia en empresas como Amazon, Burger King, Vodafone o Estrella Galicia y profesor de IE Business School, nos aporta su interesante punto de vista sobre la trascendencia del emprendimiento en los procesos de transformación digital.

EL EMPRENDIMIENTO EN LA TRANSFORMACIÓN DIGITAL: TODO EL MUNDO TIENE DERECHO A EMPRENDER

J. J. DELGADO

CDO ESTRELLA GALICIA Y XHEAD AMAZON MARKETING SERVICES SOUTH EUROPE

La transformación digital afecta tanto en el plano interno como externo de una empresa. Hace referencia al cambio no solo en las tecnologías, dinámicas y procesos, sino también en la relación con los diferentes *stakeholders*. Por eso, una cultura corporativa consolidada que favorezca el emprendimiento aumenta las posibilidades de hacer crecer su presencia y capacidad de negocio gracias a las oportunidades que el entorno digital ofrece.

Frente a las resistencias de las organizaciones clásicas a transformar su *know how*, aquellas que se lanzan a potenciar la creación y la creatividad de sus miembros, lo que se conoce como intraemprendimiento, son siempre más exitosas a la hora de hacer frente a un mercado global y en continua transformación. Funcionan como un motor constante, que se adapta a los cambios que surgen en el ecosistema.

Es necesario que el emprendimiento pueda llegar a valorarse y tener forma para permitirse una innovación disruptiva, todo el mundo tiene derecho a emprender. Pero, para que los resultados de cualquier innovación puedan ser positivos, es básico que los objetivos de su desarrollo sean claros y estén totalmente alineados con la voluntad general de la organización, su marca y su *leitmotiv*, es decir, de nada sirve lanzarse a promocionar nuevas ideas, si no son acorde a aquello que nuestro cliente espera encontrar.

El éxito en el presente

El *Informe sobre Emprendimiento Corporativo en España*, realizado por la Deusto Business School, es el espejo de la situación en el presente. En él se afirma que un 75 % de las grandes empresas nacionales están impulsando retos que mejoran el intraemprendimiento.

Emprendedores.es se hace eco de algunos de los casos en que el impulso a estos modelos de funcionamiento ha resultado en un éxito rotundo. Uno de ellos es Chiesi España, una empresa familiar dedicada al sector farmacéutico, que, gracias a su fomento del programa We Start, ha logrado promover varias *start-up* elaboradas por sus trabajadores. Ha colocado a Chiesi en un referente internacional. Beatriz Villa, directora de personas de la organización, señala la importancia de "extender la cultura del emprendedor: tolerar al error, promover ideas, eliminar barreras" para lograr una cultura interna en que cada trabajador se sienta un adulto relevante en lo que hace cada día.

Utilidad externa e interna

Para crecer de forma exponencial a la vez que coherente, se requiere que la política interna y externa encajen bien con las innovaciones. El reto es fomentar un entendimiento, una sincronía que impulse toda acción de forma favorable.

En ocasiones, cuando se piensa en ideas de emprendimiento digital, se tiende a ver solo aquellas soluciones que se producen para el mercado. Es inevitable pensar en el avance que ha supuesto la elaboración de programas de software o drones en el sector, por ejemplo, de la distribución.

Sin embargo, aunque no sea tan fácil de observar, el desarrollo de nuevas prácticas digitales dentro de la empresa facilita y mejora la calidad del trabajo. Muchas veces son los propios implicados en una organización quienes mejor pueden identificar las debilidades que están teniendo lugar en su seno y llevar a cabo una transformación para optimizarla.

La necesaria reducción de la distancia entre el *front office* y el *back office* se pone de relevancia entre las conclusiones del estudio "Smarter Workspaces: Experience The Digital". El trabajo, realizado por Kyocera y hecho público en septiembre de 2019, señala que, aunque la digitalización sigue avanzando, los esfuerzos deben lograr que los resultados sean efectivos en todas direcciones, de dentro hacia afuera y viceversa.

Imaginemos que una empleada observa que dos procesos avanzan de forma paralela, incluso solapándose en una tarea recurrente, y que esto es debido a la falta de comunicación entre herramientas. Si dicha empleada sabe que su criterio será tenido en cuenta y se siente motivada para proponer el desarrollo de un chatbot, logrará, por un lado, solucionar el problema, evitando que el trabajo sea realizado por partida doble, y, por otro, verá reforzada su motivación sintiéndose una parte útil involucrada con el crecimiento y la mejora de la empresa.

Actualmente, hay mucho camino para seguir mejorando. Según los datos recogidos en el mayor estudio mundial sobre emprendimiento, el "Informe Mundial GEM 2018/2019" (Global Entrepreneurship Monitor), se indica que nuestra tasa de emprendimiento corporativo está en el 1,7 %, lejos del 8,6 % que sitúa a Irlanda a la cabeza de este ranking, un dato aún más grave si consideramos que la digitalización mejora hasta un 39 % la eficiencia y reduce los costos operativos en un 20 % de media.

El pensamiento disruptivo, catalizador de la innovación, es un valor para las firmas que aspiran a completar un proceso de transformación digital. Se debe consolidar una cultura de fomento de la puesta en marcha de proyectos surgidos de los elementos más indispensables de una empresa, su equipo.

LA TRANSFORMACIÓN PERSONAL

Vivimos en un entorno en constante cambio que evoluciona a gran velocidad, un escenario tan complejo que hemos acabado por darle nombre: VUCA (*Volatility*, *Uncertainty*, *Complexity* y *Ambiguity*), un término acuñado por el U. S. Army War College para describir la volatilidad, incertidumbre, complejidad y ambigüedad en el mundo tras la guerra fría, entorno que, con la aceleración tecnológica, incrementa exponencialmente estas características:

- **Volatilidad**: Naturaleza, dinámicas y velocidad de los cambios.
- **Incertidumbre:** Dificultad para comprender determinados eventos, falta de perspectiva, dificultad a la hora de hacer predicciones.
- **Complejidad:** Confusión, multiplicidad de fuerzas o ruptura de la causa-efecto.
- **Ambigüedad:** Distorsión de la realidad o confusión de causa-efecto.

Estamos en una época en la que vivimos cambios disruptivos en los negocios, de innovación constante, y abrumados por el desarrollo tecnológico en un entorno turbulento, impredecible y muchas veces perturbador, un momento histórico en el que la adaptación al cambio y la evolución constante es imprescindible. Los cambios rápidos requieren adaptaciones veloces.

La transformación digital es un procedimiento que deben afrontar las organizaciones, pero también es un proceso que deben asumir las personas. Del mismo modo que han desaparecido la viejas máquinas de escribir, las cintas de vídeo, los *cassettes* musicales, los disquetes 3 ½, lo harán los pocos teléfonos fijos que quedan o los viejos faxes. La digitalización arrasa con todo, pero también con todos. Qué fue de los zapateros, los afiladores, los mecanógrafos, los taquígrafos, los guardagujas, los gasolineros y de tantos otros...

Este entorno VUCA continuará llevándose organizaciones y personas por el camino, pero también está brindando nuevas oportunidades de negocio tanto a las personas como a las organizaciones. Para los orientales, la flexibilidad siempre fue una gran virtud; hoy es un imperativo global.

En 1997, Tom Peters publicó un artículo en la revista *The Fast Company* titulado "The brand called you" ("La marca llamada tú"), en el que consideraba con gran criterio que todos nosotros somos como una "Me. INC", algo así como un "YO, S. A.", y que, por lo tanto, es posible gestionar una marca como si de una empresa se tratara. Con Peters nació el *personal branding* o marca personal.

En 2011, leí por primera vez el libro de *YO 2.0*, de Dan Schawbel, y reconozco que influenció notablemente mi forma de pensar hasta la fecha. Descubrí que podía empezar a hacer *branding* sobre mi persona y desarrollar así mi propia marca personal.

La llegada de los blogs y las redes sociales puso en nuestras manos las herramientas necesarias para amplificar nuestra marca de una forma inimaginable hasta esas fechas y algunos nos lanzamos a compartir con el mundo nuestras visiones, nuestras experiencias, nuestros conocimientos y también a hacer *networking* y socializar.

Mi amigo Álex López, al que podrás leer más adelante, hizo una apuesta personal por LinkedIn como plataforma principal y hoy es una de las personas más reconocidas a nivel global en el uso de LinkedIn y de las técnicas de *social selling* y *digital selling*. Mientras tanto, yo apostaba más por Twitter como instrumento impulsor de mi marca personal. En esos inicios, fueron cientos de conversaciones las que tuvimos acerca de las mejores estrategias, las herramientas o los contenidos ideales mientras aprendíamos el uno del otro compartiendo nuestra pasión. Casi todo lo que sé hoy sobre LinkedIn o sobre *social selling* lo he aprendido con Álex.

En mi opinión, LinkedIn ha sido una plataforma impulsora de su marca personal, pero lo que le ha llevado a liderar un negocio de éxito ha sido su vocación, su pasión y una buena estrategia. Mi caso es similar. Twitter fue una enorme plataforma de proyección para mí en su momento, pero detrás de la herramienta tiene que haber algo más.

Mi amigo Miguel Florido, en esa misma época, tenía el blog como punta de lanza de su estrategia. Un blog que ha superado ampliamente el millón de visitas mensuales y ha sido premiado en diversas ocasiones. Con Miguel, del mismo modo que sucedió con Álex, aprendí muchos de los secretos del *blogging* y siempre me contagió con su pasión por la herramienta.

Miguel y Álex han sido personas que han sabido ver en el entorno de cambio una oportunidad en lugar de una amenaza. Se han transformado no solo para adaptarse a los nuevos tiempos, sino que también han sabido sacar provecho de ello.

Para complementar este concepto con un ejemplo, le he pedido a Miguel Florido que nos explique su caso de transformación personal.

MI TRANSFORMACIÓN PERSONAL Y LA CREACIÓN DE MI NEGOCIO

MIGUEL FLORIDO

DIRECTOR DE LA ESCUELA MARKETING AND WEB

Mi nombre es Miguel Florido, soy director de la Escuela Marketing and Web, así como creador del blog *Marketing and Web*, que ha recibido diferentes premios en los últimos años y se ha convertido en una bitácora de referencia de marketing digital a nivel internacional.

El tema que me ha propuesto el autor del libro me encanta, porque me da la oportunidad de explicarte mi experiencia más personal, que consiste en cómo ha sido mi propio proceso de transformación digital a través de trabajar mi marca personal.

Paso 1. Descubre tu talento y pasión

Todos nacemos con marca personal, pero poder trabajarla y potenciarla está en nuestras manos. Para ello, es importante realizar una fase de introspección personal para descubrir cuáles son nuestras competencias.

Todas las personas tienen competencias, todas tienen potencial, por lo que es muy importante descubrir nuestros puntos fuertes para potenciar ese talento.

En mi caso, mi talento y pasión coincidía con una de las cosas que más detestaba, o al menos eso era lo que pensaba hasta la fecha y siempre trataba de rehuir, pero ¿qué ocurre cuando tratas de hacer las cosas que más incómodas te resultan, aquellas que más te disgustan y que te obligan a salir de tu zona de confort? Pues que comienza tu fase de descubrimiento. Por tanto, no esperes a empezar tu fase de descubrimiento. ¡Hazlo lo antes posible!

Paso 2. Creación de la marca y señas de identidad

Crear la identidad de marca personal es similar a la creación de la identidad corporativa de una empresa o negocio, pero a pequeña escala. No se trata de hacerse una sesión de fotos y publicarlas en la red, consiste en diseñar una imagen corporativa asociada a tu persona, tus valores, tus competencias, tus conocimientos y habilidades. Si, además, la asocias a un modelo de negocio, tanto mejor.

En mi caso, cree la marca Marketing and Web y comencé a potenciar mi marca personal a través del blog y las redes sociales. Contar con un buen diseñador puede ser de gran ayuda a la hora de crear un buen manual de identidad corporativa.

Paso 3. Definición del modelo de negocio

Aunque aún no deseaba crear mi negocio, servicios ni productos, decidí definir el modelo de negocio. Puede parecer algo ilógico, pero no lo es. La razón es que, al integrar negocio y marca personal para que fueran de la mano, ya estaba preparando el camino. No es fácil definir un modelo de monetización que vas a poner en marcha dentro de unos años, pero es importante hacerlo para tener claro el enfoque estratégico que queremos darle a nuestro proyecto.

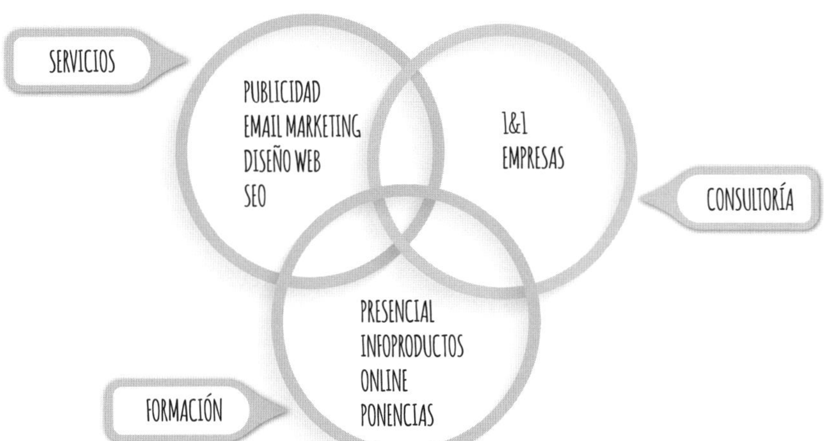

Mi modelo de negocio está dividido principalmente en 3 áreas: servicios, consultoría y formación. En mi caso, comencé a rellenar cada círculo con los servicios o productos que deseaba ofrecer en cada área, teniendo en cuenta una estrategia a 4 años vista.

Existen algunos servicios o productos que pueden alimentar una o más áreas, situados en el cruce de ambos círculos en el dibujo. Además de alimentar nuestro modelo de negocio, también son una herramienta muy útil de integración de áreas.

No es necesario hacer una definición extensa. Podemos comenzar definiendo cada uno de los servicios o productos con un título y una breve descripción de este.

Aquí, por ejemplo, te describo los 10 elementos que considero básicos para desarrollar de manera eficaz una estrategia de marca personal. Me centraré en los aspectos que considero más importantes para explicar mi historia personal.

DISEÑO DE ESTRATEGIA DE UNA MARCA PERSONAL

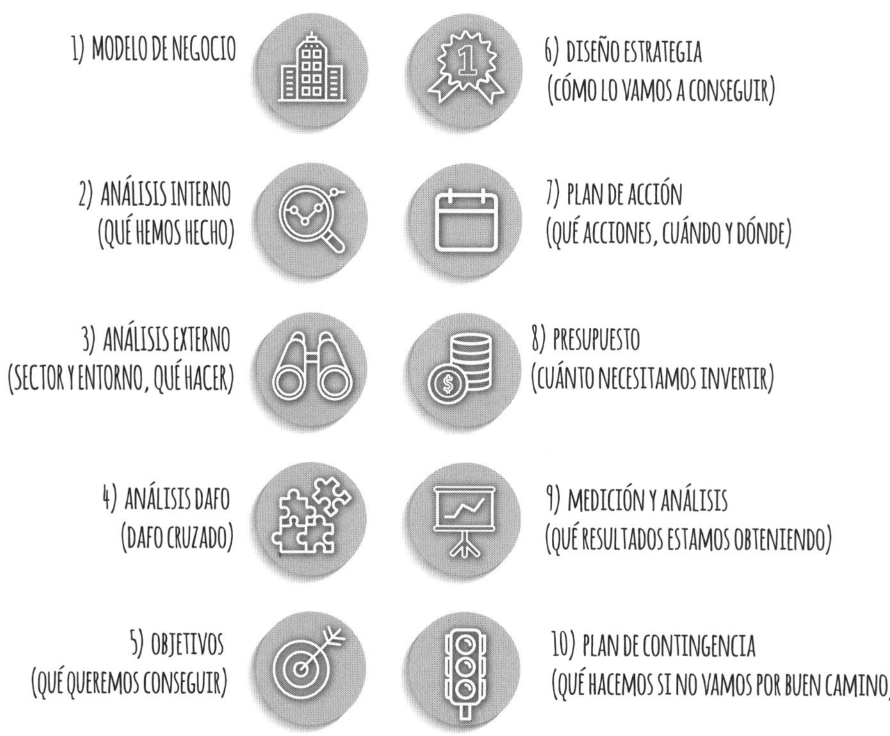

Paso 4. Definir la hoja de ruta

En esta fase, lo que hago es describir en un papel toda la hoja de ruta de mi proyecto, estableciendo en el centro de la hoja el modelo de negocio y definiendo un primer esbozo de algunas de las acciones o estrategias que considero importantes. De esta forma, consigo visualizar mejor todo el proyecto.

Soy consciente de que el diseño cambiará tras hacer el análisis del entorno, pero esta es una forma de plasmar mi visión inicial y dar un cierto grado de protagonismo a la intuición.

Para empezar, establecí una serie de acciones que describo a continuación.

- Eventos *online*.
- Eventos presenciales.
- Cursos gratuitos.
- Blog y estrategia de contenidos.
- Redes sociales.
- Publicidad.

Ahora te explicaré con más detalle algunos de ellos.

Creación de cursos gratuitos

Mi primer curso de marketing digital constaba de más de 100 horas de videoconferencia en directo y más de 25 profesores. Un año después, definí un segundo curso de SEO donde participaron 12 profesores; el año siguiente, un curso llamado 365 Mkt, que superó las 20.000 inscripciones y donde los alumnos recibían una formación semanal.

Hacer esto hizo darme a conocer a miles de personas y crear una relación muy cercana con todos y cada uno de los profesores que participaron en mis cursos. Todas estas iniciativas tenían un objetivo común: dar a conocer mi marca y crear comunidad.

Me tomaba muy en serio cada uno de mis cursos gratuitos y trataba de que la calidad superara a la de algunos de los cursos de pago de la época.

Eventos *online* y presenciales

La creación de eventos *online* puede dimensionar tu marca a unos niveles insospechados. Puede darte a conocer a personas en cualquier parte del mundo, lo cual es fantástico, pero es muy importante que hagas una gran apuesta por aportar calidad y valor.

Ahora mismo, por ejemplo, estoy preparando la nueva edición #DSM20 y la 4.ª edición del #DSMValencia, que organizo de manera presencial en el Palacio de Congresos, y, como cada año, siempre me marco como objetivo mejorar los resultados de inscripciones del año anterior. La última edición de mi evento *online* superó las 30.000 inscripciones y fue *trending topic* en 5 países. El evento presencial ha llegado a ser *trending* mundial en Twitter, un hito que muy pocos eventos lo han conseguido.

Correcta estrategia de contenidos del blog

Conseguir que tu blog se convierta en una referencia del sector no es sencillo. En mi caso, estuve en más de una ocasión a punto de tirar la toalla por la falta de resultados, pero seguí intentándolo hasta que, en el tercer año, el trabajo comenzó a dar sus frutos. La fase de maduración de un blog es de 2 a 3 años, es el tiempo necesario para ver si estás obteniendo el resultado deseado o si estás errando en la estrategia de contenidos.

La clave está en entender bien cómo tienes que utilizar este canal con el objetivo de que pueda alimentar tu marca y tu modelo de negocio.

Paso 5. Análisis externo o competitivo

Admito que soy un loco del análisis competitivo, me encanta analizar cuáles son los contenidos del blog que más alimentan un modelo de negocio o simplemente estudiar cuáles son las estrategias de captación de clientes.

Un análisis externo es mucho más que extraer gráficos o cifras de un competidor a través de una herramienta de marketing. Tiene que ayudarte a definir el modelo de negocio de un competidor y entender a través de qué estrategias se pueden generar ingresos, un elemento fundamental a la hora de tomar una decisión estratégica.

A la hora de evaluar competidores, me centro sobre todo en analizar:

- Su página de inicio y buscar sus *landing page* de servicios.
- Si tiene posicionadas las *landing page* de servicios. Puedes utilizar la herramienta ahrefs para ello.
- Si está realizando publicidad en redes sociales.
- Su estrategia de publicidad en Google Ads con la herramienta SEMrush.
- Su estrategia de *email marketing*, por ejemplo, suscribiéndonos a la *newsletter* o descargando algún *lead magnet*.
- Si imparte formación o realiza conferencias.

Paso 6. Definición de objetivos y KPIS

Definir objetivos es una parte básica y primordial de cualquier proyecto, también uno personal, más si queremos crear un proyecto o negocio después de realizar el proceso de transformación digital. Define objetivos según su tipología:

- **Objetivos cualitativos:** Son objetivos que queremos alcanzar y que tienen un carácter asociado a un objetivo cualitativo o de calidad. Por ejemplo, ser un referente como consultor de marketing digital.
- **Objetivos cuantitativos:** Aquí definiremos objetivos SMART, que sean medibles, específicos, alcanzables y definidos en una franja temporal.

Es muy importante que, para cada objetivo, tracemos una parte de la estrategia, es decir, cada objetivo debe tener su plan de acción o táctico. En mi caso, por ejemplo, definí los siguientes objetivos:

- **Objetivos cualitativos:**
  - Ser un referente en el mundo del marketing digital.
  - Impartir clases en escuelas de negocios y universidades.
  - Dar conferencias en congresos de la temática.
  - Convertir el blog en una referencia a nivel nacional y luego internacional.
- **Objetivos específicos:**
  - Conseguir 3.000 suscriptores en los primeros 12 meses.
  - Conseguir 10.000 visitas en el blog en los primeros 12 meses.
  - Aumentar el tráfico social por 4 en 6 meses.
  - Conseguir 30 alumnos en el primer curso en 3 meses.
  - Conseguir 5.000 inscripciones en mi primer congreso *online* en 2 meses.

Con un ejemplo siempre queda más claro cómo podemos definir los objetivos que queremos alcanzar. No tengas prisa por definirlos rápidamente, tómate tu tiempo para definir tantos objetivos o metas como quieras alcanzar u obtener.

Los KPIs son métricas o identificadores muy importantes para nuestro análisis y seguimiento del proyecto. Nos permiten tener un control absoluto de todas y cada una de las acciones que realizamos.

Lo ideal sería definir KPIs para cada uno de los canales que vas a trabajar y luego tener un Excel o en su defecto una herramienta de KPIs para hacer un seguimiento y evolución de los mismos.

Paso 7. Dirección estratégica y plan táctico

Una vez que tenía definido mi modelo de negocio, el análisis interno y el externo, hemos creado el DAFO y definido los objetivos, ya estaba preparado para definir la estrategia de mi proyecto.

Lo primero que hice fue determinar si mi estrategia debía ser B2B o B2C, ya que esto cambiaría por completo el escenario y el tipo de estrategia. Luego, definí una estrategia integrada para que la transformación digital de mi marca personal me ayudara a generar ingresos a través de mi modelo de negocio.

Esta parte es la más completa del proceso porque busca integrar todas las estrategias para impulsar y transformar digitalmente tu marca personal en un primer paso para, posteriormente, en un segundo paso, crear un negocio rentable y sostenible.

Recuerda que una estrategia de marketing digital no es elegir los canales y la frecuencia de publicación. Si lo quieres hacer bien, define un buen plan de marketing digital para que dispongas de la herramienta necesaria para empezar a trabajar tu proyecto.

En la parte estratégica, identifiqué las diferentes fases de transformación de mi marca personal:

- **Año 1. Fase de visibilidad:** En nuestro primer año, mis acciones buscaban darme a conocer en el sector y, para ello, focalicé los mejores espacios digitales y *offline*, aprovechando al máximo las conexiones con otros profesionales.
- **Año 2. Fase de crecimiento:** En esta fase, puse el foco en el crecimiento de la comunidad y en cerrar acuerdos con otras marcas.
- **Año 3. Fase de maduración:** Mi proyecto de transformación digital de marca personal ya estaba preparado para comenzar a implantar servicios y comenzar a generar ingresos.
- **Año 4. Consolidación y ampliación:** Mi objetivo era conseguir, en el año 4, un negocio del todo sostenible y con potencial para poder ampliarlo.

El plan táctico es un conjunto de acciones que están contenidas en una estrategia específica.

A mí me gusta trabajar con un calendario GANTT con todas las acciones que voy a realizar durante el año para que me sirva de brújula. Recuerda que lo que no se planifica y solo es una idea es muy probable que no se haga.

Para terminar, me gustaría darte algunos consejos:

- **Optimiza tus *landing page*:** Comienza, por ejemplo, optimizando la *landing page* de servicios o productos. Para ello, realiza un estudio *on page* de palabras clave y haz un estudio de las *landing page* mejor posicionadas, para trabajar así en un contenido de gran valor y siempre orientado a la intención de búsqueda.
- **Define un embudo de conversión para tus productos estrella:** Un espacio donde los clientes vayan avanzando y comprando productos de más valor (*upselling*).
- **Muestra la calidad de lo que haces:** Cuando vas a comenzar a monetizar tu proyecto, lanza pequeños productos o *tripwire* que sirvan de anzuelo para convertir *leads* en clientes a un precio muy bajo.
- **Realiza *webinars* y talleres gratuitos:** Una forma muy efectiva de captar clientes es reunir tu público objetivo e impartirles un taller. Por mi experiencia, siempre suele convertir entre un 3 % y un 10 % de los asistentes.
- **Imparte conferencias en eventos o ferias:** Las conferencias sobre una temática relacionada con el servicio pueden ser un buen gancho para captar clientes. Eso sí, no tienes que vender nada, la mejor forma de venta es aportar muchísimo valor y calidad en tu conferencia.
- **Crea una red de afiliados:** Contacta con otros profesionales que tienen más comunidad y visibilidad que tú y llega a un acuerdo para la promoción y venta de uno de tus productos a cambio de una comisión. Por ejemplo, en mi primer curso contacté con 100 afiliados para hacer promoción y conseguí más de 80 alumnos, una cifra espectacular para ser un primer curso.
- **Trabaja en lo que más te apasiona:** Tengo la suerte de trabajar en lo que más me apasiona, dar clases y formar es algo que me encanta y me hace subir la adrenalina, es increíble; por eso, trato de inculcar a todos y cada uno de mis alumnos que busquen siempre aquello que más le apasiona. Además, si lo cruzan con sus competencias, disponen de todos los ingredientes necesarios para triunfar en su ámbito profesional y, al mismo tiempo, disfrutar muchísimo de la vida.
- **Cuenta con un buen *hosting*:** No te imaginas la de cosas extrañas que me han pasado en las empresas de *hosting* con las que comencé el blog. Ahora estoy con Raiola Networks desde hace 4 años y mi proyecto no ha parado de crecer.
- **Busca prescriptores de tu marca:** Dado que necesitas darte a conocer y conectar con muchos profesionales, tienes que identificar y hacer una lista de 10 personas que te gustaría que algún día fueran prescriptores de tu marca. Estas personas ya son influenciadores en esa temática y alguno de ellos puede llegar a convertirse en

uno de los mejores embajadores de tu marca personal. Nunca sabes quién puede llegar a ser esa persona, por lo que deberás actualizar la lista regularmente. Mis principales prescriptores son hoy grandes amigos, como Miguel Ángel Trabado, Álvaro Fontela, Rafa Sospedra, Luis Villanueva o Èlia Guardiola. Son personas que confiaron en mí y ayudan siempre a hacer crecer tanto mi negocio como mi marca personal, así que muchísimas gracias.

Finalmente, me gustaría recomendarte que trabajes con suficiente antelación. Por ejemplo, en el máster de Marketing Digital de la Escuela de Marketing and Web comenzamos la promoción del mismo 6 meses antes; puede parecerte mucho tiempo, pero no lo es. Para mis congresos, procuro tener la web lista y comenzar con la estrategia al menos a 3 meses vista. Te pongo estos ejemplos para que veas que, en función del proyecto o producto a promocionar, los tiempos de publicidad cambian. Debemos saberlo con el fin de que hagamos una campaña lo más exitosa posible.

En definitiva, impulsar una marca personal puede ser una de las mejores inversiones que puedas realizar, siempre y cuando lo vincules a tu trabajo o a un futuro modelo de negocio, es decir, que lo hagas con un objetivo de conversión a medio o largo plazo.

Ahora sí llega la despedida, espero de corazón que esta historia de transformación digital de una marca personal que impulsó la creación de mi humilde Escuela de Marketing Digital, te inspire a impulsar un gran proyecto profesional.

Recuerda que no existen los malos proyectos, pero sí las malas estrategias o decisiones y, como decía mi abuela, a seguir creciendo pasito a pasito, pero con buena letra.

¡Gracias de corazón!

PROCESOS

Los procesos son los mecanismos que gobiernan la creación de valor, contribuyendo tanto a la creación de este, como a la medición del mismo, en los que debemos buscar siempre la excelencia operacional.

El rediseño y evolución de los procesos internos dará lugar a la identificación de numerosas ventajas competitivas, que, en muchos casos, se traducirán en nuevas oportunidades de negocio al mejorar la productividad, la eficiencia o la agilidad.

Las oportunidades de negocio y las novedades que surgen de la innovación en los procesos son menos visibles para los competidores y, por lo tanto, más sostenibles en el largo plazo. Las nuevas tecnologías posibilitan cambiar radicalmente la forma en que diseñamos, fabricamos y distribuimos los productos, y permiten la recogida y análisis de datos a lo largo de toda la cadena de valor.

Cada vez se habla más de M2M o *Machine to Machine* (la conexión entre máquinas), pero el verdadero potencial de IoT está en la conexión entre máquinas y personas, por lo que debemos pensar más en términos de M2M2P o P2P2M.

Las conexiones digitales de persona a persona, de máquina a máquina y de persona a máquina no son visibles, pero generan una red de *networking* que podemos rastrear. John Nanry, consultor de Mckinsey, lo denomina "hilos digitales". La mejora constante de ese sistema de comunicación y de la fluidez de información de cada uno de esos hilos digitales nos va a permitir obtener una inmensa cantidad de información relevante que podemos analizar con modelos de *Big Data*, lo que nos permitirá optimizar procesos, ampliar el conocimiento del consumidor, hacer predicciones y encontrar nuevas oportunidades de negocio.

Según un estudio de DMDII (Digital Manufacturing and Design Innvation Institute), un 80 % de los directivos considera que las competencias digitales en procesos de la cadena de valor son imprescindibles para ganar competitividad, pero tan solo el 13 % considera que su empresa posee ese nivel de competencia.

Para cualquier organización, tener fisuras en la gestión de alguno de estos tres pilares internos (organización, procesos y personas) representa un grave problema en su estrategia de transformación digital. Estas fisuras pueden provocar desde frustración, baja competencia, estrés y ansiedad, conflictos personales, falta de creatividad e innovación o visión limitada en las personas, hasta demoras en las entregas, deficiencias en la trazabilidad, problemas organizativos o de aprovisionamiento, entre otros muchos factores en los procesos, lo que se traduce en una clara falta de competitividad.

La búsqueda constante del equilibrio entre estos tres pilares (organización, personas y procesos) debe contribuir de forma tangible a la creación de valor en todos los puntos de contacto con el consumidor, a la optimización de las operaciones y a la maximización de los resultados financieros.

EL CONSUMIDOR EN EL CENTRO
ANTES...
EL PRODUCTO ESTABA EN EL CENTRO
AHORA
CONSUMIDOR
PRODUCTOS Y SERVICIOS
¿CÓMO LA TECNOLOGÍA PERMITE APORTAR MÁS VALOR A NUESTRO CONSUMIDOR?
INNOVACIÓN
DISRUPTIVA
INNOVACIÓN + BASE TECNOLÓGICA
NOS LLEVARÁ MÁS LEJOS
¿CÓMO INNOVAR CON DESIGN THINKING?
EMPATIZAR
DEFINIR
IDEAR
PROTOTIPAR
TESTEAR
AGILE
EQUIPO DONUT
SCRUM MASTER
PRODUCT BACKLOG
TARJETAS DE USUARIO
MÍO
PRODUCT OWNER
EQUIPO MULTIDISCIPLINAR
HISTORIAS DE USUARIOS
ITERACIONES

10 GO TO MARKET

Hemos visto cómo afrontar la transformación digital a nivel interno y ahora veremos qué elementos debemos transformar a nivel externo para definir nuestro modelo de "*Go to market*" que hemos dividido en tres pilares: centricidad en el consumidor, productos y servicios e innovación.

LOS CONSUMIDORES Y LA CENTRICIDAD

Poner al consumidor en el centro o poner al cliente en el centro no es un concepto nuevo, algo que veremos más adelante, pero, si tengo que escoger, me quedo con consumidor frente a cliente, al ser un criterio mucho más amplio, ya que engloba a las personas que me compran y a las que también me podrían comprar.

De inicio, podría parecer que estamos hablando de algo tan simple como crear experiencias positivas para el consumidor, crear relaciones a largo plazo y maximizar nuestros productos y servicios, pero debemos llevar el concepto bastante más allá.

Cuando hablamos de centricidad real, toda la organización debe creer firmemente que la razón principal de la existencia de la empresa es el consumidor y se deben poner por tanto todos los medios disponibles para mantener al cliente del todo satisfecho.

ANTECEDENTES

Tal y como comentaba anteriormente, este no es para nada un concepto nuevo. Hace más de 60 años, Peter Drucker ya anunciaba en su libro *Practice of Management* que es el cliente quien determina qué es un negocio, qué produce y si este prosperará.

En 1960, Levitt ya nos advertía que las empresas deberían centrarse en satisfacer las necesidades del cliente en lugar de poner todo su enfoque en vender productos.

En los años 80, comienzan a hacer aparición los conceptos de CRM, que como herramientas posibilitan un mayor conocimiento y acercamiento al cliente, dando lugar a un importante giro en los enfoques más tradicionales de marketing y ventas.

Pero no es hasta 1993 que Robert F. Lauterborn concibe un nuevo modelo de marketing mix, bajo una nueva perspectiva de marketing relacional, revisando el más tradicional modelo de las cuatro P de McCarthy.

El nuevo modelo, integrado por 4 C, reemplaza la primera P de McCarthy, producto por consumidor, situando por primera vez y de una forma clara al consumidor en el centro. Un modelo que es fundamental para comprender muchos de los conceptos que están aplicando en la actualidad las empresas unicornio, esas que ya hace unos cuantos años situaron al cliente en el centro.

Es interesante que, desde entonces, hayan sido pocas las empresas que han dado el paso definitivo hacia la centricidad en el consumidor y sea ahora, en plena fiebre de la transformación digital, cuando muchas de las empresas de concepción más tradicional se estén atreviendo a dar ese paso. Cuando la competencia aprieta, los grandes dinosaurios despiertan.

En segundo lugar, el nuevo mix sustituye la segunda P, precio, por coste, entendiéndose como coste que el precio ya no es un elemento más o menos fijo en el que podemos incluir ciertas variables como descuento, promoción o bonificación, sino que se trata de un elemento que depende principalmente de lo que el cliente esté dispuesto a pagar, algo que tendrá que ver con múltiples variables como las circunstancias, la localización y otros valores tanto racionales como emocionales.

En diciembre de 2008, Travis Kalanick, que había vendido su *start-up* ReedSwoosh a Akamai Technologies por 23 millones de dólares, funda con Garret Camp, Conrad Whelan y Óscar Salazar la empresa UberCab, que por las protestas y manifestaciones del gremio de taxistas acaba por transformarse el Uber a secas en 2011.

Integrar todo el proceso en un solo paso a través de una aplicación es un ejemplo muy claro de *customer centricity*, pero, en este caso, me gustaría llevarlo un poco más allá utilizándolo para que se comprenda mejor en concepto de coste definido por Lauterborn en el año 93.

Si eres usuario de Uber, cuando vayas a solicitar un transporte un sábado por la noche, es posible que la tarifa sea diferente a lo que te costó ese mismo desplazamiento tan solo unos días antes. Esto se debe al concepto de precios dinámicos de Uber, que, a través de su sistema de inteligencia artificial, compara las tarifas con una serie de variables, como el tiempo y la distancia de tu ruta, el tráfico presente en ese momento y la demanda por parte del consumidor.

Uber, a través de su plataforma, ofrece un sistema de precios dinámicos en el que el precio varía, por tanto, el precio es relativo, una forma de trabajar con precios que sitúa al consumidor en el centro, al adaptarse a las circunstancias del momento.

Imaginemos ahora que decido abrir una frutería en mi barrio. A la hora de fijar precios, puedo trabajar con el clásico modelo de las P y ofrecer 1 kilo de manzanas por 2 euros y, cuando estas se acerquen a su fecha de caducidad, colocarles una pegatina bien llamativa que diga "oferta" y venderlas a 0,99 el kilo, o, más al estilo de Mercadona, colocarles un *sticker* que rece "bajada de precio" y venderlas a 0,99 euros.

Si quisiera trabajar en mi nueva y flamante frutería con el concepto de coste, haría lo siguiente: ofrecer manzanas de antes de ayer a 1 euro, manzanas de ayer a 2 euros y manzanas de hoy a 3 euros. Este sistema de fijación de precios es más transparente y claro para el consumidor y le permite escoger el producto que se adapta mejor a sus necesidades.

El concepto de coste se basa principalmente en la premisa de que el precio es relativo. ¿Cuánto cuesta una botella de agua de 50 cl en Amazon? ¿Y en el supermercado? ¿Y cuál es su precio en el bar de la esquina? ¿Y si la pides en la rambla de Barcelona? ¿Y en una discoteca? ¿Y en el restaurante Sublimotion de Ibiza? ¿Y cuánto pagarías por ella si estuvieras perdido en medio del desierto y sin agua? El producto es siempre el mismo, pero los precios que está dispuesto a pagar el consumidor varían en función de la ubicación y las circunstancias y otros aspectos como:

- Necesidad.
- Tiempo.
- Momento.
- Fecha de caducidad.
- Comodidad.
- Información.
- Interés.

Un muy buen ejemplo para comprender el concepto de coste es una técnica de fijación de precios conocida como descremado, que se basa en poner el precio en el nivel más alto posible que los consumidores más interesados estarían dispuestos a pagar por él, una técnica que se viene usando con gran éxito en productos tecnológicos.

A modo de ejemplo, podemos ver el caso de los televisores. Un televisor de 50 pulgadas con 8K de definición tiene un precio de salida al mercado de 3.000 euros. En ese momento, puedes comprar un televisor de 50 pulgadas con definición 4K por 2.000 euros, y también uno con definición *full HD* por 500, incluso uno con definición HD por 300 euros. Lo interesante de este ejemplo es que el TV HD, el Full HD o el 4K costaban 3.000 euros cuando eran la tecnología más puntera.

Al convivir las diferentes generaciones de tecnología con los diferentes niveles de precio, nos aseguramos vender el producto al consumidor al precio más alto que está dispuesto a pagar. El *geek* pagará los 3.000 euros por esa tecnología de última generación y las diferentes capas del descremado de precios se encargarán de hacer la segmentación con cada uno de los grupos de consumidores restantes.

En su nuevo modelo de mix, Lauterborn sustituye la P de *Placement* (distribución) por *Convenience* (conveniencia).

Mi amiga Fina, que trabaja en Mercadona desde hace unos cuantos años, conoce muy bien los beneficios de aplicar este concepto. Tomando un café con ella en una magnífica terraza en Cadaqués, Fina me contaba que, en la época en que los grandes supermercados se encontraban a las afueras de las ciudades y el consumidor solo podía encontrar pequeños supermercados cercanos a su lugar de residencia, Mercadona apostó muy fuerte por la apertura de sus tiendas, de tamaño medio, muy cerca de las viviendas del consumidor, lo que se tradujo rápidamente en una ventaja competitiva clara. A través de la conveniencia habían puesto al consumidor en el centro.

Este mismo concepto ha sido explotado por Amazon y por otras grandes plataformas de comercio electrónico durante años.

Amazon es un *marketplace* que opera *online*. Desde hace muchos años, ha vivido con la obsesión de hacer las entregas de pedidos a la mayor brevedad posible y con un servicio impecable, tratando siempre de facilitar la entrega de producto a sus clientes en el lugar más conveniente, conscientes de la ventaja competitiva que ofrecía a su modelo de negocio, una estrategia que en el fondo se centra en una necesidad fundamental para el cliente como es la conveniencia. Si bien no es una estrategia completa de *customer centricity*, nos permite comprender cómo algunos elementos relacionados con la centricidad en el consumidor se han ido integrando en los diferentes modelos de negocio a lo largo de los años.

Para completar el mix, nos queda pendiente la última P del modelo de McCarthy, promoción, que en este caso Lauterborn sustituye por comunicación.

La principal diferencia entre promoción y comunicación tiene que ver con el número de interlocutores que intervienen en la jugada.

En el modelo promocional de McCarthy, recordemos que es un modelo de 1960, la publicidad se hacía sobre todo en medios como radio y televisión. En aquella época, un interlocutor único en los puntos de contacto con el cliente era más que suficiente, ya que no había medios disponibles para comunicarse de tú a tú con el consumidor.

El concepto de comunicación propuesto por Lauterborn es mucho más amplio. Se nutre de dos o más interlocutores, permitiendo la generación de interacciones reales o conversaciones entre la marca y el consumidor, una nueva perspectiva que se puede aplicar tanto en actividades *offline* como en eventos o redes sociales.

La idea de comunicarse, conversar, hablar con el cliente representa un acto de centricidad innegable, algo que, más de 25 años después, muchas organizaciones aún no han comprendido.

Cuando una marca basa su estrategia de comunicación en redes sociales en fotografías de bodegones de sus productos con descripciones de las características y beneficios del mismo, nos está mostrando que sigue anclada en el modelo promocional y que está perdiendo oportunidades de mimar las interacciones y los puntos de contacto con los consumidores y con sus clientes.

Robert F. Lauterborn nos aportó en su momento una nueva perspectiva sobre el cliente en su modelo de marketing relacional, que, de alguna manera, ha sido fundamental para llegar a los modelos actuales de centricidad en el consumidor.

CENTRICIDAD EN EL PRODUCTO VS. CENTRICIDAD EN EL CONSUMIDOR

La tecnología está modificando de forma irreversible la manera en que hacemos estrategia y cómo gestionamos los procesos. Nos está brindando nuevas oportunidades de negocio, pero nada de eso tendría sentido si todos esos esfuerzos no repercuten de forma directa en el consumidor. El mejor modo de hacerlo es colocarlo en el centro de la cadena de valor de la organización.

En pleno siglo XXI, contamos con múltiples herramientas que nos permiten anticiparnos a las necesidades del cliente a través de predicciones de compra cada vez más fiables, optimizar el *customer journey*, brindar al consumidor experiencias inolvidables o comunicarnos con él a través de átomos narrativos integrados en modelos de comunicación de *transmedia storytelling*, que nos permitan maximizar todos los puntos de contacto con el consumidor.

Ya hemos visto en capítulos anteriores que el consumidor del siglo XXI está mejor informado, es más inteligente y está mejor preparado, lo que se traduce en personas que toman mejores decisiones en su proceso de compra.

Bajo este nuevo paradigma, nos encontramos con empresas que colocan al consumidor como un sujeto pasivo a la espera de acontecimientos y otras que creen firmemente que el consumidor debe ser el protagonista de la historia que nos quieren contar.

Las empresas centradas en el producto invierten sus recursos en convencer al consumidor de que los productos que ofrecen son los mejores y, por tanto, esta debe ser la principal razón por la que los consumidores se inclinen por adquirir su oferta.

Un segundo grupo de empresas, centradas en el cliente o en el consumidor, han decidido adoptar una estrategia diametralmente opuesta, en la que la principal premisa es el conocimiento exhaustivo del consumidor hasta el punto de ofrecerle productos o servicios que crean la sensación en el usuario de haber sido diseñados a medida y casi en exclusiva para ellos.

La centralidad del producto se inicia al crear un producto o servicio que da respuesta a las necesidades del consumidor con el objetivo de obtener la mayor cantidad posible de clientes que tengan estas necesidades.

La orientación al cliente empieza siempre con él y, por tanto, su principal objetivo es satisfacer las necesidades de este, en todas y cada una de las áreas posibles.

Las empresas que compiten bajo una estrategia centrada en el producto vinculan sus objetivos financieros a optimizar el valor creado por cada uno de sus productos o servicios, mientras que las empresas centradas en el consumidor basan sus estrategias en la optimización del valor creado para cada uno de sus clientes.

Las diferencias entre uno y otro modelo son evidentes del mismo modo que lo son los resultados, ya que los modelos centrados en el cliente a través del estudio de la vida útil del cliente, el servicio al cliente, las experiencias y la fidelización dan como resultado evangelistas de marca, personas que recomiendan la marca a otros consumidores de forma altruista y sin ningún ánimo de lucro. Ese consumidor se siente el centro de atención de la marca y, en muchos casos, acaban por enamorarse de ella.

Mi trabajo como consultor y formador me permite tener contacto directo con otros consultores de transformación digital y con muchos directivos de empresas. Haciendo un repaso de mis conversaciones con ellos, puedo llegar a la conclusión de que todos tenemos la sensación de que parece que todas las empresas han intentado de una forma u otra mejorar su aproximación a la idea de poner al cliente en el centro, pero la realidad es que, en muchos casos, se comunica tanto de forma interna como externa, pero no se lleva a cabo, algo que puede ser muy contraproducente, sobre todo en el largo plazo, y puede tener graves consecuencias tanto a nivel interno como a nivel externo por poner en entredicho la credibilidad de la organización y los valores de la propia marca.

Por desgracia, la gran mayoría de organizaciones siguen manteniendo una cultura más centrada en la organización y en el producto o servicio que ofrecen. Es en este punto donde los departamentos de marketing tienen mucho que aportar.

En capítulos anteriores, hemos visto que la transformación digital implica un cambio estratégico, que debe tener como punto de partida la planta ejecutiva de la organización. Debe ser liderado por el CEO y el comité ejecutivo y, en muchos casos, me pregunto: ¿a qué estarán esperando?

Amazon, su vocación por un servicio impecable y las nuevas tecnologías

Si una empresa como Amazon se hubiera centrado en el producto en lugar de centrarse en el consumidor, jamás hubiera conseguido ofrecer un nivel de servicio como el que ofrece. Amazon es capaz de hacer una predicción aproximada de lo que vas a comprar y de dónde vas a estar, lo que les permite preparar el producto de forma más rápida y eficaz, haciéndolo llegar a su destino a mayor velocidad, algo que solo tú como usuario, como consumidor, eres capaz de valorar. Si quieres, tómate un minuto y responde a la siguiente pregunta: ¿qué valor tiene para ti que ese producto llegue tan rápido al lugar que tú quieres? Sí, es un intangible; precisamente, por eso, tiene un valor incalculable que los consumidores han sabido premiar a través de su fidelidad y de transformarse poco a poco en evangelizadores de marca.

Pero Amazon ha querido ir un poco más allá. A través de su programa Prime, ha conseguido pasar de un modelo de servicio-unidad a un modelo servicio-cuota que revoluciona el concepto de fidelización de clientes, que bien podría haber partido del privilegiado cerebro de alguno de los numerosos talentos del equipo de Amazon, pero que, en realidad, viene de escuchar activamente a sus clientes y descubrir que la experiencia más valorada por los usuarios no era la propia compra, sino la recepción del producto. Por ello, Amazon comprendió que, para reforzar los lazos con el consumidor, era necesaria la mejora continua de los procesos en la cadena de suministro.

Como resultado, en 2017, Amazon envió más de cinco mil millones de artículos con Prime en todo el mundo.

Por si alguien a día de hoy aún no conoce este servicio, Amazon Prime es un programa de suscripción anual a su tienda *online*. Tiene un coste de 36 euros al año o 4,99 euros al mes. Su principal beneficio es, que estando registrado en el programa, disfrutarás del envío en 24 horas, sin coste adicional, de los más de dos millones de productos que tienen la etiqueta Prime.

Sí, en la mayoría de ocasiones, escuchar a los clientes nos puede reportar grandes beneficios y, en realidad, cuesta tan poco que se hace difícil entender por qué no es una práctica más extendida.

Pero Amazon no se detendrá aquí, ya que, a través de sus dispositivos Amazon Echo y de su asistente Alexa, están mejorando su capacidad de predicción de compra gracias al *Big Data*, lo que, combinado con diferentes estrategias de marketing, les permite personalizar las ofertas a medida del consumidor. El conocimiento es poder, conocer al consumidor es poder, poder de anticipación, de predicción, de hiperpersonalización, y todo eso, combinado con su excelente modelo logístico, debería permitirnos comprender por qué Amazon es mucho más que un unicornio, es el rey de los dragones, o, lo que es lo mismo, es más grande, más fuerte, más flexible, y sí, también vuela y, como todos los dragones, también tiene superpoderes:

- Las ventas de Amazon en 2018 fueron de 232,89 billones de dólares americanos con un incremento del 30,93 % frente al año anterior.
- El EBIT de Amazon en 2018 fue de 12,59 billones de dólares americanos.
- Amazon vende más de 12 millones de productos.
- Más de 95 millones de personas están suscritas a Amazon Prime tan solo en los Estados Unidos.
- El promedio gastado por los miembros de Amazon Prime cada año es de 1.400 dólares americanos.
- 9 de cada 10 consumidores comprueban el precio de un producto en Amazon.

De nuevo, Amazon no se detiene aquí. A través de su nueva estrategia con Prime y el vínculo generado entre Amazon Echo, Alexa y sus nuevos servicios de Prime TV y Prime Music, Amazon está colocando cada vez más dispositivos en los hogares de los usuarios, de los consumidores, a esos a los que quiere poner en el centro. De vez en cuando, tengo que discutir con algunas personas si Amazon es o no una empresa *customer centric*. A los datos me remito. Sí, es un *marketplace*; sí, opera principalmente *online*; sí, es una empresa *data driven*; y, sí, también es una empresa que sabe poner al consumidor en el centro.

Antes, comentaba que la transformación digital debe partir de la planta ejecutiva y estar liderada por el CEO y no hay nada mejor que predicar con el ejemplo. Jeff Bezos, fundador y CEO de Amazon, lo tiene muy claro: "If *you have a problem with Amazon, e-mail me*" ("Si tienes un problema con Amazon, envíame un email"). Es la forma que tiene el señor Bezos de mostrar su compromiso con el consumidor, dando su e-mail a los usuarios: Jeff@amazon.com.

Se trata de un ejercicio de compromiso y de cercanía, pero, sobre todo, se trata de abrir una vía de comunicación directa con el ejecutivo de mayor influencia y relevancia de la empresa, una clara declaración de intenciones y hechos que lleva la vocación de Amazon por el servicio a otro nivel, pasando de personas que hablan con entidades, con marcas o con máquinas a personas que hablan con personas. Le vas a enviar un email a Jeff, al CEO de Amazon, de persona a persona, de tú a tú, y eso tiene un valor incalculable para el consumidor.

Obviamente el señor Bezos no responderá de manera personal a todos los emails que le llegan; se apoyará en su equipo para dar respuesta a cualquier comentario o reclamación, pero ese ejercicio de acercamiento al consumidor es impagable.

Muchos de los pequeños *retailers* están desapareciendo y los más grandes, como Carrefour, Home Depot, Alcampo, Target o Walmart, están sufriendo cada día más desde la llegada de Amazon.

De entre estos grandes jugadores, Walmart decidió cambiar su política de devolución *online* para facilitar las cosas a los consumidores, ofrecer precios más bajos e implementar un sistema de compra *online* más ágil en el que se puede comprar sin necesidad de estar registrado.

Por otro lado, y este es probablemente su elemento más diferenciador, Walmart continúa mejorando la experiencia de sus clientes a través de su aplicación móvil. Una de sus últimas actualizaciones posibilita a los usuarios calcular el coste total de su lista de la compra, incluyendo impuestos, antes de salir de casa y, una vez en el supermercado, la aplicación permite al usuario interactuar con un asistente virtual que le guía por la tienda para encontrar los productos de su lista de la compra a través de un mapa.

Disney y las experiencias personalizadas

Corría el año 2015 cuando, tras una bajada en el índice de satisfacción de los clientes, Bob Iger, CEO de Walt Disney, lideró junto a su equipo el proyecto MyMagic+, un concepto revolucionario que permite monitorizar y analizar el comportamiento de los consumidores para diseñar experiencias únicas y a medida a través de la combinación de tres elementos: una página web, una aplicación móvil y una pulsera.

Mediante la nueva aplicación, los clientes pueden hacer reservas y planificar su visita a Disney World con varios meses de antelación. Cuando el usuario hace la reserva, el equipo Disney envía a los clientes su dispositivo MagicBand, que, a través de sensores de "Internet de las cosas" y tecnología RFID, permite a los usuarios disfrutar de varias funcionalidades, actuando como pase de acceso, *fastpass*, llave para la habitación del hotel y monedero.

Un dispositivo que, al tiempo que hace más fácil la visita del usuario a las instalaciones de Disney, recoge datos en tiempo real y permiten a Disney brindar a los consumidores experiencias personalizadas e inolvidables.

La pulsera permite conocer la fecha de cumpleaños de los niños, dejando a Disney crear una felicitación personalizada o enviar a Mickey Mouse o a Woody a los lugares más concurridos o a aquellos en los que hay más niños para evitar las largas esperas provocadas por las colas de las atracciones. Disney es capaz de crear promociones en tiempo real, vinculadas a otras áreas menos concurridas, que llegan al usuario a través del móvil, un conjunto de experiencias que ha sido valorado de forma positiva por más del 90 % de los usuarios.

Caterpillar y la colaboración con *start-up*

Algunas empresas B2B también han apostado por poner al cliente en el centro como parte de su estrategia de transformación digital.

Caterpillar y Uptake, una *start-up* de análisis de datos, desarrollaron conjuntamente herramientas de diagnóstico predictivo que recopilan grandes cantidades de datos de la maquinaria para ayudar a los clientes a detectar posibles problemas de mantenimiento y anticipar averías, minimizando el tiempo de inactividad de las costosas máquinas.

Se trata de un modelo que usa la tecnología, en esta ocasión hablamos de *Big Data*, para poner en el centro al cliente, que, en este caso, son empresas, y además integra en el modelo la capacidad de innovación y la agilidad de una pequeña *start-up* cono Uptake.

CURVAS Y MAPAS DE CICLO DE VIDA DEL CLIENTE

El primer paso para poner al cliente en el centro pasa por escucharlo y comprender mejor sus necesidades y sus expectativas.

Para ello, es muy interesante trabajar con herramientas visuales que nos permitan crear una representación visual del recorrido que hace un consumidor desde que inicia su contacto con la empresa hasta que adquiere el producto o servicio, mostrándonos el camino que hace el consumidor a través de todas las interacciones que tiene con la organización y todos los puntos de contacto que mantiene este con la misma.

Actualmente, contamos con potentes herramientas que nos permiten analizar este proceso de una forma clara y eficaz.

Curvas de experiencia del cliente

En este punto, vamos a adentrarnos en el mundo de las experiencias del consumidor, un apartado fundamental para comprender cómo le aportamos valor. El valor aportado no lo podremos medir siempre de forma objetiva, ya que muchos de los puntos de contacto con el cliente están más vinculados a aspectos emocionales que racionales.

A la hora de tomar decisiones, los consumidores, en general, cuentan con una cantidad limitada de información y de tiempo, que, sumada a la heurística o a los sesgos cognitivos que se mezclan con las emociones, les llevan a decidir de forma más emocional que racional, lo que aclara parcialmente porque la publicidad funciona. Estas decisiones son muy difíciles de explicar a través de la lógica y, por tanto, muy complejas de evaluar.

Bajo esta premisa, debemos tratar de comprender no solo los aspectos medibles de nuestro modelo de negocio, sino la percepción que tiene el consumidor de nuestra marca, nuestra propuesta de valor o nuestros productos. Las personas recordamos las emociones y nos centramos sobre todo en cómo nos hemos sentido, en cómo ha sido la experiencia con la marca.

Una herramienta imprescindible a la hora de evaluar las experiencias que tienen los consumidores con las organizaciones es el mapa de curvas de experiencia del cliente, que nos permitirá evaluar el viaje del cliente o *customer journey*.

El *customer journey* es el recorrido que hace un cliente a lo largo de todos los puntos de contacto con una organización.

El mapa de ciclo de vida del cliente es una matriz de doble entrada, en la que ubicamos, por un lado, todos los puntos de contacto con el cliente y, en el otro, la evaluación de la experiencia. Para diseñar el diagrama, vamos a tener que tomar como referencia los siguientes puntos:

- Puntos de contacto con el cliente.
- Evaluación de la experiencia (positiva, neutra, negativa).
- Iteraciones.
- Línea de tiempo.

Para trabajar de forma sencilla con este método, podemos establecer diferentes fases:

1. Identificar al cliente o *buyer* persona.
2. Conocer al cliente o *buyer* persona (podemos crear un mapa de ciclo de vida del cliente. Veremos cómo hacerlo más adelante).

3. Definir los puntos de contacto con el cliente y ordenarlos en base a la línea de tiempo dividiéndolas en iteraciones.
4. Evaluar las experiencias del cliente.

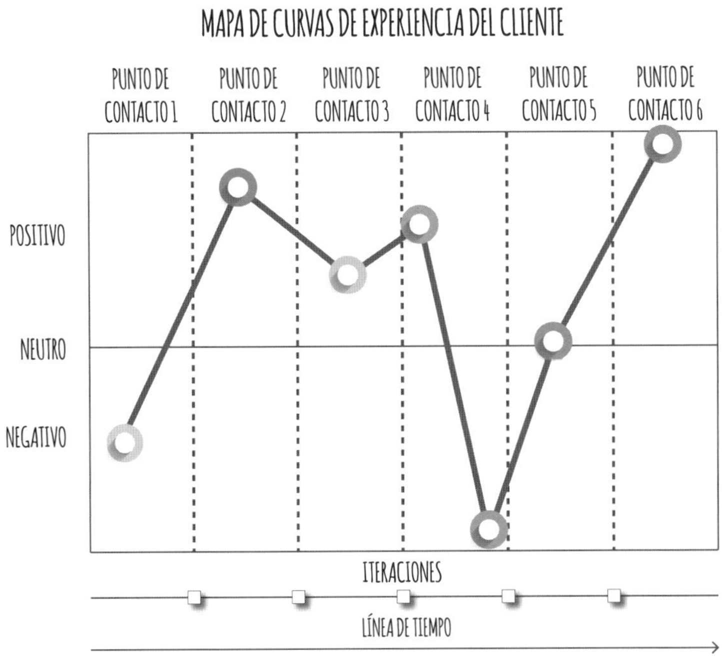

Identificación de los puntos de contacto del cliente

Los puntos de contacto son los momentos en que un cliente de forma directa o indirecta vive una experiencia asociada a nuestra marca.

Para que se comprenda mejor, vamos a usar como ejemplo una plataforma de reserva de restaurantes *online*. Los puntos de contacto con el cliente serían los siguientes:

- Búsqueda del restaurante.
- Comparación de restaurantes:
  - Geolocalización.
  - Reseñas.
  - Comentarios.

- Reserva *online*:
    - Reserva.
    - Confirmación de la reserva.
    - Modificación de la reserva.
    - Cancelación de la reserva.

Los consumidores pueden participar a través de comentarios o reseñas, por lo que podríamos ampliar estos puntos, que también nos servirían si se tratara de la página reservas del propio restaurante:

- Ubicación del restaurante.
- Recepción:
    - Atención.
    - Tiempo de espera.
    - Servicio inicial.
    - Orden y limpieza.
- Mesa:
    - Ubicación.
    - Comodidad.
    - Decoración.
    - Orden y limpieza.
- Elección del menú:
    - Tiempo en recibir la carta.
    - Claridad y diseño de la carta.
    - Variedad de platos y bebidas.
- Menú:
    - Calidad vs. expectativas.
    - Sabor.
    - Presentación.
    - Temperatura.
    - Tiempos de espera.
    - Atención durante el servicio.

- Pago:
  - Formas de pago.
  - Tiempos de espera.
  - Atención durante el servicio.
- Salida del restaurante:
  - Atención.
  - Servicios alternativos (transporte, otros).

Seguramente, la lista podría ser más amplia y detallada, pero creo que para comprender el ejemplo es más que suficiente.

Utilizando como base el ejemplo, vamos a tratar de definir los parámetros:

- Los puntos de contacto con el cliente serían todos los elementos de la lista.
- Cada iteración estaría formada por un grupo de elementos:
  - Iteración 1: Búsqueda del restaurante.
  - Iteración 2: Comparativa de restaurantes.
  - Iteración 3: Reserva *online*.
  - Iteración 4: Ubicación.
  - Iteración 5: Recepción.
  - Etc.
- La línea de tiempo será la que se establezca entre el primer punto de contacto y el último.

Una vez integrada toda la información en el diagrama, podremos proceder a evaluar las experiencias vividas por el cliente en cada uno de los puntos de contacto, clasificándolas en positiva, neutra o negativa. Uniendo los puntos, obtendremos nuestro gráfico, que nos aportará información sobre cada punto de contacto, las iteraciones y el tiempo transcurrido.

Obviamente, este ejercicio hay que hacerlo con clientes. No se trata de intuir o tratar de vislumbrar cómo ha sido la experiencia de los clientes, sino de que ellos evalúen su propia experiencia. Al hacerlo con un buen número de clientes, obtendremos un resultado fidedigno.

ROPO y ZMOT

Otra interesante herramienta para trabajar con clientes es el ZMOT (*Zero Moment Of Truth*, Momento cero de la verdad), un concepto inicialmente definido por Jim Lecinski.

A lo largo de este libro, hemos visto que los clientes están mejor informados gracias a la democratización de la información en Internet. Lo interesante de este concepto es que establece que, en un porcentaje muy alto de los casos, el consumidor toma la decisión de compra antes incluso de llegar al punto de venta, contrastando y comparando información a través de Internet.

Ten en cuenta que los consumidores hoy están usando Amazon no solo para comprar, sino también para comparar. Los usuarios buscan y comparan productos en Google, Amazon, AliExpress o en las redes sociales.

Para clasificar a los consumidores, podemos utilizar una matriz ROPO (*Research online/offline, Purchase online/offline*), en la que podemos agrupar a los consumidores en función de si buscan o compran *online* u *offline* respectivamente.

Para ello, podemos crear una matriz de doble entrada que sitúe la búsqueda en un eje y la compra en el otro.

El modelo nos permitirá clasificar a los clientes en cuatros grupos: los que buscan y compran *online* a los que llamaremos *online to online*; los que buscan y compran *offline* a los que llamaremos *offline to offline*; los que buscan *online* y compran *offline* a los que llamaremos ROPO A; y los que buscan *offline* y compran *online* a los que llamaremos ROPO B.

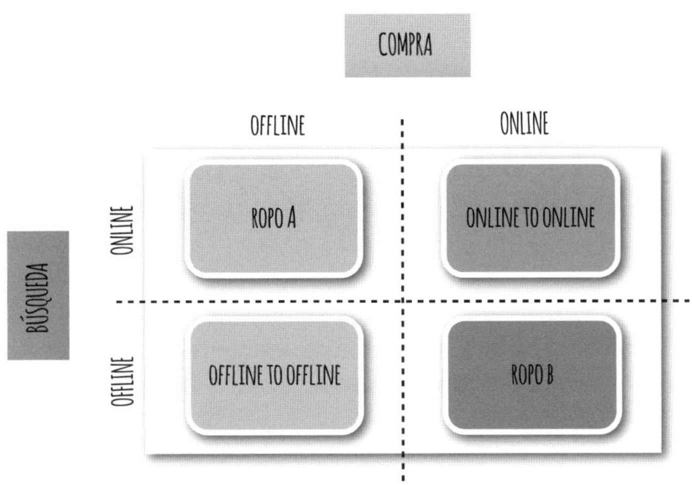

ROPO = RESEARCH OFFLINE/ONLINE-PURCHASE OFFLINE/ONLINE

También son muchos los consumidores que comparan, por ejemplo, zapatillas deportivas en puntos de venta físicos, incluso las prueban, y luego las compran *online*.

Regresando al ZMOT, el modelo de Lecinski define que los consumidores pasan por dos momentos cero de la verdad. El primer momento se produce al recibir un primer estímulo y el segundo, tras la compra.

A partir del estímulo, es importante comprender qué pasa exactamente entre ese primer estímulo y el primer momento de la verdad, y qué ocurre entre el primer momento de la verdad y el segundo. En este punto, es muy importante comprender los "micromomentos de Google", que son aquellos momentos en los que contrastamos información en Internet, mientras tomamos café, durante una comida, mientras esperamos el tren, mientras nos relajamos en el sofá, tras ver un anuncio impactante o mientras esperamos a los niños en el colegio. Hay miles de ejemplos.

Google, a través de su estudio, divide estos micromomentos en cuatro apartados:

- **Momentos "Quiero saber":** Alguien que navega o investiga, pero aún no tiene intención de compra.
- **Momentos "Quiero ir":** Personas que consideran la compra de un producto en una tienda local.
- **Momentos "Quiero hacer":** Momentos que se dan antes o después de la compra.
- **Momentos "Quiero comprar":** Alguien dispuesto a realizar una compra y que agradecerá tener ayuda durante el proceso.

Como es lógico, estar presente como marca en estos micromomentos es fundamental para ser considerado como opción o incluso ser la primera opción de compra. Para ello, es importante tener en cuenta tres parámetros:

- **Intención:** Estar presente en el momento de intención de compra.
- **Inmediatez:** Estar presente de forma rápida.
- **Contexto:** Estar presente con la tecnología y dispositivo adecuados.

Partiendo de toda esta información, he creado un modelo que nos permite identificar los puntos de contacto con el consumidor entre el momento cero de la verdad y la compra para poder estar presente en esos momentos, que dividimos en cuatro apartados:

- **Buscar:** Dónde debo estar presente en el momento en que el consumidor realiza búsquedas.
- **Comparar:** Dónde debo estar presente cuando compara.
- **Contrastar:** Dónde debo estar presente cuando contrasta.
- **Compartir:** Qué debo hacer para que lo comparta.

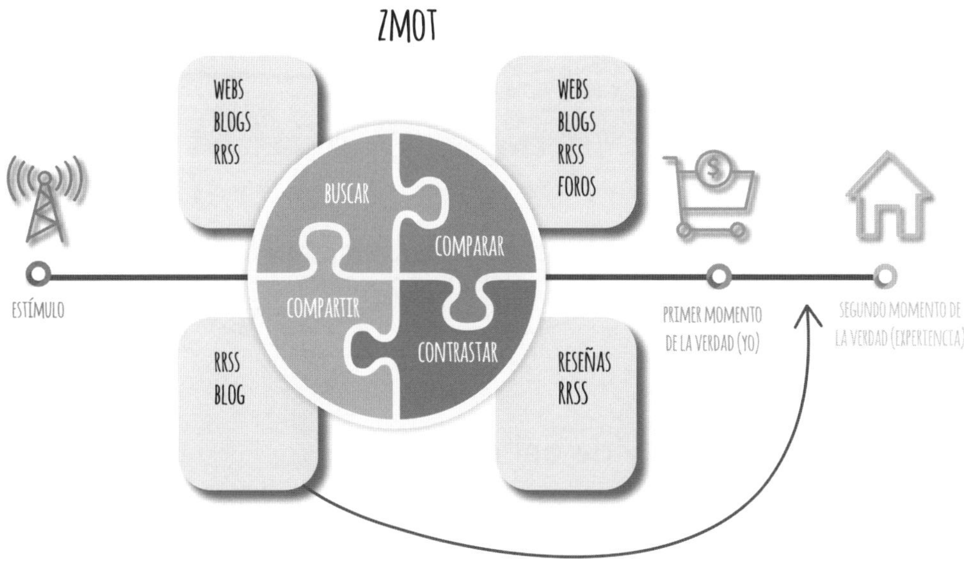

También vamos a necesitar un segundo modelo para tener presentes las interacciones entre el primer momento de la verdad, y el segundo momento de la verdad, ya que será a partir de este último donde realmente empecemos a fidelizar al cliente y donde tendremos la oportunidad de convertirlo más adelante en un embajador de marca. Lo dividiremos también en cuatro apartados:

- **Experiencia de compra:** Mejora de la experiencia de compra en todos los puntos de contacto con el consumidor.
- **Experiencia de uso:** Mejora de la experiencia de uso de producto/servicio. Usable/útil/usado.
- **Experiencia postventa:** Mejora de todos los puntos de contacto con el cliente tras la venta.
- **Evangelización:** Si el diseño de experiencias es óptimo, el cliente recomendará la marca una y otra vez.

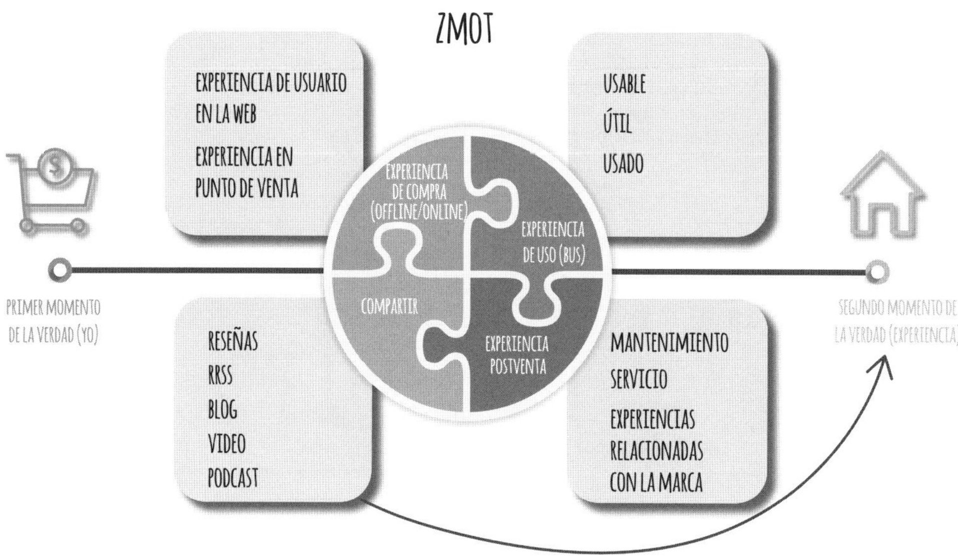

El mapa de ciclo de vida del cliente

Cada organización cuenta con diversos tipos de clientes y, obviamente, no todos tienen el mismo comportamiento en la relación que establecen con la marca. Por ello, es fundamental conocer cuáles son los puntos de contacto con el consumidor e identificar qué puntos prefiere cada uno de los consumidores a la hora de relacionarse con la marca. La creación del mapa de ciclo de vida del cliente posibilita la compresión de los pasos que sigue el cliente en su relación con la marca, lo que nos brinda la opción de diseñar experiencias a medida de las necesidades de cada grupo de interés. Podemos crear un mapa de ciclo de vida del cliente a través de 6 sencillas etapas.

Etapa 1: Define a tu cliente ideal

Para trabajar con mapas de ciclo de vida del cliente, te recomiendo que lleves la segmentación tradicional y la clásica definición de público objetivo un paso más allá y trabajes con un mapa de empatía del cliente. Para crear un mapa de empatía, puedes seguir los siguientes pasos:

- Define tu idea de negocio.
- Identifica tus *buyer* persona (por ejemplo, Clara, una chica de 25 años, soltera, deportista y que trabaja en una agencia de comunicación).
- Debes contestar a las siguientes preguntas respecto a Clara:
    - ¿Qué piensa y siente Clara? Principales motivaciones, inquietudes y aspiraciones. ¿Qué es lo que de verdad le importa?
    - ¿Qué ve Clara? Entorno, círculo familiar y de amistades. Contenidos.
    - ¿Qué oye Clara? Lo que le dicen sus círculos: familia, amigos, su jefe.
    - ¿Qué dice y hace Clara? Actitud frente a la vida. Aspecto. Comportamiento.
    - ¿Qué esfuerzos hace Clara? Miedos, frustraciones, obstáculos.
    - ¿Qué resultados obtiene Clara? Deseos, necesidades, medidas de éxito.

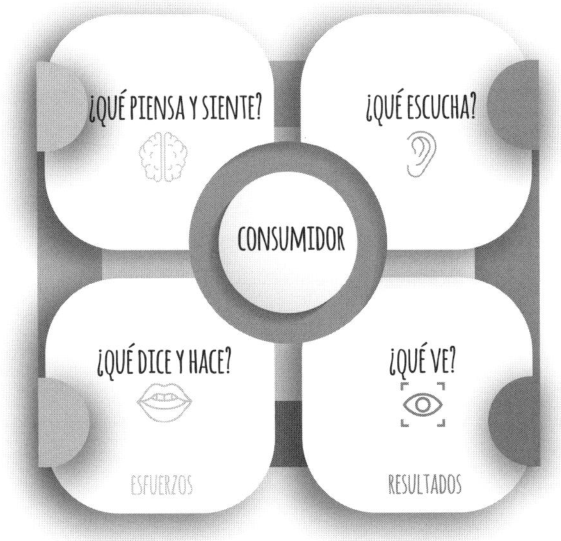

Trabajar con mapas de empatía te va a permitir obtener un profundo conocimiento de los diferentes grupos de interés a los que denominaremos *buyer* personas.

Etapa 2: Analiza a tus *buyer* personas

En este punto, debemos evitar los análisis clásicos y centrarnos en empatizar con el consumidor para poder comprender las interacciones que tienen con nuestra marca.

Ya hemos definido a Clara como uno de nuestros *buyer* persona principales, por lo que ahora debemos empatizar con ese grupo de interés. A partir de este momento, debemos organizar dinámicas de grupo para poder evaluar la curva de experiencia de ese grupo de consumidores similares a Clara para conocer su comportamiento a lo largo del *customer journey*.

En esta ocasión, debe ser "Clara" la que dé respuesta a las preguntas del punto anterior: ¿qué piensa y siente?, ¿qué ve?, ¿qué oye?, ¿qué dice y hace?

Etapa 3: Descubre los *insights* de tus clientes

Conocer las motivaciones y el comportamiento profundo y oculto de los consumidores en su relación con las marcas y sus productos es fundamental para mejorar las experiencias de cliente y su relación con las marcas.

Trabajar con *insights* posibilita adquirir un conocimiento sobre los consumidores que, en la gran mayoría de casos, no es obvio.

La investigación cualitativa nos puede ayudar a conocer los procesos que se dan en la toma de decisiones de los consumidores y sus reacciones ante empresas y marcas.

En este sentido, trabajar con herramientas de análisis conjunto nos permite conocer tanto la curva de experiencia del cliente como información detallada sobre cómo los clientes valoran desde las características y beneficios del producto hasta los intangibles de la marca.

Por otro lado, la mayoría de los procesos centrados en el cliente también mejoran la eficiencia y nos permiten conocer aspectos como cuánto valor crea una innovación desde el punto de vista del cliente y qué ventaja competitiva ofrece.

La gran mayoría de organizaciones miden el grado de satisfacción de sus clientes en base a encuestas, en muchos casos internas y a métricas de tipo *top-down*. Lo interesante de trabajar con *insights* es que estamos hablando de otra cosa, de un sentimiento que no es ni tan fácil de identificar ni tan fácil de medir, algo que está en lo más profundo de la mente del consumidor y que permite identificar los puntos de dolor y los momentos "*wow*" para poder redefinir el *customer journey* según las necesidades reales del cliente, que en muchos casos ni el mismo consumidor conoce al ser parte de su subconsciente.

Etapa 4: Define los puntos de contacto con el cliente

Una buena opción para clasificar los puntos de contacto con el cliente puede ser ordenarlos en antes, durante y después de la compra:

1. Antes de la compra:
    - Redes sociales.
    - Valoraciones y reseñas.
    - Boca-oreja.
    - Participación en la comunidad.
    - *Email marketing* y *newsletter*.
    - Marketing directo.
    - Acciones de PR.
    - Recomendaciones.
2. Durante la compra:
    - Punto de venta.
    - Plataforma de venta *online*.
    - Equipo de ventas.
    - Chat.
3. Después de la compra:
    - Facturación.
    - Correo electrónico.
    - Transacciones.
    - Servicio de atención al cliente.
    - Entrega del producto o servicio.

Esta clasificación, más allá de ordenar y organizar la información, es muy útil para anticiparse a las necesidades del cliente en cada uno de los tres apartados.

Imaginemos que un potencial cliente desea comprar un producto. Antes de la compra, necesitará saber dónde comprar el producto. Imagina que se decide por una compra *online*, por lo que será importante saber dónde hacer la entrega. ¿El cliente estará en casa? ¿A qué horas estará? ¿Existen otras alternativas para hacer la entrega? Una vez entregado el producto, puede ser interesante evaluar, por ejemplo, si es posible hacer entregas regulares del producto.

Ya hemos visto que Amazon es una empresa que pone al cliente en el centro. Tras una evaluación de los puntos de contacto con el cliente y planteando las preguntas adecuadas, es posible llegar a la conclusión de que para algunos productos puede ser interesante ofrecer el *Dush Button*. El *Dush Button* de Amazon es un innovador dispositivo con conexión wifi y un botón que se asocia a un producto concreto.

Cuando el usuario se está quedando sin un producto de uso habitual, como puede ser detergente, pañales, maquillaje, preservativos, bolsas de basura o papel higiénico, tan solo tiene que pulsar el botón, que, de forma automática, enviará su pedido a la central de compras Amazon y el cliente lo recibirá en tan solo 24 horas. Este dispositivo se configura desde el *smartphone* a través de la *app* de Amazon. La idea es simple y tremendamente orientada al cliente: ¡Instálalo, púlsalo, recíbelo!

Las versiones físicas del *Dush Button* de Amazon han dejado de comercializarse a nivel global para apostar por las versiones virtuales y sobre todo para fomentar los nuevos *gadgets* compatibles con Alexa. Con los nuevos dispositivos operados por voz, apretar un botón deja de tener sentido, un excelente ejemplo para comprender la velocidad de respuesta de Amazon ante un consumidor cada vez más exigente.

En definitiva, los puntos de contacto con el cliente definen la experiencia que tienen los consumidores con la marca y con sus productos y servicios. Cuanto más positiva sea la experiencia en cada uno de los puntos de contacto, mejor será la experiencia de usuario y más cerca estará la empresa de situar al cliente en el centro.

Etapa 5: Evalúa y mide los puntos de contacto con el cliente

Tan pronto como conozcamos los puntos de contacto y hayamos rediseñado el viaje ideal del consumidor, podemos empezar a monitorizar y medir esos puntos de contacto para poder conocer su alcance, efectividad, tiempo de respuesta y nivel de satisfacción. En consecuencia, una buena definición de los KPIs nos asegurará tener un buen control del proceso.

Etapa 6: Identifica nuevas oportunidades de negocio

Un mayor conocimiento del cliente, la evaluación de los puntos de contacto y el rediseño tanto del *customer journey* como de las diferentes experiencias nos va a permitir identificar nuevas oportunidades de negocio.

A partir de los puntos de dolor, en muchos casos seremos capaces de diseñar nuevos productos o servicios que cubran esas necesidades.

Los tres pilares fundamentales para situar al cliente en el centro

Tal y como hemos visto, poner al cliente en el centro debe partir siempre de una definición de propósito a largo plazo, integrando esa visión en todos los procesos de la organización, desde los productos y servicios que se ofrecen hasta la forma en que se comunican al consumidor, tomando como referencia todos los puntos de contacto con la misión de fortalecer al máximo la relación con el propio consumidor.

- ***Customer experience*:** La suma de todas las experiencias o interacciones que un cliente tiene con una compañía.
- ***Customer value*:** El valor total de un cliente, tanto el valor real como el potencial, ya sea directa o indirectamente (incluyendo el valor de su influencia como prescriptor tanto *offline* como *online*).
- ***Customer lifecycle*:** La evolución natural que atraviesa un cliente en uno o más aspectos relacionados con sus necesidades (etapas de vida, estilo de vida y relación con la empresa).

El *storytelling*: cuéntaselo como una historia

Motivado por mi amor a los animales y mi pasión por la fotografía, he viajado en muchas ocasiones al continente africano. Han sido miles de kilómetros en 4x4, muchas horas de espera para conseguir la imagen soñada, muchas noches durmiendo en una tienda de campaña, muchos días de aventura y muchas historias para recordar y, por qué no, también para contar.

En 2006, pasé 21 días en Serengueti, mi lugar favorito en África, un parque nacional inmenso al que los masai llaman "La llanura sin fin", un lugar en el que puedes disfrutar de la migración, de "los cinco grandes" y vivir la naturaleza de extremo a extremo.

Planificamos el viaje para pasar la primera semana en la zona de Seronera, en la parte central del parque; la segunda semana, en Lobo, situado más al norte; y regresar la tercera de nuevo a Seronera.

Todos los días en Serengueti son maravillosos, pero nuestro tercer día de viaje fue realmente especial. Decidimos ir a visitar una zona conocida como Barafu Gorge & Kopjes. Los kopjes son rocas de granito milenarias que se acumulan unas sobre otras y están rodeadas de un océano de hierba dorada que ondea bajo el sol, conformando parajes de belleza incomparable.

Al llegar a Barafu, iniciamos la búsqueda de animales y enseguida localizamos un grupo de leonas con dos cachorros tumbados sobre una roca para calentarse con el sol de la mañana. Los pobres cachorros estaban famélicos y muy delgados, y la madre había perdido un ojo como consecuencia de alguna trifulca del pasado con otros leones o durante alguna cacería. El ojo era tan transparente que decidimos bautizarla como Ojo de cristal. Estaba tan delgada que se podían ver sus costillas con todo lujo de detalles. Los contemplamos durante un buen rato, les tomamos fotos y disfrutamos de su compañía.

Ojo de cristal.

Transcurridas unas dos horas, a no más de 200 metros, detectamos una mamá guepardo con 4 cachorros sobre un termitero. Nos desplazamos hasta ellos y pudimos tomar unas fotos de lujo. Es muy poco habitual ver a leones y guepardos tan cerca, pero Serengueti siempre te sorprende.

Mamá guepardo con sus cachorritos.

Regresando a la zona de acampada, acordamos que regresaríamos al día siguiente, algo que acabamos por hacer el resto de días. Deseábamos volver a ver a Ojo de cristal y a mamá guepardo con sus respectivos cachorritos. En nuestro segundo día en Barafu, las leonas no estaban, pero vimos al gran macho, el padre de los cachorros, en la misma roca. Localizamos a los guepardos y nos centramos en tomarles fotos a ellos.

El tercer día, localizamos a los cachorros escondidos en un orificio que se había formado entre las rocas, cada vez más delgados, cada vez más famélicos. Estaban solos, pero asomaban sus caritas entre la roca para saludarnos. ¡Son momentos que no se olvidan! Los guepardos ya no estaban por la zona.

El cuarto día, encontramos de nuevo a toda la familia sobre la roca. Los cachorros trataban de mamar y Ojo de cristal no tenía ni una gota de leche que ofrecerles. Los gestos de Ojo de cristal, sus expresiones y su estado, nos rompió el corazón e hicimos algo que nunca hemos hecho.

Habíamos preparado pollo para comer y sinceramente, no podíamos comer allí, dentro del vehículo, delante de ellos, viendo la situación por la que estaban pasando. En Serengueti está prohibido dar de comer a los animales, para que no se acostumbren, para que no intimen con los humanos. Es algo lógico, que se debe

Ojo de cristal con sus cachorros.

respetar siempre, pero en la vida también hay excepciones, así que Carmen y yo decidimos lanzar el pollo sobre la roca, alejado de la zona donde estaban, para que lo encontraran y no lo asociaran con nosotros. Al cabo de un buen rato, los cachorros localizaron el pollo. No encuentro las palabras para describir las expresiones de sus caras y los sonidos que emitían. Esa escena quedará grabada en nuestras retinas para siempre. Tengo sentimientos encontrados con la decisión que tomamos, quizá no hicimos bien, pero creo que volvería a hacerlo. Estuve tomando fotos de ese grupo de leones sentado sobre el techo del coche, a dos metros de distancia, con el gran angular, y, a pesar del hambre, nos miraban y nos olían, pero nunca mostraron agresividad.

El quinto día los volvimos a encontrar, a un kilómetro de la zona. Habían conseguido cazar y pensamos que, por fin, Ojo de cristal podría dar de mamar a sus cachorritos.

Al día siguiente, nos marchamos a Lobo y, tras una semana, regresamos a la zona, pero Ojo de cristal y su familia ya no estaban.

En 2011, regresamos a Serengueti, esta vez fueron 18 días en la zona. Tan pronto como pudimos fuimos a visitar Barafu, un lugar que siempre nos trae grandes recuerdos. Muy cerca de esa zona, encontramos a dos machos solos. Nunca sabremos si esos dos machos tienen algo que ver con la familia de 2006, pero a mí me gusta pensar que son los hijos de Ojo de cristal.

¿Los "hijos" de ojo de cristal?.

Para contar historias, necesitamos utilizar 7 elementos clave:

1. **Mensaje:** Las ocasiones excepcionales pueden requerir soluciones excepcionales.
2. **Ambiente:** Serengueti, Barafu.
3. **Personaje:** Ojo de cristal.
4. **Planteamiento:** La historia de Ojo de cristal.
5. **Conflicto:** Hambre.
6. **Desenlace:** Al final, caza. Posiblemente, sus hijos han sobrevivido.
7. **Conclusión:** No siempre es necesario incluirla.

El *storytelling* funciona porque nos han contado cuentos e historias desde pequeños, la humanidad lo ha hecho desde los albores de los tiempos.

En la era digital, vivimos rodeados de infoxicación y sobreinformación. El *storytelling* es una forma de diferenciarnos del resto a través de historias que enseñan, inspiran y emocionan.

Otra forma de utilizarlo con éxito es recurrir a la fórmula del viaje del héroe. Muchas historias en el cine se repiten siguiendo los mismos patrones. La industria cinematográfica insiste en estos modelos porque funcionan y aseguran el éxito.

En 1949, el escritor y mitólogo estadounidense Joseph Campbell publicó su obra *El héroe de las mil caras*, profundizando de forma magistral en los conceptos de narrativa y creando el modelo que hoy conocemos como "el viaje del héroe".

El viaje del héroe se estructura en 12 etapas o fases:

1. **El mundo ordinario:** Presentar al protagonista en su día a día.
2. **La llamada a la aventura:** Elemento disruptor que plantea un conflicto.
3. **Rechazo de la llamada:** El protagonista no desea asumir la misión o vivir la aventura.
4. **Encuentro con el maestro:** El protagonista conoce a alguien que le convence para aceptar la llamada.
5. **Cruce el primer umbral:** El protagonista debe hacer frente al primer reto.
6. **Pruebas, aliados y enemigos:** El protagonista se enfrenta a retos diversos.
7. **Acercamiento:** Cada reto le va acercando al reto definitivo.
8. **Prueba suprema:** El protagonista se enfrenta al gran reto.
9. **Recompensa:** Obtención de un premio al final del reto.
10. **El camino de regreso:** El protagonista inicia el regreso y se enfrenta a un último reto para defender lo que ha conseguido.
11. **La resurrección:** Tras la última lucha para mantener su recompensa, nace el héroe y muere el viejo personaje, el viejo "yo".
12. **El regreso:** El protagonista regresa al mundo ordinario, pero, tras haberse transformado, ve el mundo con una nueva perspectiva.

Habrás visto esta secuencia en mil películas y seguro que es muy familiar para ti, pero te voy a proponer un ejercicio sencillo y divertido. Coge los 12 puntos, una buena bolsa de palomitas y vuelve a ver *Star Wars, una nueva esperanza*. Podrás reconocer todos los puntos del viaje del héroe mientras te diviertes con el film.

Al ser un viaje transformador, podemos usar el viaje del héroe como metáfora para transformar a nuestros equipos internos a través de historias maravillosas en procesos de transformación digital. Sí, el viaje del héroe puede ser una potente herramienta de comunicación interna que puede hacer que el viaje de nuestro equipo sea más ameno, divertido y provechoso. Los procesos de transformación digital no son fáciles y debemos usar las mejores herramientas disponibles para facilitar el proceso y el viaje del héroe nos vendrá como anillo al dedo para cumplir esta misión.

Mi amiga Èlia Guardiola, gran apasionada del *storytelling* y admiradora incondicional del marketing emocional, nos aporta su visión sobre el valor que puede aportar el *storytelling* a las organizaciones.

STORYTELLING: EL ARTE DE COMUNICAR A TRAVÉS DE LAS HISTORIAS

ÈLIA GUARDIOLA

CEO EN SERENDIPIA, CONSULTORA ESPECIALIZADA EN *STORYTELLING* Y MARKETING EMOCIONAL

El *storytelling* no es una moda. Ese arte de contar historias no nació ayer ni está previsto que termine extinguiéndose como los dinosaurios, a pesar de que nació unos años después de la aparición de estos.

El primer *storyteller* surgió hace ya más de 40.000 años haciendo uso de las pinturas rupestres, en ese período comprendido entre la "inmediata" desaparición del Paleolítico y el nacimiento del Neolítico.

¿Os habéis preguntado alguna vez qué hubiera ocurrido si no hubieran existido esas pinturas? Seguro que nuestro mundo sería un lugar muy diferente. No digo que mejor ni peor, pero diferente. Las historias han sido, son y serán necesarias siempre, ya solo por el afán humano de saber sobre nuestro pasado, de aprender y, por supuesto, de evolucionar gracias a ellas. Y, si aún seguimos contando historias a diario, será porque, sin duda, todavía las necesitamos a todos los niveles, personales, profesionales y humanos.

Empecemos por el principio. La primera frase que leí de Eva Snijders fue que el *storytelling* no es marketing. Ahí ya despertó mi inquietud innata para indagar y adentrarme en un mundo paralelo al que hasta ahora había llevado en el formato profesional del marketing, pero el mismo camino en cuanto a las emociones e historias que radican en cada uno de nosotros y de nuestra existencia personal. De esto hace ya diez años.

Si bien podríamos pensar que es una obviedad, cuando aplicamos el marketing emocional, lo más lógico es que confundamos términos y los mezclemos, tratando a ambos por igual, hasta que analizamos con cautela las características, detalles y acciones de cada uno de ellos.

No olvidemos, antes de seguir, que, detrás de cada campaña de marcas, existen tantas historias como usuarios la vean. O incluso más que esa cantidad, puesto que cada uno de nosotros somos capaces de crear varias historias a partir de un solo elemento, ya sea a través de los recuerdos, de la imaginación, real o no, de un futuro, inmediato o a largo plazo. Depende, en gran medida, de cuánto usemos nuestro hemisferio racional y estratega o el emocional y creativo.

¿Por qué contamos historias?

Es una pregunta sencilla y, a la vez, tan compleja. Todos tenemos nuestras razones. Creamos historias, las generamos con contenido real o imaginario, pero lo hacemos. Sobrevivimos gracias a las historias. Evolucionamos gracias a ellas y a través de ellas.

Contamos historias para no olvidar, para recordar de dónde venimos y hacia dónde va nuestra sociedad, hacia dónde se dirige el mundo entero. Contamos historias para defender nuestros derechos, para no dejar en el letargo los valores que nuestros antepasados nos enseñaron y nos inculcaron a través de las generaciones.

Al final, entre tantos porqués, me he dado cuenta de que contamos historias para no olvidar nunca quiénes somos y de dónde venimos en realidad.

Todos tenemos historias por contar

Pero para contar historias no basta con el hecho de tener algo que contar. Aunque a priori todos tengamos experiencias y momentos que explicar, es evidente que no todo vale. Y, cuando nos adentramos en el campo de batalla que es el terreno de las marcas, menos aún. Hay que crear historias que cautiven para enamorar a los usuarios; si no, la historia cae en saco roto.

Pensemos un momento en las fotografías, en las imágenes de un cartel o de una revista, imágenes de una situación vivida en primera persona o contada de forma ajena, imágenes cargadas de historias, las reales de lo que ocurrieron y las que nuestra mente es capaz de crear y recrear.

El cerebro humano es una máquina perfecta de retentiva. Retenemos más de lo que recordamos de forma consciente. Lo que permanece en nuestro recuerdo consciente siempre suele ir precedido de algo que nos marcó (aunque no seamos conscientes, valga la redundancia). Por lo tanto, es imprescindible que una historia cautive y emocione para enamorar y, sobre todo, para ser recordada y difundida a lo largo del tiempo.

Pero no solo de imágenes viven los recuerdos de las historias, también de olores, sabores, texturas y sonidos. La imaginación y la creatividad deben formar parte de cada historia que generemos, aunque esta sea una historia real, ya que, cuanto más real e identificativa sea, más cautivará, más identifica y enamorará a quien la escuche, a quien la lea y a quien la vea.

Storytelling. El arte de comunicar

Seth Godin dijo: "El marketing ya no se trata de las cosas que vendes, sino de las historias que cuentas". El *storytelling*, insisto, se ha puesto de moda. Aunque mucha gente lo describa como el arte de contar historias, yo prefiero definirlo como el arte de comunicar la filosofía, la esencia o el contenido de un producto, un servicio o la propia marca en sí, a través de las historias.

Y no, no es algo nuevo. No es una nueva técnica nacida del experimento de una mente brillante del siglo XXI, ni tampoco el resultado de un *brainstorming* en una reunión de creativos. El *storytelling* nació en la época de las cavernas, y tengo la total y absoluta convicción de que nació para quedarse.

De momento, parece que no voy mal encaminada, pues las marcas cada día son más conscientes de la transcendencia de esta disciplina como herramienta o técnica, como muchos la llaman, para comunicar la historia o historias que hay detrás de esas empresas que nacieron de la nada.

Historias que transmiten el valor de las marcas y que los consumidores necesitan para sentirse identificados o, por lo menos, sentir que esas marcas, "sus" marcas, tienen un valor emocional que las hace más valiosas convirtiéndolas en *lovemarks*.

En consecuencia, la fidelización de los consumidores para convertirlos en clientes será una acción casi garantizada, pues el *storytelling* puede ser un punto de inflexión entre el sentimiento de gustarte una marca como consumidor o sentir amor por ella. Es decir, el *storytelling* puede ayudar a una marca a convertirse en una *lovemark*.

Los consumidores. Exigencia por sentir

Los consumidores cada día son más exigentes. El hecho de tener más recursos a nuestro alcance hace que nos convirtamos en seres poco comprensivos a la hora de exigir. Y, cuando se trata de exigir a las marcas por las cuales pagamos, más aún.

Nos permitimos la licencia de criticar cuando una marca no cumple lo que promete, sin previa explicación de esta. Nos permitimos destruir marcas sin ser conscientes del trabajo arduo que hay detrás de cada campaña, de cada producto o servicio, de las horas infinitas invertidas para sacar adelante un proyecto.

Ser detractores es muy sencillo. Lo difícil es ser prescriptor de una marca que, a pesar de los pequeños errores del guion que conlleva ser una marca, sigamos defendiéndola. La humanización de las marcas empieza por el valor humano de las personas que la forman, incluidos sus seguidores, consumidores y clientes. Al fin y al cabo, el cliente interno, es decir, el trabajador, es quien da vida inicial a la marca.

Recuerda que un prescriptor de marca es aquella persona o entidad capaz de influir encima de una comunidad. Y no, no hablo de *influencers*. Todos somos prescriptores de marcas, de forma voluntaria o involuntaria, de manera consciente o inconsciente.

El *storytelling* nos ayuda a vender, por supuesto, y estudios demuestran que, sin lugar a dudas, un producto que promocionemos a través de una historia venderá mucho más que uno sin ella. El uso del *storytelling* logra que una marca venda más que una que no lo utilice.

Es sencillo comprender que esto es una realidad a partir del momento que entendemos que somos seres más emocionales que racionales. A pesar de que todas las emociones, como ya he explicado en artículos, formaciones y conferencias, se generan todas, absolutamente todas, en el cerebro, debemos ser conscientes de que, por el hecho de ser seres afectivos, un producto con una historia detrás siempre nos motivará a saber más de ese producto y de dicha historia. Es parte de la persuasión de contar una historia.

No olvidemos que estamos hechos de historias, de momentos y experiencias. Teniendo esto claro, comprenderemos la excelencia y cuán imprescindible es el *storytelling*. Detrás de cada campaña de publicidad emocional hay tantas historias como usuarios vean esa publicidad.

Eso ya es un paso de ventaja hacia la toma de decisión de compra de ese producto o servicio que la competencia no tendrá. Debemos pensar que los datos de los estudios que nos aporta el neuromarketing sobre el comportamiento de los consumidores son de imprescindible valor a la hora de crear esa historia dentro de nuestra estrategia de marketing para vender.

¡Ojo! No confundamos "objetivo" con "fin". Hago un inciso para recordar que el objetivo del marketing NO es vender. Vender es EL FIN del marketing. Objetivos puede tener muchos: más tráfico en la web, aumento del porcentaje de nuestros seguidores en las redes sociales, lograr mejorar la tasa de apertura de emails para nuestras campañas de *email marketing*, potenciar nuestra reputación *online* o aumentar nuestros *leads* a través de los Ads de Facebook, etc.

Algunas claves para crear *storytelling* que impacte

Está bien poner de manifiesto conceptos, explicar la importancia de un buen *storytelling* y dar datos. Ciertamente es imprescindible saber todo esto y, por supuesto, podríamos seguir hablando de ello. Llegados a este punto, debo hacer hincapié en unos cuantos ingredientes imprescindibles para crear *storytelling* que impacte.

Hay una serie de puntos clave que son imprescindibles para comunicar toda la esencia de la historia de un producto, un servicio o una marca en sí. De hecho, no debemos olvidar que el *storytelling* no es exclusivo de la narrativa escrita. Es decir, podemos crearlo a través de un artículo, de un *spot* publicitario potenciando una campaña de videomarketing, a través de una imagen con un eslogan, a través del currículum, un *podcast* con *storytelling*, etc., siempre que este no deje indiferente.

Es por ello que, sin creer en verdades absolutas, y siendo consciente de que no son los únicos puntos clave, paso a dar algunos de ellos que, desde mi punto de vista, considero imprescindibles y que a mí me han funcionado en mis campañas y en las de mis clientes.

1. Motivación: La historia debe motivar

Motivación y persuasión son dos de los puntos clave para el marketing emocional del que tanto suelo hablar, formar y escribir, pero no es exclusivo de este.

En el *storytelling*, es importante entender que, sin motivación, no hay emoción, es decir, que, cuando contamos una historia, sea en el formato que sea, es imprescindible despertar emociones. Si no hay emoción, no hay reacción de los usuarios y la historia no motiva, conllevando que la campaña se convierta en un fracaso.

2. Emoción: La historia debe generar emociones

Ya he contado que somos seres más emocionales que racionales. Partiendo de esta base, la historia debe emocionar y sensibilizar al usuario. Eso será el resultado de una reacción emocional donde el usuario nos demostrará que, de una forma u otra, se ha sentido identificado.

Eso será un dato intangible, obviamente, ya que no podremos averiguar en qué medida, cuánto se ha emocionado y cómo ha reaccionado, pero, si lo hace, ten por seguro que ya no mirará con indiferencia esa marca.

Cuando nos emocionamos ante una publicidad, es porque en algún momento de la historia hubo alguna palabra, imagen, sonido o frase que nos recordó algo de algún momento de nuestra vida, trasladándolo a lo personal, a nuestra propia experiencia.

Un gran ejemplo de *storytelling* es el *spot* de RENFE, *Tu tiempo. Tu tren*. Quizá porque me encanta viajar en tren, porque, cuando viajo en ellos, me inspiro para escribir, contemplo el paisaje mientras trabajo, oigo y escucho conversaciones, vidas privadas que se hacen públicas por su tono más elevado. Observo, observo mucho cuando voy en tren. Y descubro. Descubro tantísimas cosas... ¡tantas historias!

3. *Leitmotiv*: En la historia debe existir uno

Es la razón de ser de la historia, aquello que la marca está contando. Es el que enamorará y enganchará al usuario, precisamente por la identificación con la historia, la relación afectiva entre marca y consumidor, entre contenido y nuestra propia historia como personas.

Debemos lograr que los usuarios se identifiquen con el *leitmotiv* que se repite a lo largo de esa historia y, en consecuencia, con la propia marca por su carácter recurrente dentro de dicha historia.

4. Cautivar: La historia debe cautivar, enganchar y despertar curiosidad desde el inicio

Vivimos en una era digital donde la infoxicación, o exceso de información banal, está a la orden del día. Recibimos una media de entre 5.000 y 10.000 impactos diarios de marketing, comunicación y publicidad. Nuestro cerebro filtra aquello que más nos interesa de todo cuanto recibe, es decir, se queda con aquello que cubre nuestras necesidades y, si no engancha al usuario desde el principio, tened por seguro que no lo hará más adelante.

Vivimos en la era de la inmediatez, donde nadie tiene tiempo de nada y lo queremos todo rápido y sin dilaciones. Es lógico pensar, entonces, que todas aquellas historias que no enganchen desde el principio morirán a medias en un intento de enamorar a mitad de historia.

Otro ejemplo, un tanto diferente, es el de un falso anuncio de Adidas. Para mí, es uno de los anuncios "falso" de una marca con *storytelling* más fantástico que he visto. Tiene todos los ingredientes de un contenido digno de ser una historia para compartir.

Eugen Merher, estudiante alemán de dirección de cine, rodó un corto haciendo uso de unas zapatillas de Adidas como elemento principal de la historia. Pero, claro, además, con personas mayores, uno de los elementos imprescindibles para emocionar. Veamos el resultado en `https://www.youtube.com/watch?v=gXfLl3qYy0k&feature=emb_title`.

5. Dualidad: Toda historia debe tener nudos o dualidades

Si queremos que los usuarios se sientan identificados con las historias que contamos como marcas, es imprescindible que esa historia contenga dualidades o nudos, es decir, conflictos.

Las historias deben tener momentos de incertidumbre, esos mismos que dan sentido a la vida real de las personas.

Si queremos que nuestra comunidad sienta la historia como algo propio, debemos crear contenidos reales, que puedan ser parte de lo existente en las vidas de nosotros mismos.

6. Fácil de recordar: La historia debe ser fácil de recordar y sencilla de contar

Cuanto más rebuscada sea una historia, más complicada la hacemos para recordar. Recuerda que recibimos entre 5.000 y 10.000 impactos diarios de información. Cuanto más sencilla sea la historia o más fácil de recordar, tanto mejor.

No es necesario crear historias con muchos elementos, pero sí con la fuerza y el impacto emocional suficiente como para que marquen. Si la historia deja huella, esta podrá ser transmitida a muchas más personas, que descubrirán la marca o la conocerán mejor y con más detalle.

Otro ejemplo de *storytelling*, en formato imagen, es el de una grandísima marca que no ha traspasado a lo digital de una forma muy notable, sinceramente, manteniendo ese *offline* de toda la vida, pero con una fuerza increíble en sus imágenes y con el mensaje que en ellas reside, la lógica del pasado donde sus clientes eran más analógicos que digitales.

Estoy hablando de Patek Philippe, la prestigiosa marca de relojes que lleva generaciones siendo un referente en el sector de la relojería. En su publicidad transmite confianza, además de un síntoma inevitable de familia, de generaciones volcadas en esa percepción de lo valioso, de la calidad, tanto del propio producto como de las personas que lo custodian. Para mí, brillante. Un claro ejemplo de que menos es más:

"Nunca un Patek Philippe es del todo suyo.
Suyo es el placer de custodiarlo hasta la *siguiente generación*".

Por cierto, este anuncio fue un descubrimiento de mi padre, justo un día en el que estaba preparando una ponencia donde tenía que hablar de *storytelling* y marketing emocional, así que gracias, papá.

7. Conexión con los usuarios: Una historia debe tener un nexo con la audiencia de esa marca

Hablamos en todo momento de que las marcas deben generar una relación afectiva con los consumidores. Partiendo de este hecho, si el contenido de la historia que creemos no consigue conectar con el usuario, el *storytelling* de esa marca habrá fracasado.

Si tenemos en cuenta en todo momento que el usuario debe sentirse identificado a través de las emociones, entonces este punto toma más valor aún para tener en cuenta y no olvidarnos de él.

Hay una palabra que siempre digo, que para mí es mágica e imprescindible dentro de las marcas, no solo cuando creamos contenidos de marketing emocional o *storytelling*: la EMPATÍA.

Es un tanto irónico que esta sea la gran desconocida dentro de las marcas. Y cuán necesaria es para conocer a la perfección a nuestros consumidores y darles aquello que necesitan. Vivimos en una sociedad de consumo donde todos queremos ser parte de las marcas para que estas nos tengan en cuenta.

Somos conscientes de que, gracias a nosotros, estas mejoran y crecen, pero muchas de ellas no se dan cuenta de que lo único que deben hacer es escucharnos como consumidores para poder crear una historia en la que nos sintamos identificados, que nos emocione, nos cautive y, finalmente, nos enamore con su producto para que lo compremos.

Antonio Gaudí dijo: "No creamos, descubrimos". Y lo que podría ser una frase ambigua se convierte, por una parte, en una verdad absoluta, la de descubrir. Como marcas debemos DESCUBRIR aquello que cubre necesidades de nuestros consumidores y satisface sus deseos.

La era digital se ha transformado, aunque aún falta mucho por recorrer en la era emotiva, en una era humana donde debemos humanizar a las marcas para poder crear un entendimiento común entre consumidores y marcas.

8. Confianza: Cualquier historia debe generar confianza

En realidad, no solo la historia. Cualquier marca que se precie y dé valor a sus consumidores, debe priorizar la confianza como punto clave para fidelizar a esos consumidores (personas) para convertirlos en fieles clientes.

Para que una historia genere confianza, es necesario cautivar y enamorar, pero solo como primer paso para que esta relación marca-consumidor (persona) sea fructífera para ambas partes.

9. Promesas: Toda historia debe prometer algo, como cualquier marca con su producto o servicio

Toda marca debe prometer algo a sus consumidores (personas) para generar esa confianza de la que hablamos. Cuando prometemos algo como marca, captamos la atención de los usuarios, esos *leads* que pretendemos convertir en consumidores de nuestros productos y/o servicios.

Toda marca debe prometer algo a su *target* con el fin de que se enamore de la marca y estos terminen siendo parte de esa fiel comunidad que hace crecer la marca. Las promesas conllevan expectativas. Siempre. Como usuarios, siempre esperamos algo de esas marcas que pretenden cubrir nuestras necesidades.

Pero hay una gran diferencia en cubrir expectativas y superarlas. La diferencia está en cubrir necesidades o satisfacer deseos. Si como marcas hacemos ambas cosas, la garantía de poder fidelizar esos consumidores satisfechos será el valor diferenciador ante nuestra competencia.

Como marcas no podemos defraudar. Sencillamente, porque, en la era digital donde vivimos, la competencia está a un clic. Ya lo dijo Marc Gobé: "Los productos cubren necesidades. Las experiencias satisfacen deseos".

10. Magia: La historia debe crear magia para convertirla en única y extraordinaria

En la era digital donde las marcas tienen acceso a miles de recursos digitales, programas de edición de imágenes, de vídeo, *apps* de edición directa desde nuestros *smartphones*... cada día cuesta más crear contenido auténtico, creativo, diferente y único. Os traigo uno de esos *spots* que impactan. Sin duda, no deja indiferente. Vuelvo a traer a la marca Adidas para que quede constancia del potencial creativo de esta marca.

Adidas Originals ha lanzado su nueva campaña "Original is never finished", en la que ha incluido en el *spot* a personajes del mundo de la música, el deporte, la moda y el arte. El vídeo representa un sinfín de historias transgresoras de personas auténticas y con personalidad propia, dando así la imagen de que la creatividad es parte de la originalidad, tan carente en muchas generaciones donde ser auténtico y único parece dar carta libre a la etiqueta.

El *spot*, con un remix de *My way* de Frank Sinatra enfocado y reinterpretando con un superestilo *streetwear*, hace que ese minuto y medio de anuncio se quede muy corto. A mí, personalmente, me enganchó por la fuerza de todas las historias que hay detrás de esa fusión y con una producción brutal.

Soy consciente de que no es para todos los públicos. Como toda publicidad (¡y menos mal!). Creo que Adidas ha logrado segmentar muy bien a su público en este *spot*. Solo una cifra: en 4 días logró tener casi cinco millones de reproducciones. Ahí lo dejo.

Lo podéis ver en el siguiente enlace: `https://www.youtube.com/watch?v=ImpBUmAGtUs&t=1s`.

11. Imagen de marca: La historia debe terminar con el logo, imagen o mención de la marca

El remate final de la historia debe ser la imagen de la marca, el logo o la mención de esta, para que el usuario termine por relacionar esa historia que ha logrado emocionarle con ese producto o marca.

Es la guinda del pastel, la cúspide del contenido de esa historia: lograr que el usuario guarde en su memoria que esa marca es capaz de crear historias tan impresionantes como su propia vida.

Llegados a este punto, recuerda que el ser humano se mueve por emociones, por sensaciones y por necesidades, herramientas que las marcas deben utilizar a favor de sus consumidores.

Mi madre siempre me ha enseñado, ya de bien pequeña, que cuesta más conservar que enamorar. Esto, pasado al terreno profesional como premisa, dentro de una marca debería ser condición *sine qua non* para que la fidelización de los clientes sea una prioridad. Debemos mimar más a nuestros clientes pensando en ellos como personas, no como números.

Pasamos de la P de producto de las 4 P del marketing, a la P de personas, comprendiendo que estas tienen más valor. Son las que hacen crecer las marcas, mejorarlas como tal y, sin duda alguna, hacerlas evolucionar.

Una relación bidireccional que ayudará a que los consumidores (personas) formen parte de la marca como el mayor de sus valores para seguir conectando marcas y consumidores de forma afectiva, y no agresiva.

PRODUCTOS Y SERVICIOS

Si puedes digitalizar un producto, ¡hazlo! Y lo antes posible, sin esperar a que lo hagan tus competidores. Pasar de libro a audiolibro, de película fotográfica a tarjeta de memoria, de disco de vinilo a CD, de CD a *pendrive* y de *pendrive* a la nube, de carta a email, de teléfono a *smartphone*... ¡Hay tantos ejemplos!

Cuenta la leyenda que al CEO de Sony no le gustaba el nombre *walkman*, pero que no pudo cambiarlo por haberlo descubierto una vez iniciada la campaña. Cierto o no, el nombre reflejaba claramente la idea de un dispositivo que permitía escuchar música en movimiento, en cualquier lugar, en cualquier circunstancia. Un aparato que hizo furor en los 80 y fue un magnífico ejemplo de innovación radical.

Los años 90 fueron difíciles para Apple tras la marcha de Steve Jobs en el 85. Jobs regresó en el 97 y, por aquel entonces, Sony ya comercializaba el producto que debía reemplazar al exitoso *walkman*, el *discman*, un dispositivo que funcionaba, o quizá debo decir que trataba de funcionar, mediante un *minidisk* Sony. El disco "saltaba" con el movimiento y la experiencia de usuario se convertía constantemente en una pesadilla. Muchas fueron las compañías que trataron de encontrar un sustituto para el *walkman* II, pero todos los proyectos acabaron en fracaso, incluyendo a Sony.

En 2001, Apple presentó el iPod, un homenaje al diseño. Un dispositivo pequeño, manejable, bello, que funcionaba a la perfección y que todos los consumidores deseaban tener, un magnífico ejemplo de cómo la tecnología permite innovar de forma disruptiva.

El éxito del iPod trajo consigo otras innovaciones para Apple con la llegada del iPad y del iPhone.

Actualmente, son muchas las compañías que comercializan tabletas y teléfonos inteligentes, pero el legado de Steve Jobs y de Apple permanecerá durante muchos años al haber hecho historia cambiando la forma en que usamos la tecnología y asegurando que siempre llevemos nuestro ordenador personal en el bolsillo o en el bolso.

Si puedes mejorar el servicio, ¡hazlo! Y lo antes posible, sin esperar a que lo hagan tus competidores. Focaliza en conveniencia, velocidad y experiencia.

Aún recuerdo la época dorada de los videoclubs, aquellos lugares en los que alquilábamos cintas de vídeo en formato VHS, Beta o 2000, una tecnología que fue desplazada de forma muy rápida por la llegada de los DVD. Mi amigo Paco, desde adolescente, había tenido el sueño de tener un videoclub, un modelo de negocio que le parecía absolutamente ganador. Transformó su sueño en realidad y abrió un pequeño negocio que le aportó buenos beneficios durante los primeros años de vida. Mientras tanto, al otro lado del charco, apareció Netflix, un unicornio con una motivación clara: hacer las cosas diferentes. Al principio, Netflix enviaba los DVD a sus miembros a casa, eliminando la necesidad de que salieran de esta, focalizando claramente en el concepto de conveniencia para el consumidor y mejorando el servicio que ofrecía Blockbuster, que por aquel entonces era un monstruo.

Los clientes de Netflix podían seleccionar su película favorita en línea y les llegaba a casa a través de un servicio de envío y recogida. El formato era el mismo, lo que había cambiado era el servicio, que es en sí mismo la clave inicial del éxito de Netflix.

Más adelante, Netflix cambió el producto digitalizándolo. Dejó de enviar DVD y empezó a emitir en *streaming*, aprovechando la ventaja competitiva que le ofrecía la tecnología. Netflix no dio el paso de cinta de vídeo a DVD, lo hizo de DVD a *streaming*. Mientras tanto, Blockbuster y mi amigo Paco se quedaron por el camino.

Netflix podría hacer lo que hacen muchas empresas y disfrutar de su éxito en este punto, sin arriesgar, pero su estilo es más disruptor. En este punto, entra de nuevo en juego el análisis y la definición estratégica de la cadena de valor, de modo que Netflix, en 2013, decide hacer una apuesta por la integración vertical y empieza a producir sus propios contenidos, tanto en series como en películas, un modelo que está replicando Amazon en su plataforma Prime. Producir contenido propio minimiza la dependencia de los proveedores, mejora la capacidad de negociación, disminuye riesgos y mejora los márgenes del sector. Michael Porter estará encantado con el modelo. 🙂

Si puedes simplificar un producto, ¡hazlo! Y lo antes posible, sin esperar a que lo hagan tus competidores. Si puedes transformar tu producto en una experiencia, ¡hazlo! Lo antes posible, sin esperar a que lo hagan tus competidores.

La empresa Lego lleva muchos años fabricando juguetes para niños, pero, tras años de éxito, empezó a perder la conexión que había tenido en sus primeros años de andadura con sus clientes, los niños. Para tratar de superar esta crisis, Lego apostó inicialmente por una estrategia de diversificación y empezaron a diseñar ropa, joyas y videojuegos, una estrategia que no funcionó y dejó a Lego al borde del abismo.

En 2014, lanzaron su película *Lego*, que representó un punto de inflexión para la marca, conectando de nuevo tanto con sus antiguos clientes, los padres, como con los nuevos, los hijos. Esa película cambió la percepción que tenían los consumidores de Lego, pasando de ser un juego desfasado a uno que estimula la creatividad y la innovación. A partir de este punto, Lego regresó a lo simple, a lo básico, reduciendo tanto el número de piezas como la cantidad de colores, y empezó a focalizar en experiencias de marca vinculadas a la creatividad y a la innovación, apoyándose en los seguidores de la marca y mejorando la comunicación a través de nuevos canales como las redes sociales para transformarse en lo que es hoy: una herramienta fundamental para la educación tanto de niños como de adultos.

Mejorar el producto no siempre es suficiente, a veces es necesario que la evolución sea radical, disruptiva. Lo mismo ocurre con el servicio. Revisa tu producto, el envoltorio, la forma de entrega, cómo lo usa el cliente y trata averiguar cómo las nuevas tecnologías pueden ayudarte a conseguirlo.

INNOVACIÓN

Cuando llevas unos cuantos años en el mundo de los negocios, enseguida te das cuenta de que innovar es una de las formas más sostenibles de hacer negocios a largo plazo.

Hasta hace poco tiempo, considerábamos dos tipos principales de innovaciones: las incrementales y las radicales, pero en los últimos años, con la llegada de la tecnología, han aparecido las innovaciones disruptivas, que están rompiendo todos los esquemas establecidos.

El concepto de innovación disruptiva toma inspiración del concepto de innovación radical, con la diferencia de que las innovaciones disruptivas se basan en la utilización de tecnología.

INNOVACIÓN DISRUPTIVA

Para hablar de innovación, debemos partir de la base de que existen dos tipos de innovación basadas en tecnología:

- **Innovación de sostenimiento:** Mejora continua de productos o procesos a través de la tecnología.
- **Innovación disruptiva:** Creación de una propuesta de valor radicalmente distinta a través de la tecnología.

El profesor de Harvard, Clayton Christensen, uno de los más reconocidos maestros en estrategia empresarial, acuñó la expresión de "innovación disruptiva", en 1997, con la publicación del libro *El dilema del innovador. Cuando las nuevas tecnologías causan la caída de grandes empresas*. En esta obra, Christensen nos explica por qué el avance tecnológico puede llevar a las empresas tradicionales a sucumbir y lo hace a través de un exhaustivo estudio realizado en diferentes sectores empresariales que se centra en los fracasos que se producen, es decir, en el *failure framework*.

Christensen se pregunta cómo y por qué se llega al *failure framework* y concluye que este tiene su fundamento en tres premisas que explicamos a continuación.

En primer lugar, de acuerdo con su análisis, existen dos clases de innovaciones basadas en la tecnología: las "de sostenimiento" y las "disruptivas". Mientras que las primeras se presentan como una mejora continua a través de la tecnología de un producto o proceso, las segundas se basan en aquellas tecnologías que llevan al mercado una proposición de valor radicalmente distinta a aquellas que se hayan realizado hasta el momento. En palabras de Christensen, la innovación disruptiva trepa "de manera sigilosa por debajo de un negocio existente poco a poco hasta desplazarlo".

Dos son las clases de innovación disruptivas: las de bajo nivel y las de nuevo mercado. En las primeras, los productos que nacen de dichas tecnologías son productos que a corto plazo pueden resultar en cierta medida de peor calidad que los existentes en el mercado, pero que, en general, ofrecen otras características que algunos consumidores valoran: más baratos, más simples, más pequeños y más fáciles de usar.

DESIGN THINKING

La metodología de *design thinking* nos permite llevar a cabo un enfoque basado en soluciones para resolver problemas complejos o desconocidos aportando soluciones prácticas a través de prototipos y pruebas de producto. Para trabajar con este método de forma tradicional, podemos tomar como base el método propuesto por el estudio de diseño Hasso-Plattner, que consta de cinco fases principales:

- **Empatizar:** En esta primera etapa, debemos comprender el reto al que nos enfrentamos y hacerlo de forma empática. Debemos obtener la máxima información posible sobre el reto de crear y diseñar un nuevo producto y empatizar con el consumidor/usuario para poder conectar con sus experiencias y motivaciones, dejando de lado las suposiciones propias de las personas involucradas en el proyecto, que deben centrarse sobre todo en las necesidades que tiene el usuario, que puede que ni él mismo conozca.

  En esta etapa, los tres aspectos fundamentales son la recopilación de datos, el pensamiento de diseño y la involucración directa o indirecta del usuario.

  Podríamos resumir la primera fase como el proceso de conocimiento profundo del usuario o consumidor.

- **Definir:** En la segunda etapa, debemos analizar, sintetizar y comprender la información recopilada en la primera fase, sin dejar de lado la centricidad en el usuario/consumidor, por lo que el enunciado de la definición del reto al que nos enfrentamos debe estar centrado en el usuario y no en la empresa o en el mercado.

Veamos un ejemplo. En lugar de plantear el reto de la siguiente forma: "queremos crecer en el mercado del *fitness* de la tercera edad un 10 %", lo haremos de esta otra: "las personas de la tercera edad necesitan hacer ejercicio para tener una vida más saludable, equilibrada y vivir más tiempo". Esta fase tiene como objetivo recopilar ideas brillantes que nos permitan conocer las principales funciones, características, beneficios y experiencias vinculadas al producto final, al tiempo que nos permiten identificar soluciones para los principales retos y problemas del proyecto.

Para ello, será necesario plantear preguntas sobre retos y dar respuesta a las mismas, lo que nos permitirá tomar conciencia del desafío al que nos enfrentamos. Podríamos definir esta segunda fase como el proceso de identificación de las necesidades del consumidor/usuario y de los problemas a los que nos enfrentamos.

- **Idear:** Tras recopilar información clave, conocer en profundidad al usuario y sus necesidades y los principales retos a los que nos enfrentamos, estamos listos para concebir nuevas soluciones al desafío que queremos afrontar y que nos llevarán a solventar los principales problemas. Este proceso lo llevaremos a cabo en entornos creativos que permitan al equipo líneas de pensamiento *out of the box*. Para ello, podemos usar herramientas para soluciones creativas como Visual Thinking, SCAMPER, Brainstorm o Brainwrite, que nos permitirán obtener varias soluciones a un mismo problema sin perder nunca de vista nuestro objetivo: conseguir la mejor solución posible para el usuario. Se trata de buscar formas alternativas al problema e identificar soluciones innovadoras para cada uno de los retos que se hayan planteado en las fases anteriores.

  Podemos resumir esta tercera fase como el desafío de las asunciones preestablecidas y la búsqueda de soluciones creativas e innovadoras a los problemas planteados.

- **Prototipar:** En la cuarta fase, deberíamos estar listos para crear versiones económicas y reducidas del producto que respondan a las alternativas planteadas en la fase anterior y que cumplan con las características, beneficios y experiencias definidas. Una vez creados los prototipos, podemos repartirlos entre el propio equipo de desarrollo para que lo prueben tanto ellos como otros miembros de la organización y nos aporten su punto de vista como usuarios. Además, siempre que sea posible, vale la pena involucrar a usuarios reales que nos permitan tener una mejor perspectiva del comportamiento de cada una de las soluciones en entornos realistas. Es importante crear diferentes prototipos que den respuesta a distintos problemas con varias soluciones para poder probar y analizar cada una de forma individual de cara a identificar las mejores a cada problema.

Durante esta fase, debemos examinar los resultados de los usuarios para decidir si el prototipo es aceptado, rechazado o si debe ser reexaminado por los potenciales usuarios. Ten en cuenta que esta es una fase experimental en la que el objetivo fundamental es encontrar la mejor solución para cada problema.

Podemos resumir esta cuarta fase como la identificación y creación de soluciones a los principales problemas o retos.

- **Probar:** Estamos en la última fase del modelo y ha llegado el momento de probar el prototipo. Lo ideal es proponer varios modelos en base a las soluciones que hemos encontrado en la fase anterior con el objetivo de encontrar una versión final. En esta fase y dependiendo de las condiciones, a mí, en particular, me gusta hacer un lanzamiento local o regional de 1 o 2 versiones para hacer un test real de mercado que nos permita hacer una selección final del producto, obteniendo incluso mayores garantías de éxito.

  Podemos resumir esta quinta fase como la hora de probar los productos.

A la hora de trabajar con metodologías de *design thinking*, es muy importante comprender que, al igual que con las metodologías *agile*, estamos hablando de un modelo iteractivo que se lleva a cabo en diferentes fases, pero que no necesariamente se han de trabajar de forma lineal. Ten en cuenta que es posible que, en una determinada fase, trabaje más de un equipo al mismo tiempo o que se dé el caso de que aparezcan nuevas perspectivas que nos lleven a tener que regresar a alguna fase anterior.

LAS METODOLOGÍAS ÁGILES Y LA INNOVACIÓN

En pleno 2020, la metodología ágil nos puede llevar muy lejos y, dentro de las metodologías ágiles, existen muchas herramientas que no solo nos permiten ser más ágiles desde el punto de vista organizacional o desde la perspectiva de gestión de proyectos, sino que también son métodos muy eficaces en la gestión de la innovación.

Actualmente, contamos con varias metodologías ágiles, todas ellas muy eficaces, que nos permiten ganar velocidad de respuesta, integrar al consumidor en los procesos y desarrollar productos o servicios innovadores como Kanban, XP o Scrum.

En las formaciones a mis clientes, trabajo sobre todo con una variante del método Scrum. Reconozco que soy muy admirador de este método y, sin perder la esencia del mismo, digamos que, como todo buen aficionado a la cocina, le he añadido un poco de sal y pimienta para hacerlo un poco más "mío". Este método nos permite trabajar de forma flexible, adaptable y equilibrada a largo plazo.

Este tipo de metodologías de trabajo funcionan mucho mejor con los ciclos de vida de producto adaptativos que con los predictivos, ya que los primeros se caracterizan por estar en un entorno con alta incertidumbre, por tener un alcance cambiante y la posibilidad de introducir mejoras graduales en el producto o servicio.

La primera fase a la hora de trabajar con esta metodología es la creación del equipo "donut", en la que será muy importante seleccionar a los miembros del equipo adecuados y definir muy bien los roles de cada uno de ellos.

Un equipo "donut" básico estará formado por los siguientes miembros:

- ***Product owner***: El líder de producto y la persona que debe tener siempre la visión general del proyecto. Es la máxima responsable del producto y del liderazgo del proyecto, la que debe asegurar la transparencia absoluta y liderar la organización de las diferentes fases del proyecto.
- ***Scrum master***: Es la persona encargada de asegurar que la metodología Scrum se aplica correctamente y, por tanto, debe ser una gran conocedora del método. Su rol es el de actuar como *coach* tanto del *product owner* como del equipo de desarrollo y el de facilitador a la hora de usar la metodología y organizar reuniones de trabajo. Además, se encargará de asegurar que se trabaja de forma transparente y colaborativa.
- **Equipo multidisciplinar:** Un equipo diverso integrado por personas procedentes de diferentes departamentos, tanto internos como externos, y consumidores o usuarios del producto o servicio que queremos desarrollar. Este equipo puede estar integrado por diseñadores, creativos, desarrolladores, personal de I+D+I, marketing, ventas, etc. El equipo multidisciplinar será responsable de organizar el proyecto, definir y poner en marcha los *sprints* o fases del proyecto y del control de los tiempos. Este equipo debe contar con todos los conocimientos y competencias necesarias para poder llevar el producto al siguiente nivel, incrementando su valor para el usuario.

Para que el proyecto funcione, los equipos "donut" deben contar con cierto grado de independencia, trabajar de forma colaborativa y estar cualificados.

Esta metodología cuenta con diferentes herramientas para poder seguir el proceso de innovación ágil:

- ***Product backlog***: Listado de requisitos o tareas que se pretenden llevar a cabo durante el desarrollo del proyecto, priorizadas en función del valor que aportan. El *product backlog* se puede dividir en diferentes *sprints* o etapas iterativas. Las tareas o requisitos a realizar podemos representarlas en forma de historias de usuario.

- **Historias de usuario:** Para cada uno de los requisitos que se hayan especificado en el *product backlog*, podemos definir una historia de usuario. Las historias de usuario se dividen en cinco apartados o preguntas a las que debemos responder: como, quiero, para, condiciones y requisitos *on top*. Imaginemos que estamos desarrollando una web que ofrece servicios de formación para directivos. Un ejemplo de tarjeta de usuario podría ser: COMO usuario de la web de formación xxxxxx QUIERO encontrar información sobre formación para directivos, PARA formarme en metodologías sobre innovación ágil. CONDICIONES: El diseño debe cumplir los requisitos del manual de identidad corporativa. REQUISITOS *ON TOP*: Debe incluir un *call to action*.
- **Tarjetas de historias de usuario:** Las tarjetas de historias de usuario van a complementar de forma sencilla y ordenada la información de cada una de las historias de usuario y las podemos dividir en tres apartados.
  - **Nombre del objetivo:** Objetivo que nos marcamos con la tarjeta.
  - **VER:** V=Valor para el usuario/consumidor de 1 a 100. E=Esfuerzo estimado para desarrollar el requisito de 1 a 100. R=Riesgo estimado (sin riesgo, riesgo medio, riesgo alto).
  - **Grado de satisfacción:** Grado de satisfacción del usuario entre 1 y 3, siendo 3 el grado de satisfacción más alto.

Resumiendo, para cada requerimiento identificado en el *product backlog*, podemos crear una o más historias de usuario y, a partir de cada una de estas, una o más tarjetas de historias de usuario.

Los proyectos Scrum suelen emplearse en ciclos temporales cortos y de duración, en general, fija, en iteraciones que suelen durar entre dos y cuatro semanas, aunque estos tiempos se pueden ampliar. Cada iteración debe ser capaz de proporcionar una mejora en el producto final. A las fases iterativas las denominamos *sprints*.

Podemos definir *sprint* como el periodo de tiempo necesario para crear o incrementar un producto o servicio entregable, utilizable y finalizado. El trabajo con metodologías ágiles se basa en la utilización de varios *sprints* o fases de desarrollo de innovación incremental del producto. Al finalizar un *sprint*, automáticamente da inicio el siguiente.

Para trabajar con esta metodología, es importante asegurar que se cumplen tres premisas fundamentales:

1. **Transparencia:** Las fases del proyecto deben ser visibles para los miembros del equipo donut, se debe usar un lenguaje común y la definición de producto finalizado debe ser aceptada por todos los miembros del equipo para asegurar un criterio único.

2. **Inspección:** Se deben inspeccionar de manera periódica las herramientas utilizadas en el proceso y hacer un seguimiento de los objetivos fijados para cada sprint. Para llevar a cabo estas inspecciones periódicas podemos nombrar inspectores, que como es lógico deberán estar cualificados.
3. **Adaptación:** Al llevar a cabo las inspecciones, es posible detectar desviaciones en el proceso o en el objetivo que superen los límites aceptables por lo que será necesario hacer ajustes en el desarrollo de producto o en el proceso.

Para tener controlado el tiempo del proceso, podemos trabajar con diagramas Burndown, que nos permitirán conocer el tiempo que falta para completar cada *sprint*. Esta matriz cuenta con dos ejes: en el de la X, debemos situar la estimación de tiempo en días para terminar el *sprint* y, en el de la Y, la cantidad de trabajo en la unidad que acuerde el equipo de trabajo.

Para poner en marcha proyectos de innovación ágil en empresas sin experiencia previa, a mí particularmente me gusta complementar este método con la metodología Inception Deck, un sistema que consta de 10 dinámicas que aseguran que todo el equipo tiene la misma concepción del proyecto, asegurando que el método se implementa de manera correcta y sin confusiones.

Independientemente de que el método de por sí es eficaz y muy ágil, una de las grandes ventajas de este tipo de metodologías es que, al acabar un *sprint*, damos paso al siguiente, es decir, que, mientras un equipo está lanzando el producto al mercado, un segundo equipo puede estar trabajando en la siguiente etapa evolutiva del producto que se está lanzando, de modo que, en un breve periodo de tiempo, el producto actual será reemplazado por una versión más avanzada y moderna, lo que asegura que la organización innova de forma constante e iterativa.

Tal y como comentaba al principio de este apartado, existen otros métodos, pero a mí me gusta más utilizar esta adaptación del método Scrum, creada originalmente por Jeff Sutherland y Ken Swchaber, como metodología para la innovación ágil en las organizaciones, ya que, si lo comparamos con el método creado por Taiichi Ohno, conocido como Kanban, hay algunas diferencias que vale la pena conocer.

- En Scrum, trabajamos con roles concretos de forma obligatoria, algo que en Kanban es de libre elección.
- Scrum permite trabajar solo con equipos mutidisciplinares, mientras que con Kanban podemos trabajar también con equipos especializados.
- El método Kamban no contempla iteraciones, es decir, no trabaja con *sprints*.
- Con el método Scrum limpiamos el tablero o *product backlog* con cada nuevo *sprint*, partiendo casi de cero, mientras que Kanban lo mantiene.

- Con Scrum definimos reuniones de trabajo colaborativo; Kanban no las contempla.
- Scrum prioriza el producto y Kanban es flexible en este apartado.
- Kanban permite que varios equipos compartan el tablero de trabajo, mientras que Scrum contempla un único equipo.

Según estas diferencias, podemos concluir que Kanban es un método idóneo para el mantenimiento, mientras que Scrum es ideal para desarrollo y, por tanto, un excelente método de innovación; además, Scrum asegura el crecimiento del equipo a nivel colaborativo.

Quiero dejar claro que no estoy haciendo una crítica a Kanban, se trata de mostrar que son métodos distintos que se deben usar para conseguir objetivos diferentes.

Este tipo de metodologías se pueden implementar con buenos resultados en empresas que no cuenten con organizaciones liquidas o ágiles para llevar a cabo procesos de innovación ágiles dentro de las organizaciones.

Hemos visto que está cambiando en el modelo operativo y en el go to market. Partiendo de estos dos puntos podemos crear una matriz de transformación digital que nos ayude a situar a nuestra organización en el momento actual a partir de dos parámetros: Eficiencia Operacional y Experiencia del Cliente.

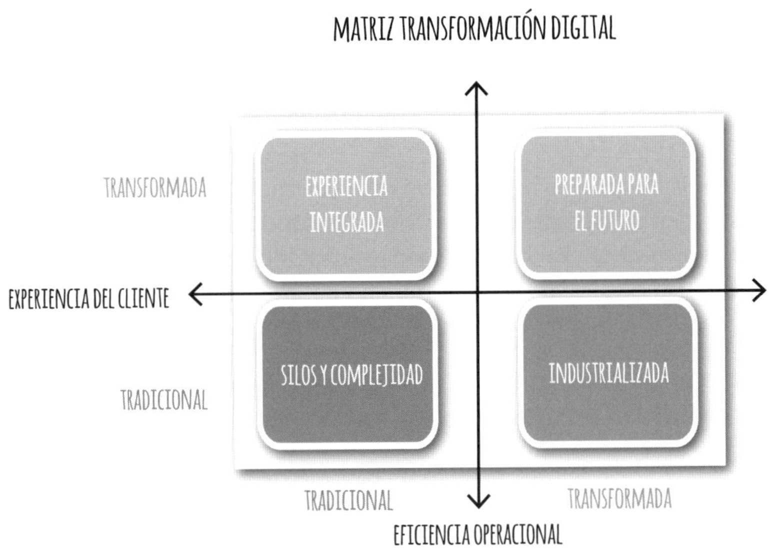

MATRIZ DE M. BROADWELL

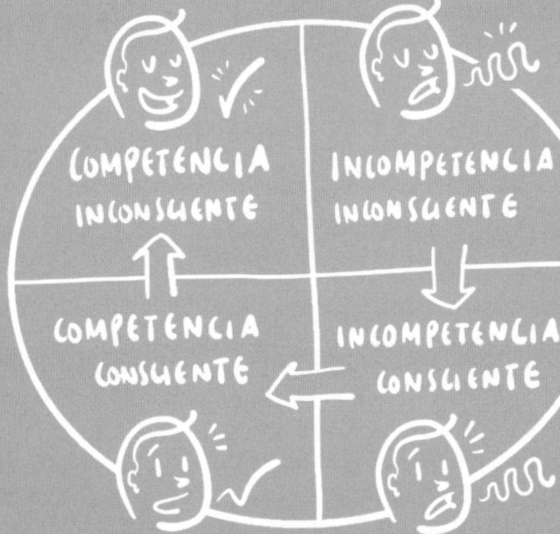

11 LOS DATOS, EL VÍNCULO ENTRE LOS CONSUMIDORES Y LA ORGANIZACIÓN

En el tramo medio del modelo para la transformación digital, representado por la pirámide, hemos situado, justo bajo la estrategia, tres pilares principales: modelo operativo, datos y "*Go to market*", un modelo en el que los datos representan el principal vínculo entre las personas que forman parte de nuestra organización y las personas que nos compran o nos pueden llegar a comprar.

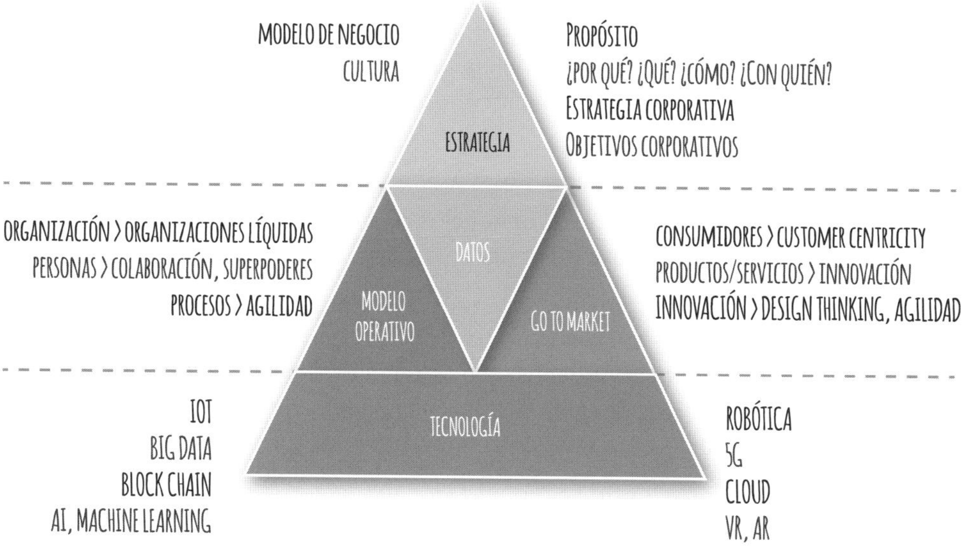

La gestión inteligente de los datos a través de la adopción de análisis avanzados soportados por tecnologías como la inteligencia artificial son fundamentales para comprender quién es nuestro cliente, qué espera de nosotros, cómo podemos satisfacerlo, cómo anticipar sus necesidades y cuál es el mejor momento para hacerlo. Para ello, es fundamental tener confianza absoluta en los datos y capacidad para comprenderlos e interpretarlos.

La procedencia y calidad de los datos y los sistemas y personas que los analizan e interpretan son, por tanto, los factores clave de éxito en el trabajo con datos, pero lo más relevante son los resultados. Un reciente estudio de McKinsey Global Institute concluye que las empresas *data driven* cuentan con un potencial veintitrés veces mayor a la hora de adquirir nuevos clientes y tienen seis veces más posibilidades de retenerlos. A pesar de los cientos de estudios que nos transmiten los beneficios que nos pueden aportar las buenas decisiones basadas en datos, nos encontramos con muchas organizaciones que aún están muy alejadas de este modelo.

En 1969, Martin M. Broadwell, en su trabajo *4 estadios para la formación*, diseñó un modelo de aprendizaje en el que las personas se podían clasificar en cuatro estadios. Considero que se trata de un concepto que podemos aplicar de forma muy sencilla en los modelos de transformación digital. En este caso, a modo de ejemplo, vamos a aplicarlo para el concepto del grado de implementación de las decisiones basadas en datos de una organización.

1. **Incompetencia inconsciente:** La organización no comprende el valor que le puede aportar la toma de decisiones basada en datos, no es consciente de su potencial ni del déficit que le genera. Es posible incluso que las personas al frente de la organización no crean en la utilidad del propio concepto. El primer paso para estas organizaciones es reconocer el valor de la toma de decisiones basadas en datos.
2. **Incompetencia consciente:** En este caso, estamos ante organizaciones que conocen parcial o totalmente los beneficios de las decisiones basadas en datos, pero aún no han dado el paso de poner en marcha la implementación del modelo.
3. **Competencia consciente:** La organización ha iniciado el proceso de implementación del modelo, pero aún no ha sido interiorizado en su totalidad por la organización. Puede haber una resistencia parcial causada por la propia cultura de la organización o puede deberse a que las personas que lo ponen en marcha necesitan más tiempo para interiorizar y dominar los procesos.
4. **Competencia inconsciente:** La organización explota el modelo con éxito, todos los miembros de la organización son conscientes de la relevancia de las decisiones basadas en datos y abrazan el nuevo modelo como parte imprescindible de la cultura organizativa, de forma inconsciente y automatizada.

MATRIZ MARTIN M. BROADWELL

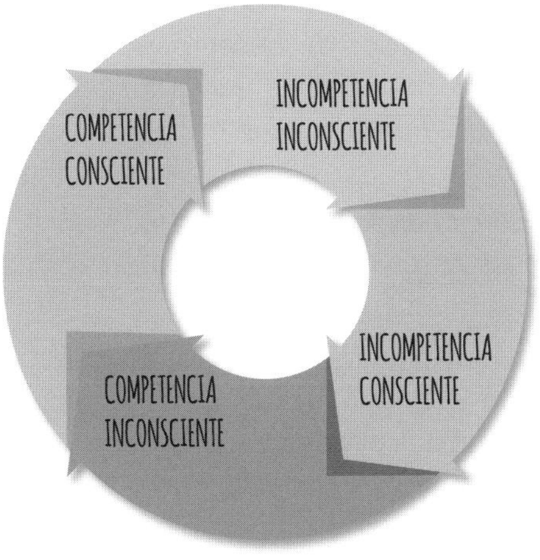

Si nos basamos en este modelo, el primer paso que debes dar para transformar tu organización en una compañía *data driven* es identificar en qué estadio se encuentra la organización, para poder definir una estrategia acorde a tus necesidades. En segunda instancia, deberás identificar qué tecnologías y qué superpoderes necesita tu equipo para afrontar este nuevo reto transformacional.

A partir de este último punto, puedes comenzar a:

- Recopilar y compartir las mejores *best practices* del sector y de tu propia organización, con ejemplos reales y cercanos que te permitan mostrar los beneficios económicos resultantes de la toma de decisiones basada en datos.
- Incorporar e integrar sistemas de trabajo basados en datos como *Big Data*, *machine learning* o *data science*.
- Tratar la información como un activo real de alto valor para la organización, transformando la cultura organizativa en una fuerza que toma siempre sus decisiones en base a datos.
- Comunicar de forma interna y externa a los principales *stakeholders* por qué sois una empresa *data driven* y qué beneficios representa.

Los datos son el vínculo clave entre consumidor y organización, la llave de la comunicación del siglo XXI y están solo en una fase preliminar. En un futuro próximo, nos permitirán hacer predicciones más sólidas para poder tomar decisiones empresariales más eficaces y seguras.

Google ha creado un departamento de análisis de gestión de equipo que permite a la organización tomar decisiones basadas en datos que les posibilita, por ejemplo, evaluar si sus directivos marcan la diferencia en la dirección de equipos. A través de evaluaciones 360 grados, evaluación del desempeño y encuestas con los empleados, han podido comprobar que los equipos que trabajan junto a los mejores líderes obtienen mejores resultados y permanecen trabajando en Google más tiempo.

Los empleados de Google pueden nominar a sus líderes para el premio "Great Managers Award", proporcionando ejemplos de excelencia en su gestión, una información que se suma a las entrevistas con los ganadores para recoger las mejores prácticas de sus mejores líderes.

A partir de esta información, Google ha creado los 8 comportamientos para la excelencia en el liderazgo y ha identificado las tres principales razones por las que los directivos podrían tener dificultades en la gestión de equipos. Algunas de las conclusiones del estudio son muy evidentes, como visión, capacidad estratégica o habilidades de comunicación, pero quizá para algunos otras no lo sean tanto, como preocuparse por aspectos personales del equipo, por su carrera o actuar más como *coach* que como *manager*. Las conclusiones del estudio pueden gustarnos más o menos y quizá algunos no estén de acuerdo. Conozco a muchas personas que creen que el *coaching* es una estupidez, pero la realidad es que son conclusiones basadas en datos. Es lo que sienten los empleados y, como pasa con los clientes, te aseguro que vale la pena escucharlos. Si haces un estudio de este tipo y lo dejas olvidado en el disco duro de tu ordenador, estás tomando decisiones basadas en *intuition management*, no en *data driven*.

Amazon basa las recomendaciones a sus clientes en lo que han comprado anteriormente tras descubrir que las recomendaciones de producto impulsaban las ventas. Netflix te recomienda aquellas películas o series que se ajustan más a tus gustos; Facebook o Twitter lo hacen con los contenidos. ¡Y les funciona!

Southwest Airlines está utilizando datos de clientes para determinar qué nuevos servicios serán los más populares entre los clientes y conocer la tasa de rentabilidad de los mismos, mejorando la experiencia de los clientes a través de datos.

Mediante el análisis de los datos, podemos mejorar la comunicación con los clientes, pero también podemos hacer predicciones. Del mismo modo que pasaba en *Minority Report*, la policía de Nueva York y la de Londres están experimentando con la predicción del crimen a través de los datos.

La policía de Nueva York a través de 78 variables y 4,2 Tb de información es capaz de predecir con antelación dónde se producirá el próximo crimen con una efectividad media del 72 %. El nivel de acierto para potenciales asesinatos llega hasta el 83 %.

Con un poco más de tiempo, seremos capaces de saber qué comprará un cliente mucho antes de que este se lo haya planteado. ¡Bienvenidos al futuro!

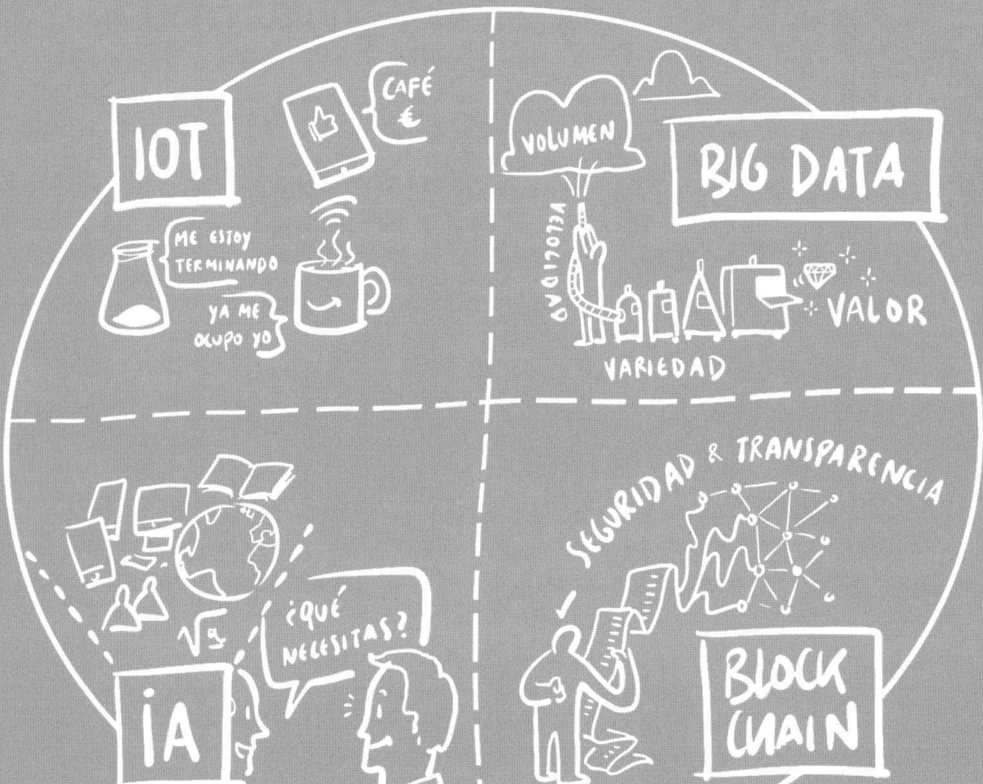
IOT
CAFÉ
€
ME ESTOY TERMINANDO
YA ME OCUPO YO
BIG DATA
VOLUMEN
VELOCIDAD
VARIEDAD
VALOR
IA
¿QUÉ NECESITAS?
SEGURIDAD & TRANSPARENCIA
BLOCK CHAIN

12 TECNOLOGÍA

La tecnología es un facilitador imprescindible a día de hoy, tanto para los procesos como para las personas, favoreciendo tanto la mejora de los primeros como la forma de trabajar y las relaciones que se producen entre los segundos.

El nivel de disrupción de una empresa es hasta cierto punto directamente proporcional a su capacidad para integrar nuevas tecnologías. No es el único factor clave de éxito, pero, en la medida en que una empresa sea capaz de comprender, integrar y sacar partido a tecnologías como IoT, *Big Data*, AI, *machine learning* o *blockchain*, también será capaz de comportarse como un disruptor; de hecho, es muy improbable que una empresa que no tenga ADN disruptor explote todo el potencial de las nuevas tecnologías.

Veamos algunas de las tecnologías clave en los negocios del siglo XXI.

IOT

Imagina una gran red de dispositivos conectados a Internet, en cualquier lugar, en cualquier contexto, es lo que se denomina "Internet de las cosas". Podemos conectar casi cualquier cosa que disponga de un sensor, como las máquinas de una planta de producción entre ellas y con las personas, vehículos con semáforos, señales de tráfico y otras personas, personas con animales, teléfonos inteligentes con electrodomésticos, vehículos, dispositivos de oficina, y tantas y tantas cosas que el límite está en la imaginación del ser humano, bueno, y ahora también en el de las máquinas.

IoT permite que los elementos se detecten o controlen de forma remota y cruzada sobre la infraestructura del sistema existente, abriendo las puertas para una combinación más sencilla del mundo físico en marcos basados en PC, brindando mayor competencia, precisión y ventaja financiera a pesar de la menor intervención humana.

Se estima que para fines de 2020 habrá más de 26.000 millones o más de dispositivos conectados; de todos esos objetos y personas conectadas, se van a extraer muchos datos, algo que enriquecerá las bases de datos y llevará al *Big Data* al siguiente nivel.

BIG DATA

La agradable voz de Rosalía con su inconfundible "malamente" suena en mi iPhone como cada mañana, son las 7:30, me levanto, me doy una ducha y consulto las últimas noticias del día desde mi *smartphone*, reviso la agenda, miro la predicción del tiempo y le doy un vistazo a mis redes sociales mientras mi avispado teléfono inteligente me dice lo que tardaré en llegar a la oficina, No necesito usar GPS, conozco el camino perfectamente, pero me viene bien para tratar de evitar las zonas de tráfico más denso.

Al llegar a la oficina, conecto el ordenador y enseguida aparecen algunas notificaciones de Yammer y de nuevos mensajes en el correo. Participo en algunas reuniones a través de Skype y dedico un par de horas a trabajar en un proyecto internacional que tenemos colgado en Microsoft Share Point. Necesito hacer una reserva en un restaurante para una reunión y le pregunto a Siri por restaurantes orientales cercanos; tan amable como siempre, me hace algunas propuestas interesantes. Hago una revisión en TripAdvisor y en El Tenedor y hago la reserva desde la plataforma. Salgo a comer, publico un par de contenidos en LinkedIn y Twitter y aprovecho para contestar algunos mensajes de WhatsApp.

Al terminar la jornada laboral, miro cuánto he caminado durante el día, son más de 10.000 pasos, ¡vamos bien! Llego a casa y le pido a Alexa que me haga la compra, escribo un rato y después de cenar me relajo viendo una película de Tarantino en Netflix, no sin antes preguntarme cuántos datos he facilitado durante un único día, a dónde van y qué pasará con todos esos datos. Es la era del *Big Data*, estamos en pleno siglo XXI.

Datos, datos y más datos, enormes cantidades de datos, pero lo realmente importante del *Big Data* no es la cantidad de los mismos, sino lo que hacemos con ellos.

Cuando hacemos referencia al *Big Data*, estamos hablando de una enorme cantidad de datos, estructurados o no, que, medidos en bytes de información, podemos representar como un uno seguido de muchos ceros, por ejemplo:

1 Petabyte = 1,000,000,000,000,000 de bytes.

1 Exabyte = 1,000,000,000,000,000,000 de bytes.

Todos estos datos proceden de nuestros dispositivos móviles, ordenadores, GPS, Smart TV, fábricas, hospitales, estaciones meteorológicas, tráfico, sistemas de reconocimiento facial, aeropuertos, aviones, vehículos, datos que proceden tanto de nosotros como del entorno que nos rodea.

La clave con el *Big Data* se basa en la creación de algoritmos que puedan recibir datos de entrada y utilizar el análisis estadístico para predecir el valor de salida en un rango mínimamente aceptable. Cuando trabajamos con *machine learning*, podemos clasificar estos algoritmos en dos tipos: supervisados y no supervisados.

Los algoritmos supervisados requieren de la intervención humana para que les proporcionemos información sobre la entrada y salida de datos deseada, un proceso en el que se produce una retroalimentación fundamental para el aprendizaje y entrenamiento de la propia máquina. Una vez completado el entrenamiento, la máquina aplicará lo aprendido en los futuros análisis. Cuando trabajamos con algoritmos no supervisados, el proceso es mucho más complejo al trabajar con un enfoque iterativo denominado aprendizaje profundo, que permite revisar los datos y llegar a conclusiones sobre los mismos.

El *Big Data* es un medio para un fin. Los datos por sí solos son eso, únicamente datos, y es el análisis de los mismos el que nos deja llegar a conclusiones que nos van a permitir resolver problemas complejos, anticipar soluciones y hacer predicciones.

El trabajo con *Big Data* se basa en cuatro pilares fundamentales:

- **Volumen:** De un petabyte o más.
- **Velocidad:** Debemos ser capaces de recopilar datos de forma muy rápida.
- **Variedad:** Es muy importante que los datos se presenten en diversos formatos y que no sean relacionales.
- **Valor:** Debe representar una ventaja competitiva para la organización.

A través de la utilización del *Big Data*, la cadena de supermercados Walmart ha aumentado la conversión de sus visitas a la página web en más de un 10 %. La interpretación de los datos procedentes de los consumidores, el análisis semántico de los textos introducidos en el buscador de su plataforma de *e-commerce* y la centricidad en el consumidor les han permitido anticipar algunas de las necesidades de sus clientes.

Mia cuelga una foto en Instagram con el siguiente comentario: "*I love Star Wars, the rise of Skywalker*". En unos pocos segundos, el *post* llega a los sistemas de Walmart, en donde se procesa y analiza la información. Tan solo unos minutos más tarde, le envían a sus amigas la siguiente información: "Buenas tardes. Nos solicitaste que te avisáramos de la fecha de cumpleaños de Mia y ha llegado el día. Mia acaba de postear que le encanta la nueva película *Star Wars*. ¿Quieres hacerle un regalo relacionado con *Star Wars*? Tenemos algunas sugerencias para ti...".

Mia será feliz, sus amigas serán felices, el equipo de marketing de Walmart será feliz y sus accionistas también.

Este es solo un pequeño ejemplo de cómo podemos sacar partido al *Big Data*.

BLOCKCHAIN

Harvard Business Review define el concepto de *blockchain* como "un libro de contabilidad abierto que puede registrar transacciones entre dos partes de manera eficiente, verificable y permanente".

A partir de esa definición, podemos afirmar que la tecnología *blockchain* cuenta con dos beneficios fundamentales: seguridad y transparencia.

Se trata de una tecnología basada en los principios de la economía criptográfica, por lo que ha sido la plataforma de referencia para las principales criptomonedas, como Bitcoin, Ethereum, Monero, Dash o Ripple, pero las aplicaciones y beneficios de esta tecnología van mucho más allá del mundo de las criptomonedas y su aplicación ya está siendo clave para todos los departamentos de una organización.

Estas cadenas de bloques se caracterizan por ser muy seguras y presentar alta tolerancia a errores, por lo que aseguran que las transacciones *online* se puedan hacer de forma eficaz y sobre todo confiable.

Su aplicación en el sector bancario es conocida y muy evidente: cuando mi amiga Laura hace una transacción de 1.000 euros a Pedro, lo hace a través de su banco, que, a su vez, contacta con el banco de Pedro para realizar la anotación financiera, un proceso en el que ambos bancos no transfieren billetes o monedas reales, sino que únicamente hacen una anotación en los balances de sus cuentas. La tecnología *blockchain* permite hacer este tipo de transacciones de forma transparente y segura eliminando los intermediarios, en este caso los bancos, brindando al usuario un control absoluto del proceso, lo que, por otro lado, es también una oportunidad para situar al consumidor en el centro. Decimos que este tipo de transacciones son seguras debido a que Laura y Pedro tendrán que comunicar al resto de usuarios que están haciendo esa transacción, pero sin que estos accedan a ningún tipo de información sobre Laura y Pedro, es decir, conocerán los detalles de la transacción, pero no obtendrán información sobre quién la ha llevado a cabo.

A partir de aquí, el resto de usuarios comprobarán que Laura cuenta con el dinero para hacer la transacción y la anotarán pasando a formar parte de un bloque de transacción.

Además de Laura, otros usuarios irán haciendo transacciones siguiendo la misma mecánica hasta llenar el bloque, que se validará y cerrará para dar paso a uno nuevo.

El proceso de sellado de bloques es complejo, pero transparente y seguro, ya que para sellarlo es necesario resolver los problemas criptográficos derivados del mismo y comunicarlo para que sea validado en la comunidad. A estas comunidades integradas por "mineros" de *blockchain* se las conoce como *pools*. Finalmente, es importante destacar que un bloque no puede ser modificado sin que se alerten los demás, ya que están todos enlazados entre sí.

Además de abaratar los costes de las transferencias bancarias, el *blockchain* cuenta con un abanico de aplicaciones casi ilimitado y podrá ser usado, entre otros, para:

- Sistemas de votación.
- Contratos inteligentes.
- Gestión de identidades digitales.
- Servicios de notaría.
- Almacenamiento en la nube.
- Gestión de la propiedad intelectual.

IBM y Maersk, a través de una *joint venture*, han digitalizado la cadena de suministro a través de la tecnología *blockchain*. La empresa Maersk es líder mundial en transporte con contenedores y se enfrenta diariamente a la complejidad de los miles de documentos vinculados a su carga, contratos, certificados sanitarios, pólizas de seguros, letras de crédito, listados de producto, certificados de procedencia, etc., lo que representa para ellos un coste de gestión de hasta el 20 %, unos gastos que se han visto reducidos drásticamente desde la adopción de la tecnología *blockchain* en el proceso.

El nuevo panorama digital nos presenta un entorno en el que la tecnología es cada vez mejor, más accesible y más barata, lo que se traduce en numerosas oportunidades para los *digital champions*.

ByEvolution Creative Factory es una compañía especializada en la aplicación de tecnologías disruptivas que, bajo el slogan "*blockchainspired*", desarrolla sus propias soluciones *blockchain*, orientadas a dar respuesta a las necesidades de la economía e industria 4.0, con el objeto de que sean un estándar de referencia global.

Con el objetivo de poner en marcha una plataforma de negocio global, de pago por uso, soportada por una red distribuida de miles de nodos, ByEvolution Creative Factory ha desarrollado NDL (*Neural Distributed Ledger*), una tecnología *blockchain* propia, orientada a la gestión masiva de transacciones y *smart contracts*.

NDL (*NEURAL DISTRIBUTED LEDGER*)

Es una forma diferente de concebir la tecnología de cadenas de bloques y registros distribuidos, que permite la creación de una red *blockchain* colaborativa y multidimensional estructurada internamente de forma análoga a los grupos de neuronas de un cerebro. Así, el libro de registros de NDL (*ledger* o cadena de bloques) se compone de la suma de todos los "recuerdos" almacenados en los clústeres de neuronas.

Entre sus principales características, aquellos aspectos que diferencian NDL del resto de tecnologías *blockchain* son su baja latencia, bajo consumo energético, su capacidad de gestión masiva de transacciones (por encima de las 10.000 tx/s), su adecuación a las leyes de protección de datos y sus *smart contracts*, definidos enteramente para la empresa.

Es una tecnología diseñada específicamente para cubrir los requerimientos y necesidades de la industria 4.0, los entornos empresariales reales y los mercados de consumo de datos masivos (B2B, B2C, M2M), en materia de seguridad y fehaciencia de las transacciones y los datos que circulan por la red.

NDL conforma pues una red de infraestructura privada que aloja información mixta (pública y privada) en sus nodos distribuidos. El primer servicio sobre dicha red que ByEvolution Creative Factory ha lanzado al mercado es NDL Dockeeper.

NDL Dockeeper

El almacenamiento de documentos físicos en una cadena de bloques no ha sido viable hasta este momento, el coste de replicación y almacenamiento de dichos archivos en todos los nodos de la red no lo hacía factible por su coste y latencias.

Hasta ahora, el único método, y más eficiente, era el almacenamiento del *hash* (resumen criptográfico del archivo) en la red, conservando el documento completo en otro lugar, habitualmente en sistemas *cloud* o servidores centralizados, siendo estos vulnerables a cualquier ataque por parte de terceros (*ransomware*, *phishing*, etc.).

¿Qué pasaría si fuéramos capaces de almacenar documentos completos sobre la propia *blockchain*? ByEvolution Creative Factory, a través de su plataforma NDL Dockeeper, resuelve este problema y abre un mundo de soluciones seguras basadas en la custodia, almacenamiento, certificación y registro de entrada y salida de documentos físicos en *blockchain*.

NDL Dockeeper se compone de cuatro módulos funcionales que aportan diferencias significativas a la seguridad y valor de los sistemas tradicionales.

El usuario de la aplicación NDL Dockeeper puede, además de los certificados propios de *blockchain*, encriptar con su certificado particular cada uno de los documentos enviados a la plataforma, desde archivos de texto hasta imágenes o vídeos.

Módulo de certificación de documentos

Terceros de confianza certifican cada archivo físico que se sube a *blockchain* para aportar una capa más de valor al sistema y a los archivos almacenados.

No todos los firmantes y certificadores de una transacción en la red tienen el mismo valor. Hasta ahora, el certificado de un documento en *blockchain* venía dado por nodos anónimos sin valor intrínseco para el mismo, mientras que los certificadores de NDL Dockeeper son compañías y estamentos oficiales que contribuyen con su experiencia al sistema.

Módulo de email certificado

El envío de emails certificados con sus respectivos archivos adjuntos alojados en *blockchain* proporciona un nivel de seguridad a prueba de ataques y lecturas maliciosas. Los documentos enviados por NDL Dockeeper están alojados en cientos de nodos de forma fragmentada, lo que los hace inaccesibles a los *hackers*.

Módulo de trasferencia de valor

Blockchain es valor. El registro de la titularidad o el cambio de estado de un archivo o documento, como, por ejemplo, los derechos de autor de una canción, en NDL Dockeeper resulta tan sencillo como enviar un enlace de traspaso y descarga de un usuario registrado a otro en la plataforma, previa aceptación económica de las condiciones del vendedor por parte del adquiriente.

Módulo de almacenamiento seguro de contraseñas

Como su propio nombre indica, es un apartado de almacenamiento certificado y seguro de las contraseñas de acceso de un usuario.

Este módulo está pensado desde el punto de vista de la custodia de las claves de acceso a un *wallet* (monedero criptomoneda) o, en su defecto, a las contraseñas bancarias de un usuario registrado de NDL Dockeeper.

AI

Podemos clasificar la Inteligencia Artificial (*Artificial Intelligence*) en tres apartados: Inteligencia Artificial (AI), *machine learning* (ML) y *deep learning* (DL).

- **AI:** Cuando una máquina completa tareas basadas en un conjunto de reglas preestablecidas que resuelven problemas a través de algoritmos y de un comportamiento inteligente, estamos hablando de inteligencia artificial. En el fondo, se trata de un comportamiento inteligente por parte de la máquina similar al del ser humano.
- **ML:** Con el *machine learning*, la máquina va un paso más allá, ya que, además de tener un comportamiento inteligente, es capaz de aprender. En el fondo, continuamos hablando de inteligencia artificial, pero, en este caso, a un nivel más avanzado. El trabajo con ML requiere, por tanto, un entrenamiento específico con la máquina a la que se alimenta con gran cantidad de datos, que le permiten aprender a la vez que procesa la información.
- **DL:** Una vez más, se trata de una evolución de la anteriores que acerca a la máquina aún más al comportamiento del cerebro humano, permitiéndole identificar patrones, analizar y clasificar diversos tipos de información. En esencia, con DL necesitaremos máquinas más potentes y más cantidad de datos, pero obtendremos a cambio mayor capacidad de aprendizaje y, como consecuencia de ello, una mejor respuesta.

La inteligencia artificial ya nos está permitiendo trabajar con *chatbots*, asistentes virtuales, generación de lenguaje natural, reconocimiento de voz, automatización de procesos y de procesos robóticos, analítica y mucho más. Sus aplicaciones son prácticamente ilimitadas y ya están cambiando la forma en que nos relacionamos con los consumidores, los procesos y la toma de decisiones.

IBM ha puesto al alcance de las organizaciones una tecnología de inteligencia artificial llamada Watson, más conocida por Dr. Watson, capaz de leer el lenguaje natural, responder a preguntas complejas, razonar y aprender junto a los profesionales que operan junto a él. Todos conocemos a Siri, Alexa o Google Assistant y no nos dejamos de sorprender con su capacidad de aprendizaje, esto es solo el principio. Los ordenadores cuánticos, que funcionan con código binario, es decir, con unos y ceros, funcionan con un sistema que les permite que un 1 pueda ser 1 y 0 a la vez y viceversa, lo que multiplica exponencialmente su capacidad de cálculo.

La combinación de IoT, *Big Data* y AI va a revolucionar el mundo tal y como lo conocemos, ya que, de forma individual, son extraordinarias, pero combinadas tan solo verán su límite en el infinito.

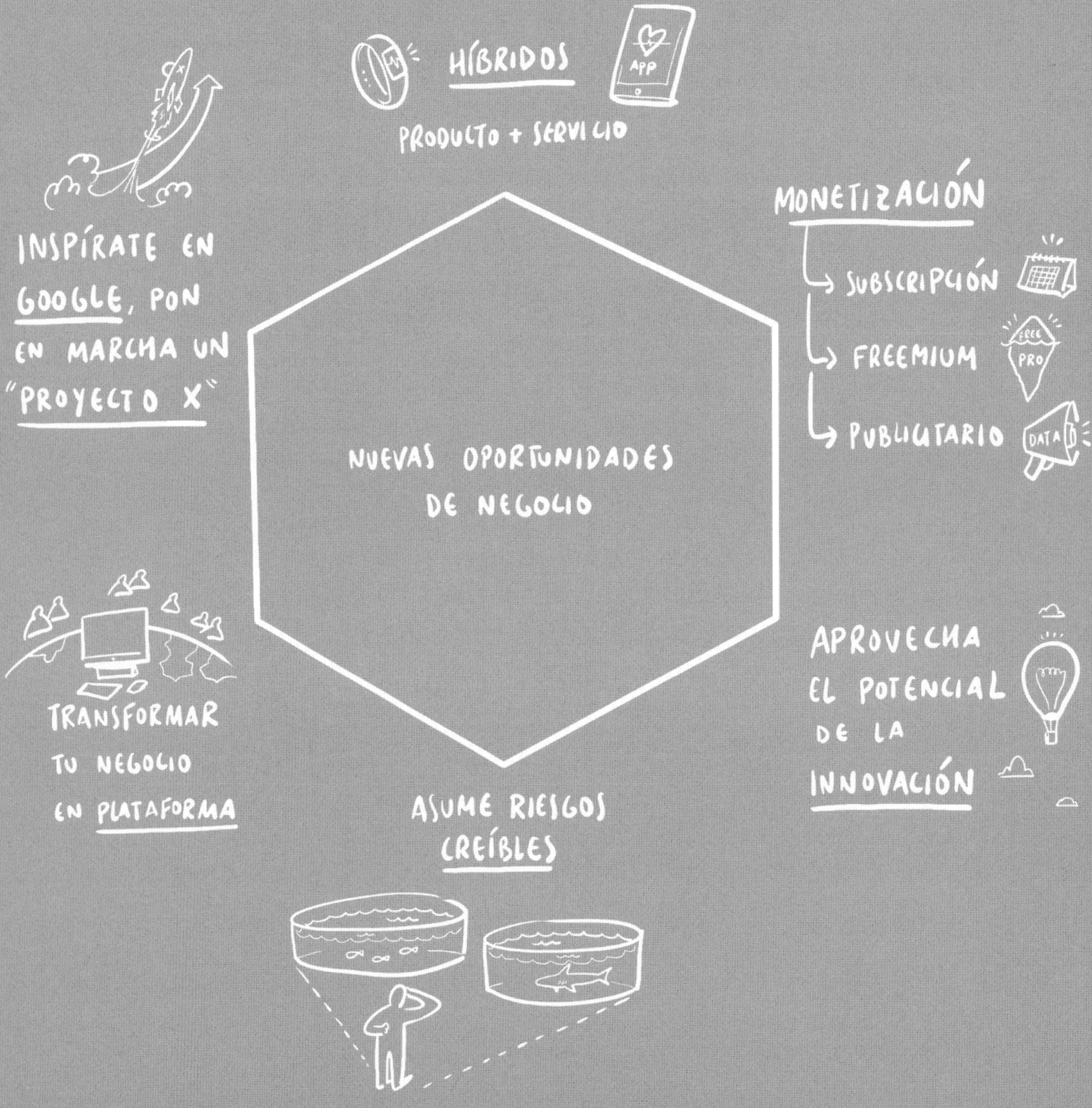
HÍBRIDOS
APP
PRODUCTO + SERVICIO
INSPÍRATE EN GOOGLE, PON EN MARCHA UN "PROYECTO X"
MONETIZACIÓN
SUBSCRIPCIÓN
FREEMIUM
FREE
PRO
PUBLICITARIO
DATA
NUEVAS OPORTUNIDADES DE NEGOCIO
TRANSFORMAR TU NEGOCIO EN PLATAFORMA
APROVECHA EL POTENCIAL DE LA INNOVACIÓN
ASUME RIESGOS CREÍBLES

13 NUEVAS OPORTUNIDADES DE NEGOCIO

El incremento de la velocidad en el cambio y la facilidad de acceso a la tecnología están exigiendo a las organizaciones mayor agilidad, más centricidad en las personas, tanto colaboradores como clientes, mejores innovaciones y, en general, un incremento de la calidad en todos los puntos de la cadena de valor, pero lo más interesante para una organización es que este nuevo enfoque estratégico nos permitirá identificar y explotar nuevas oportunidades de negocio.

MODELOS DE NEGOCIO HÍBRIDOS

Una buena revisión de la cartera de productos y su relación con las nuevas tecnologías debería permitirnos identificar potenciales productos híbridos producto-servicio a través de productos conectados e inteligentes que impulsen los servicios digitales. Ten en cuenta que hay mucho más potencial de futuro en los servicios que en los productos, por lo que, cuanto más se acerque tu concepto de producto a un servicio, mayor sostenibilidad tendrá.

La democratización de la tecnología ha hecho que el consumidor esté cada vez más informado y sea cada vez más poderoso, pero, por otro lado, las empresas nunca lo hemos tenido más fácil, ya que ahora es mucho más sencillo exprimir las oportunidades de mejorar el servicio a través de la relación producto-servicio-usuario-comprador.

REVISA TU ESTRATEGIA DE MONETIZACIÓN

Vale la pena hacer una segmentación de las funciones comerciales de la organización para identificar nuevas oportunidades de monetización y es interesante revisar la forma en que monetizamos en la actualidad.

Para tomar inspiración, puedes tomar como referencia los principales modelos usados para obtener beneficios en las grandes corporaciones digitales:

- **Modelo de suscripción:** Los usuarios disfrutan del servicio o producto-servicio mediante el pago de una cuota periódica. Es un modelo muy ventajoso para el consumidor, ya que puede disfrutar tanto del mantenimiento del producto como de actualizaciones constantes; en muchos casos, el usuario no se podría permitir comprar el producto y, por tanto, este modelo le es más conveniente. Para la empresa es ventajoso, ya que permite llegar a un volumen de consumidores más amplio y no es necesario estar pendiente de los ciclos de vida del producto.
- **Modelo *Freemium*:** Un modelo que ofrece varias alternativas de uso, desde la utilización libre al uso *premium*. A través de este modelo, los usuarios pueden hacer uso del producto-servicio de forma gratuita, pero con ciertas limitaciones, como pueden ser las funcionalidades o un acceso limitado. Para poder disfrutar el producto al completo, el consumidor dispone de diferentes alternativas en forma de cuotas mensuales que van incrementando la tarifa. Para disfrutar del producto-servido completo, el cliente deberá pagar la cuota más alta. Es un modelo que se adapta a las necesidades concretas de cada usuario y le aporta gran flexibilidad; por otro lado, otorga a la empresa la posibilidad de dar a conocer su producto de forma gratuita, la obtención de *leads* cualificados mediante las suscripciones y asegurar que cada usuario paga por lo que realmente usa.
- **Modelo publicitario:** Muchas son las empresas que han seguido la estrategia de Google y se han apuntado a monetizar a través de este modelo, desde Facebook hasta Twitter, y muchas son las empresas que han aprovechado el modelo de *display advertisement*, como Mashable o Huffington Post, por poner algunos ejemplos.

Un caso interesante para revisar es el de Wallapop, ya que su modelo de monetización aún no parece estar definido por completo y lo más probable es que opte por una de las alternativas anteriores, incluso por una combinación de dos o tres de ellas, si bien parece cada vez más claro que se está inclinando por usar el modelo publicitario.

En ocasiones, puede dar la sensación de que este modelo es solo bueno para portales informativos o blogs, pero la realidad es bien distinta y cada vez son más las empresas que encuentran recursos en este tipo de modelos. Podemos tomar en consideración el modelo híbrido de WeTransfer, que acepta de buen grado la publicidad, u otros más claros como Vibbo o Vinted.

Vinted es una empresa de origen lituano que se creó en 2008 cuando Milda Mitkute, una de las cofundadoras, tenía que mudarse de vivienda y no sabía qué hacer con la ropa que ya no utilizaba, momento en el que Justas Janauskas le dio la idea de crear una web para ponerla en venta, de modo que juntos pusieron en marcha un proyecto que, en 2012, lanzó una *app* para dar el paso a la nueva *start-up*. Vinted, como Wallapop, tampoco cobra comisión, una forma de situar al usuario en el centro, además de asegurar la conveniencia para el mismo gracias a su operativa *online*.

En 2019, entraron en España en un mercado dominado sobre todo por Micolet y Chicfy, algunos de sus principales competidores, que trabajan con un modelo de monetización más tradicional basado en comisión.

Chicfy tiene una historia particular, ya que sus fundadores, Laura Muñoz y Nono Ruiz, pareja por aquel entonces y azotados por la crisis, decidieron abrir un negocio de hostelería, que no funcionó y les dejó con grandes deudas, de modo que se fueron al concurso de Antena 3 *Atrapa un millón* y se llevaron el premio gordo, lo que les permitió saldar sus deudas y quedarse con una pequeña cantidad de dinero para invertir.

Chicfy nace con una inversión inicial de tan solo 4.500 euros, lo justo y necesario para poner el negocio en marcha y crear la *app*, algo que les obligaba a tener que monetizar de forma inmediata y posible motivo por el cual cargan ese 20 % de comisión al usuario.

El tiempo dirá cuál de estos modelos de negocio es mejor, pero, a nivel personal, considero que Vinted será más sostenible, muy a mi pesar, ya que me encanta la historia de los chicos de Chicky.

APROVECHA TODO EL POTENCIAL DE LA INNOVACIÓN

La gestión estratégica tradicional se centra sobre todo en dónde jugar (mercado/industria/producto) y cómo ganar en ese entorno. Se hace, en general, a través de la identificación de una ventaja competitiva basada en el modelo de Michael Porter de 1980 que nos plantea tres escenarios posibles: liderazgo en costos, diferenciación o enfoque.

Trabajar con modelos de innovación estratégica debería permitirnos adoptar un rol con más espíritu emprendedor que implique crear valor de una forma más holística, tanto para el cliente como para la empresa y para todo el ecosistema empresarial.

Para desbloquear todo el potencial de la innovación, debemos pensar con una perspectiva más amplia que no se centre solo en un producto más barato o diferente o incluso en el cliente, debemos ir más allá y tomar la creación de valor como un todo, considerando cómo vamos a generar valor para el sector, la sociedad y para el mundo.

Podemos plantearnos la creación del valor desde estos cinco parámetros:

- **Valor para el consumidor:** Anticipando sus necesidades y ofreciéndoles la mejor solución posible.
- **Valor para la empresa:** A través del desarrollo de una estrategia que contemple identificar nuevas oportunidades que aporten beneficios operativos y financieros.
- **Valor para el ecosistema:** Mediante la creación de valor estratégico, operativo y financiero para todos los *stakeholders*, desde los inversores a los colaboradores de la organización.
- **Valor para la sociedad:** Siendo aspiracionales a la hora de ofrecer soluciones que vayan más allá de satisfacer las necesidades de clientes individuales y, por tanto, tengan el potencial de cambiar hábitos y conseguir una vida mejor.
- **Valor para el planeta:** Tomando la sostenibilidad como una premisa fundamental e innegociable.

Podemos tomar como referencia el caso de Apple en la época de Steve Jobs. En 1977 su visión era esta: "Apple se dedica al empoderamiento del hombre, a hacer que la computación personal sea accesible para todas y cada una de las personas a fin de ayudar a cambiar la forma en que pensamos, trabajamos, aprendemos y nos comunicamos".

Una visión que cambiaron en 1980 con el siguiente resultado: "Hacer una contribución al mundo creando herramientas que hagan avanzar a la humanidad".

Apple no llegó al lugar que ocupa por centrarse solo en la innovación de producto, sino por tener un concepto de innovación estratégica mucho más holístico.

ASUME RIESGOS CREÍBLES

La transformación digital ha traído consigo nuevas formas de hacer negocios, nuevos tipos de proveedores, nuevas formas de pago, en definitiva, nuevas dimensiones que pueden conllevar cierto riesgo. Las nuevas tecnologías y la digitalización también pueden venir acompañadas de ciertos riesgos. Cambiar el modelo de monetización y entrar en un nuevo modelo de membresía entraña algunos, como los relacionados con el cumplimiento de pagos, que podemos asumir, pero siempre de forma controlada. También es importante encontrar un equilibrio entre la recompensa que nos ofrece una nueva oportunidad de negocio digital y los riesgos que conlleva. Experimentar es bueno, pero asumiendo siempre riesgos controlados.

TRANSFORMA TU NEGOCIO EN UNA PLATAFORMA

Airbnb, Uber, YouTube, Facebook, PayPal, Salesforce.com, Google Search, Forbes.com, Amazon, Wallapop, Vinted, Ali Express... Son todos plataformas y la gran mayoría son dragones.

Las podemos encontrar en *retail*, como eBay, Amazon o Ali Express; en publicidad, como Google o Facebook; en *media*, como Netflix, Amazon Prime o YouTube; en *mobile*, como iOS, Android o Xiaomi; en finanzas, como PayPal o Aliplay; en *gaming*, como Xbox o PlayStation; en reclutación y búsqueda de empleo, como LinkedIn o Glassdoor; en hostelería y restauración, como El Tenedor, Trip Advisor, Booking o Airbnb; en viajes, como Skyscaner o eDreams; en transporte, como Uber o Cabify; en ventas de productos de segunda mano, como Wallapop, Vinted o el propio segundamano.com; en software para negocios, como Salesforce o Sap; en formación, como Coursera, Udemy o Lynda. Podría continuar con la lista, pero tan solo quiero mostrar un ejemplo. Si tienes la oportunidad de repensar tu modelo de negocio y transformarlo en una plataforma, hazlo. Soy consciente de que no siempre es posible, pero también creo que quizá, en un futuro no tan lejano, alguna futura *start-up* te sorprenda con una plataforma que compite con tu negocio. Las plataformas son más eficientes y minimizan el tiempo en el que el usuario encuentra la respuesta a lo que busca. Si puedes dar acceso al consumidor a lo que busca en un solo clic, no lo dudes: ese es el camino a seguir.

INSPÍRATE EN GOOGLE Y PON EN MARCHA TU PROYECTO (X)

Google X, la fábrica de sueños de Alphabet, la empresa matriz de Google, es un proyecto impresionante en el que personas con un talento particular sueñan con respuestas lejanas a problemas fundamentales.

Creado hace 10 años, el proyecto X de Google fue probablemente el primero del planeta en el que se permite e incentiva la investigación de lo absurdo o de lo que para la mayoría parece absurdo. Los chic@s de Google X han trabajado en diseño de aerodeslizadores de levitación magnética, fusión fría, ascensores espaciales, combustibles a partir de agua de mar, vehículos autónomos o proyectos para enviar wifi gratis a todo el planeta.

El propósito de Google (X) no es resolver los problemas de Google, otros equipos se encargan de ello. El proyecto X, fundamentalmente, pretende crear empresas con capacidad para cambiar el mundo y con potencial para convertirse en el próximo Google.

Bajo Google (X) se evalúan más de 100 proyectos al año y solo unos pocos pasan el corte para convertirse en proyectos reales. De entre estos, serán poquísimos los que acaben viendo la luz. Los más críticos piensan que Google está perdiendo dinero con estos proyectos; los más optimistas pensamos que, además del potencial de motivación para sus equipos o la empatía que puede crear en los consumidores, ya se están dando resultados, como Waymo, su compañía de vehículos autónomos valorada en más de 70.000 millones de dólares

Estoy firmemente convencido de que cualquier organización de gran tamaño tiene la oportunidad de crear su propio proyecto X, un modelo para retar a los talentos más relevantes de la organización, para encontrar futuras oportunidades de negocio y para atraer a las mentes más brillantes.

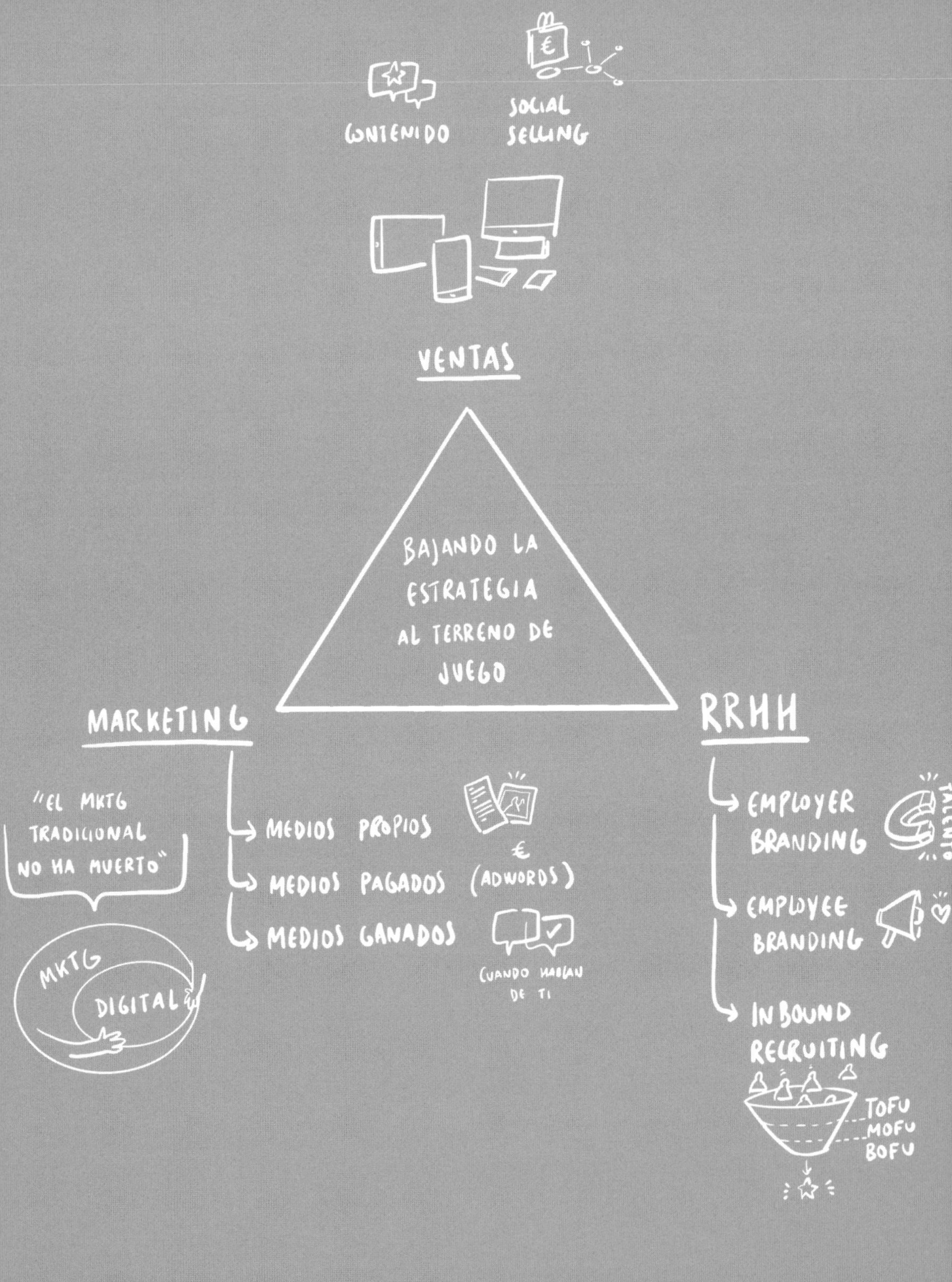
CONTENIDO
SOCIAL SELLING
VENTAS
BAJANDO LA ESTRATEGIA AL TERRENO DE JUEGO
MARKETING
RRHH
"EL MKTG TRADICIONAL NO HA MUERTO"
MKTG
DIGITAL
MEDIOS PROPIOS
€
MEDIOS PAGADOS (ADWORDS)
MEDIOS GANADOS
CUANDO HABLAN DE TI
EMPLOYER BRANDING
TALENTO
EMPLOYEE BRANDING
INBOUND RECRUITING
TOFU
MOFU
BOFU

14 BAJANDO LA ESTRATEGIA AL TERRENO DE JUEGO

TRANSFORMACIÓN DIGITAL DEL DEPARTAMENTO DE VENTAS

Con un consumidor cada vez más informado y más digital, las viejas técnicas de ventas están siendo reemplazadas por los nuevos modelos de *social selling* y *digital selling*. Un vendedor del siglo XXI debe informarse y hacer prospecciones *online*, ser capaz de captar *leads* cualificados de tipo SQL (*Sales Qualified Leads*), compartir contenidos *online* para posicionarse como experto e interactuar con los consumidores en red y conocer las herramientas digitales.

A nivel más estratégico, es fundamental diferenciar si la empresa opera en el ámbito B2C o en el B2B, ya que las tácticas empleadas y las herramientas utilizadas serán diferentes.

A modo de ejemplo y como norma general, ya que siempre hay excepciones, para un comercial B2B, el uso de LinkedIn y Sales Navigator será imprescindible para captar SQL, hacer seguimiento e interactuar con clientes y prospectos, deberá además estar muy familiarizado con las técnicas de *inbound marketing*.

Un aspecto fundamental a tener en cuenta es la definición de canales en el "*Go to market*", ya que la irrupción de las plataformas de *e-commerce* han cambiado por completo las reglas de juego. Un *e-commerce* es sobre todo una plataforma de ventas, no de marketing.

En la nueva organización del equipo, lo más recomendable es contar con una persona responsable de *e-commerce* que reporte a ventas y que lidere la consecución de objetivos y una persona responsable del marketing *online* que reporte a marketing y lidere la adquisición de tráfico cualificado para la plataforma o las diferentes campañas.

En marzo de 2017, Juan Roig, presidente ejecutivo y máximo accionista de Mercadona, hizo las siguientes declaraciones: "Nuestra página web es una mierda, pero en 2018 saldremos mejor".

Podemos considerar a Mercadona una empresa pionera tanto en el sector como en España. Su interpretación del concepto de *convenience* les ha permitido obtener unos crecimientos impresionantes en los últimos años. En una época en que había supermercados grandes en las afueras de las ciudades y supermercados pequeños en la ciudad, cerca de los consumidores, Mercadona apostó por situar sus puntos de venta de tamaño medio en lugares estratégicos de las ciudades, muy cerca del consumidor, haciendo que su ubicación fuera más conveniente para el cliente y obteniendo una clara ventaja competitiva.

Tras sus fuertes declaraciones en marzo de 2017, Mercadona decide fichar talento para abordar el gran reto de dar el salto al canal *online* a lo grande, creando un nuevo departamento, Mercadona Tech, dirigido por Juana Roig, hija menor del presidente. Una de sus primeras incorporaciones fue José Pérez-Agüera, que había venido desarrollando su carrera en Amazon y Tuenti y ahora ocupa el puesto de *product director* de Mercadona online, un equipo al que también se unieron Paula Cayuela, ex de Flywire, o Javier Querol, ex de Fever.

Por aquel entonces, Mercadona estaba perdiendo más de 30 millones en su obsoleto canal *online*, creado en 1998.

Tras el trabajo de más de un año, Mercadona decide hacer una prueba piloto de su nueva plataforma *online* en Valencia, un proyecto al que denominaron "El laboratorio". La nueva página web está conectada a un nuevo centro logístico exclusivo para venta *online*, ubicado en el polígono de Vara de Quart en Valencia, al que han llamado "La colmena".

En 2018 y solo en Valencia (estamos hablando de una prueba piloto), Mercadona facturó más de 2,2 millones de euros en su nuevo canal *online*. Un ejemplo más de las nuevas oportunidades de negocio provenientes de la transformación digital y de cómo están cambiando las ventas.

Mi gran amigo Álex López, top 10 *Mundial Influencers Social Selling* y primero en habla hispana, nos aporta una extraordinaria visión sobre cómo ha cambiado la forma de vender en los últimos años:

DIGITAL SELLING, EL ARTE DE VENDER EN LA ERA DIGITAL

ÁLEX LÓPEZ LÓPEZ

FORMADOR DE *SOCIAL SELLING* Y REDES SOCIALES

Soy de los afortunados que hemos tenido la oportunidad de disfrutar de momentos en los que la venta era un proceso absolutamente personalizado, cuerpo a cuerpo, y que ahora vive las situaciones comerciales con un planteamiento distinto, aunque con la misma intensidad y satisfacción.

Han cambiado los canales y las herramientas y eso exige iniciativa y flexibilidad, pero, a la vez, se mantiene el eje esencial del proceso, por lo que la experiencia en venta suma a favor siempre y, si eres comercial, se mantiene, o incluso se agudiza, el instinto por alcanzar objetivos. La motivación es inevitable en cuanto te acercas y conoces las redes sociales y te das cuenta de que, con una estrategia bien estructurada, las posibilidades son enormes.

Debemos ser conscientes de que en esta evolución el comprador decide en todo momento el proceso de compra. Repasemos algunos datos relevantes de diferentes informes de EE. UU.:

- El 92 % de los compradores inician la compra con una búsqueda en Internet.
- El 68 % prefiere investigar *online* antes de reunirse con un vendedor.
- El 62 % afirman que pueden formar un criterio de selección y proveedores basándose exclusivamente en contenido digital.

En 2020, los *millennials* supondrán la mitad de la fuerza laboral mundial. El 85 % de ellos se mueve por redes sociales y muchos participan ya en las decisiones de compra. La facilidad que les ofrecen las redes sociales hace que investiguen y evalúen a los vendedores antes de conocerlos personalmente.

Si le añadimos el nuevo Reglamento General de Protección de Datos (GDPR), la manera de dirigirnos a los clientes inevitablemente tiene que cambiar.

Sin embargo, aún sigo escuchando comentarios del estilo de "es que a mí, personalmente, no me gustan" o "pero esto supone mucho tiempo y dedicación". ¿Cómo no? Claro que es necesario dedicarles tiempo; además, hay que partir de la premisa de que los resultados no son a corto plazo, no deja de ser una nueva competencia, un nuevo aprendizaje, pero que, como en otros casos, la constancia, el esfuerzo, la perseverancia, las ganas, van a dar su fruto. Además, sabemos que las llamadas telefónicas a puerta fría rara vez son atendidas y que los correos electrónicos en la mayoría de los casos no se abren.

Apostar por el *social selling* no significa renunciar o traicionar nuestra propia identidad; al contrario, es una magnífica oportunidad para mejorar nuestra ya demostrada valía profesional, sumando técnicas y habilidades en las que poder seguir acuñando nuestra personalidad y diferenciación.

Un amigo artesano del hierro, de esos de los que quedan pocos, me comentó una vez: "Al principio, no era capaz de entender cómo mi hijo podía invertir todo su tiempo en un ordenador, en una máquina, siendo de una familia con una larga tradición de artistas... No lo entendí hasta que me senté a su lado y vi con qué pasión trabajaba en la creación de personajes de videojuegos". Qué más da un lápiz, un cincel, el ratón de un PC, lo importante es qué eres tú capaz de hacer con esas herramientas.

Para mí, del mismo modo que un artista necesita crear y eso es posible en diferentes disciplinas y con todo tipo de materiales, el perfil vendedor necesita el reto, el objetivo, vivir el proceso de contactar, escuchar, asesorar... Todo esto es posible aun cuando cambie el canal. De hecho, en cada vez más casos, la tendencia nos dice que solo será posible si se cambia el canal. La venta hoy en día es dura y nos enfrentamos a un nuevo perfil de cliente, que, en más del 80 % de los casos, inicia su proceso de compra en Internet, socialmente conectado a través de múltiples dispositivos y que interactúa en tiempo real. Si sabemos que es más activo y receptivo a través de alguna red social, ¿cómo no vamos a aprovecharlo? Ahora bien, en las redes, igual que en el proceso de venta tradicional, es imprescindible tener una buena estrategia y partir de la premisa de que, aunque un posible cliente sea más receptivo a contactar por red, no significa directamente una venta. Es más, abordarlo como tal puede ser la razón de que nunca llegue a convertirse en un cliente real.

El *digital selling* se compone por un lado del entorno favorecedor, que no es poco, pero hay que sumarle el método, la estrategia o los buenos planes de acción. Y, ahí, un buen criterio es clave. Es imprescindible aplicar el sentido lógico de querer que nos reconozcan como expertos, a la vez que nos preocupamos por saber bien quién es y qué necesita de verdad el cliente y aplicar estas fases con el tiempo, la cortesía o formas y la efectividad, demandadas y convenientes.

Nuestra tarjeta de visita es ahora nuestra propia marca en red, por lo que es necesario un ejercicio previo y constante de concreción y posicionamiento: cómo quiero que me reconozcan y cómo lo voy a hacer. El contenido de valor, la constancia y la agilidad de respuesta suelen ser aliados imprescindibles y muy útiles en esta fase. Del mismo modo, la gestión de contactos en red no puede ser descuidada, estandarizada o sin personalización. Es necesario generar conexiones de calidad, investigando, construyendo relaciones en buena sintonía, siendo relevantes, ofreciendo beneficios para, posteriormente, obtener el interés por nuestra persona o empresa. Un dato interesante es que una encuesta realizada el año pasado en LinkedIn EE. UU. indicaba que, para que un nuevo cliente te considere relevante, antes debe haber visto entre 5 y 7 piezas creadas en esta red social que le hayan aportado valor.

Es común creer que, como las redes son un medio de gran velocidad o inmediatez, la respuesta y el retorno van a ser así, inmediatos. Nada más lejos de la realidad. Es evidente que el entorno digital está operativo siempre, pero la respuesta suele estar pensada y, sobre todo, comparada. El nuevo contacto, o posible nuevo cliente, puede (y seguramente lo haga) investigar, analizar nuestra propuesta de valor y otras parecidas y decidir en base a nuestra reputación *online*, comentarios y/o recomendaciones. La riqueza bidireccional de la comunicación de este medio es a la vez la gran oportunidad y el gran reto para marcas y profesionales. Por ejemplo, en LinkedIn, que a nivel profesional es la red de referencia, son muy importantes las *skills*, porque la propia herramienta las utiliza para posicionarnos, por lo que es fundamental que las revisemos, ya que, si no las hemos trabajado y seleccionado, nos la habrá asociado por defecto y, en realidad, necesitamos elegir aquellas con las que queremos que nos asocien realmente, porque son las habilidades en las que de verdad aportamos un valor diferencial. Sobre las recomendaciones, indicar que también son muy valiosas siempre que vengan de clientes, *partners* o responsables.

La red social ya está trabajando en clasificaciones futuras de los perfiles en función de las *skills* y recomendaciones para encontrar de manera más fácil a los más destacados en cada ámbito.

Otro aspecto a tener en cuenta en el *digital selling* es incluir en nuestra estrategia digital una fase de análisis de datos porque no necesariamente van a coincidir volumen y negocio. En redes, hay quien se fija como objetivo alcanzar un determinado número de seguidores, fans o contactos, pero, más que el número, es necesario conocer otros parámetros, como la interacción, calidad de esos contactos, interés real por nuestra actividad o marca entre otros. Hay casos en los que la medición es sencilla porque las campañas están integradas a nivel técnico y se puede controlar por descarga de códigos, mensajes en el móvil, emails abiertos... Pero no siempre es así. Entonces, dependerá de las acciones y de en qué redes se hayan llevado a cabo las acciones, pero, en la mayoría, hay herramientas asociadas a las propias plataformas, de forma gratuita, que permiten datos y su análisis; de este modo, podremos optimizar el tiempo que dedicamos y trabajar de forma completamente focalizada y orientada a nuestros objetivos.

En mi caso personal, mi vida ha cambiado por completo. Aunque me he formado y crecido en lo profesional en departamentos comerciales de sistema tradicional y soy un enamorado de los mismos y de las relaciones e interacciones personales, hoy en día dedico la mayor parte de mi tiempo a investigar y conocer hacia dónde evoluciona este fascinante mundo digital. Twitter, Periscope, Instagram, Facebook Live o LinkedIn son herramientas que no podríamos haber imaginado hace pocos años y que permiten que cualquier pequeña empresa pueda dar a conocer sus productos y servicios. A mí me gusta decir, porque así lo creo, que, en el entorno digital, en redes sociales, cualquier pequeña empresa tiene los mismos metros cuadrados que una multinacional si los sabe aprovechar.

Si bien hay para quienes todavía las redes son canales de comunicación cuestionables o no forman parte de su realidad, en mi humilde opinión, no solo no puede ser de otra manera y no se puede negar su impacto y potencial, sino que, en esta espléndida era de la información, poder sumar al talento y saber hacer de cada uno de nosotros todo el conocimiento que permiten estas herramientas supone una posibilidad de crecimiento extraordinario.

TRANSFORMACIÓN DIGITAL DEL DEPARTAMENTO DE MARKETING

Hace tan solo unos pocos años, casi todo el mundo pensaba que la digitalización tenía que ver únicamente con el departamento de marketing; nada más lejos de la realidad, pero lo cierto es que ha sido este departamento el que más se ha transformado y es probable que sea el pionero a la hora de hacerlo.

En los inicios de la transformación, muchos "visionarios" se apresuraron a vaticinar que el marketing había muerto, pero, como el tiempo pone a casi todo el mundo en su lugar, ha quedado ya bastante claro que el marketing sigue más vivo que nunca.

La diferenciación entre marketing digital y marketing (llamémoslo) tradicional está ampliamente extendida y lo cierto es que no tiene demasiado sentido.

Me explico: la digitalización afecta a todos los procesos del marketing y ya no tiene sentido hablar de marketing por un lado y marketing digital por otro, como si fueran algo separado o incluso complementario. Actualmente, no se puede hacer marketing sin que sea digital, bueno, la realidad es que poderse se puede, pero no se debe. No tiene sentido.

Lo que sí podemos considerar es que, con la digitalización, han aparecido nuevos canales de ventas y de comunicación, técnicas y tácticas de marketing, modelos y formas distintas de hacer las cosas, y lo que también está bastante claro es que, si una empresa opera sobre todo en los canales *online*, como, por ejemplo, un *marketplace online*, deberá hacer un marketing muy orientado a todo lo relacionado con lo digital, pero muchos de los modelos de marketing estratégico tradicionales seguirán siendo vigentes también para estas plataformas.

Desde el punto de vista organizativo, las empresas han cambiado mucho y han integrado en muchos casos a un director/a de marketing digital, *social media strategist*, *community manager*, etc., y cada vez son menos las que delegan la gestión de las redes sociales en los becarios, por aquello de que son *millennials*.

Desde el punto de vista estrictamente digital, una buena definición del ecosistema, de los canales y de la estrategia de medios es fundamental para desarrollar un buen plan de marketing en el siglo XXI.

A la hora de definir la estrategia, como paso previo, a mí me gusta trabajar con dos herramientas que interconectadas funcionan muy bien: el análisis ROPO y el ZMOT.

- **Análisis ROPO:** Tal y como vimos anteriormente, se trata de una sencilla matriz que nos va a permitir situar a los usuarios en base a dos criterios fundamentales: *research online/offline* y *purchase online/offline*. A partir del análisis, obtendremos cuatro cuadrantes en los que situar a los diferentes perfiles de consumidores a los que nos queremos dirigir, en base al producto/servicio que ofrecemos.

- **Análisis ZMOT:** Otra herramienta que ya conocemos. El ZMOT (*Zero Moment of Truth*, Momento zero de la verdad) es un análisis con el que vamos a tratar de ganarnos al consumidor justo en el momento que toma la decisión de compra, estando presentes como marca en ese preciso instante y brindándole experiencias únicas e inolvidables tras la compra.

  Esta herramienta se puede aplicar a cualquier organización o industria, ya que funciona tanto para B2C como para B2B, para marketing de consumo o industrial, en política, educación, tercer sector...

Por otro lado, debemos tomar en consideración la revisión de nuestro ecosistema digital, una herramienta fundamental que desafortunadamente se ha implementado de forma bastante irregular en la mayoría de organizaciones.

Un buen ecosistema digital debe contar con una buena página web dedicada o bien diseñada de forma específica como *mobile first* y que sea *responsive*. La primera opción es la ideal, pero también es más cara. La segunda opción es más que suficiente para la mayoría de empresas, ya que los usuarios se conectan mayoritariamente desde el móvil, una tendencia que no ha dejado de crecer en los últimos años. Dependiendo de la estrategia y sobre todo del "*Go to market*" de la organización, esa plataforma web podrá operar, además, como tienda *online*.

La página web es tu casa, por lo que la podemos considerar el primer pilar de nuestro ecosistema digital. La principal función de la página web es actuar como escaparate de nuestros productos y servicios; si se trata de un *e-commerce*, será además nuestro lineal, para el que tendremos que definir acciones de marketing digital igual que lo haríamos con el lineal de productos de un supermercado con acciones de *trade marketing* en el POS.

En segundo lugar, vamos a necesitar un blog. Soy consciente de que suena a antiguo, pero se trata de una herramienta fundamental. Ten en cuenta que el problema de una página web es que admite solo contenido estático. Integras nuevos contenidos en la web antes de su lanzamiento y permanecen ahí durante años. La ventaja del blog es que nos permite publicar nuevo contenido con regularidad, es decir, contenido dinámico, lo que nos permitirá, a su vez, usar un sinfín de palabras clave que, poco a poco, iremos posicionando en los buscadores para que los usuarios nos encuentren. De eso se trata, de que nos encuentren.

Voy a usar un símil para que se comprenda el concepto. Vayamos al mundo *offline*. Imaginemos que somos El Corte Inglés y tenemos la opción de escoger entre dos locales: uno en una zona industrial apartada, con un alquiler muy asequible, y otro en la calle más céntrica de tu ciudad. La decisión para El Corte Inglés es obvia. ¿Y por qué? Porque hay más tráfico, más clientes potenciales cerca.

Si en este caso la decisión es tan clara, me pregunto por qué la gran mayoría de empresas han decidido invertir una gran cantidad de dinero en un magnifico diseño web que no recibe visitas de casi nadie. ¿Por qué no los encuentran? Porque el local está en una zona industrial por donde no pasa nadie o, lo que es lo mismo, la web no dispone de blog o bien no aloja contenido dinámico regularmente, no se ha invertido en SEO, no se invierte en SEM, etc.

Sí, el blog es fundamental, sobre todo si el contenido que compartes es de tipo *branded content* o contenido indirecto vinculado a la marca, del mismo modo que lo son nuestros siguientes pilares: SEO y SEM.

Para que nos encuentren, debemos invertir en SEO tanto en la página web como en el blog, pero el SEO necesita tiempo, por lo que es una inversión a medio plazo. Por tanto, para ganar visibilidad desde un inicio, debemos invertir en SEM, definiendo nuestras tácticas para operar con Google AdWords, Google Display Network o con acciones de remarketing.

Otra herramienta fundamental en nuestro ecosistema digital será el uso del *email marketing*, muy extendió en modelos de negocio B2B, pero que también da excelentes resultados en B2C. Seguro que, como yo, también recibes la *newsletter* de Apple o Amazon, por poner algunos ejemplos. Las *newletters* repletas de texto y promociones con alta frecuencia de publicación funcionan cada vez peor, pero, si trabajas con un buen contenido y usas técnicas de *inbound marketing*, verás que el *email marketing* permite captar *leads*, comunicarse con el cliente, medir, hacer test y, sobre todo, convertir.

Finalmente, llegamos a las redes sociales, que, a menudo, parecen la estrella del ecosistema digital. Son solo un pilar más. Son muchas las organizaciones que dedican un altísimo porcentaje de sus esfuerzos a las redes sociales, minimizando e incluso obviando el resto de pilares del ecosistema, una forma de operar que, bajo mi punto de vista, puede ser fatal.

Obviamente, el papel de las redes sociales es fundamental, ya que nos permiten sobre todo comunicarnos y conversar con los consumidores, esos usuarios de los que esperamos una compra y a los que en demasiadas ocasiones tenemos olvidados, aun contando con herramientas que nos permiten hablar directamente con ellos.

Para definir tu estrategia de redes sociales, lo primero que hay que hacer es definir en qué canales queremos estar y la respuesta la encontrarás en tu modelo de negocio. ¿Eres un negocio B2C o B2B? En general, no tiene sentido estar en

LinkedIn si eres B2C; bueno, lo tiene para el departamento de recursos humanos, pero no desde el punto de vista de marketing, mientras que estar en Instagram será mucho más lógico.

Una vez seleccionados los canales, define rol, tono, frecuencia y horarios de publicación de cada uno de ellos, y crea contenido indirecto vinculado a la marca para compartir con tu audiencia, interactúa con ellos y monta campañas de *User Gererated Content* (UGC). Verás cómo los resultados llegan más pronto que tarde.

Por otro lado, desde el punto de vista estratégico, vale la pena organizar el modelo bajo tres pilares fundamentales: medios propios, pagados y ganados.

1. **Medios propios:** Aquellos que son propiedad de la organización, como, por ejemplo, web, blog, redes sociales, SEO, *email marketing*, contenidos, etc.
2. **Medios pagados:** Aquellos por los que debes pagar: AdWords, Display, Social Media Ads, etc.
3. **Medios ganados:** Aquellos en los que el usuario habla de tu marca sin recibir nada a cambio: UGC, Linkbuilding, etc.

Esta forma de organizar el contenido es muy clara, pero, sobre todo, te va a permitir focalizar recursos en los diferentes pilares de una forma más estratégica.

TRANSFORMACIÓN DIGITAL DEL DEPARTAMENTO DE RR. HH.

Durante el escenario de la transformación, se configuran ecosistemas de mayor complejidad y, en este nuevo contexto, es fundamental adecuar los conocimientos, habilidades y competencias de los empleados.

El modelo europeo de competencias digitales (DigComp) establece 5 áreas: información, comunicación, creación de contenidos, seguridad y solución de problemas. DigComp ofrece una visión compartida sobre las competencias digitales y cómo desarrollarlas a lo largo del territorio europeo.

Estás cinco áreas engloban toda una serie de competencias clave:

1. Información:
    - Navegación, búsqueda y filtrado de datos, información y contenido digital.
    - Evaluación de información y contenido digital.
    - Gestión de información, datos y contenido digital.

2. Comunicación y colaboración:
   - Interactuar a través del uso de tecnologías digitales.
   - Compartir a través del uso de tecnologías digitales.
   - Involucrarse con los ciudadanos a través de tecnologías digitales.
   - Colaboración a través del uso de tecnologías digitales.
   - Netiquette.
   - Gestión de la identidad digital.
3. Creación de contenido digital:
   - Elaboración de contenido digital.
   - Integración y reelaboración de contenido digital.
   - *Copyright* y licencias.
   - Programación.
4. Seguridad:
   - Protección de dispositivos.
   - Privacidad y protección de datos.
   - Bienestar y protección sanitaria.
   - Protección del entorno.
5. Solución de problemas:
   - Solución de problemas técnicos.
   - Identificación de necesidades y repuestas tecnológicas.
   - Creatividad usando tecnologías digitales.
   - Identificación de *gaps* digitales.

Debo decir que tengo sentimientos encontrados respecto a la definición y a la estructura que se ha creado con DigComp. Por un lado, hubiera sido interesante crear una guía que partiera de tres parámetros fundamentales (conocimientos, habilidades y competencias digitales), pero, por otro lado, considero que es fundamental que desde Europa se dé este primer paso. En todo caso, nos pone en contexto sobre la importancia de la definición de competencias digitales para cualquier organización.

Cuando hablamos de un cambio organizacional vinculado a la transformación digital, estamos hablando de transformar un modelo de organización tradicional en uno de organización inteligente o de organización líquida, un concepto que debe dar respuesta de una forma dinámica al panorama cambiante de las actuales economías digitales.

Este nuevo modelo de organización debe estar impulsado por el conocimiento y, por tanto, contar con una capacidad de adaptarse a nuevos desafíos de una forma ágil y ordenada, dando respuesta velozmente a las nuevas oportunidades que puedan surgir y a las necesidades del consumidor del siglo XXI.

En muchas organizaciones piramidales y rígidas que usan el típico modelo "*Top-Down*", la contribución de la alta dirección es bastante abrumadora y hasta cierto punto opresora, lo que acaba por hastiar a toda la organización. En este tipo de organizaciones, la innovación y la generación de conocimiento están muy condicionadas y el proceso de toma de decisiones está concentrado en un número limitado de individuos, lo que se traduce en lentitud y falta de eficacia.

Una empresa con una cultura innovadora fuerte y un modelo de gestión participativo en el que el modelo de toma de decisiones está distribuido de una forma más equitativa y en la que participen tanto empleados como consumidores obtiene mejores resultados, es mucho más ágil y también más integrador, lo que se traduce en equipos muchos más apasionados.

Una forma de comprobar el grado de motivación de los empleados es preguntarles directamente cómo se sienten con su trabajo. Para intentar ser riguroso, vale la pena que tomemos como referencia varias fuentes. En este caso, vamos a usar LinkedIn, Glassdoor y Fortune.

Veamos, en primer lugar, el estudio de LinkedIn. La metodología seguida por el sistema LinkedIn Top Attractors está basada en cuatro parámetros fundamentales:

- ***Reach*:** Reconocimiento de marca.
- ***Engagement*:** Grado de interacción de las empresas con los candidatos.
- ***Job interest*:** Nivel de interés generado por las ofertas de trabajo.
- ***New hire staying power*:** Capacidad para fidelizar talento.

A partir del análisis de estos 4 parámetros, se establece un ranking que se basa en la interacción de los usuarios con las empresas dentro de una red que cuenta a día de hoy con más de 600 millones de usuarios registrados en todo el mundo y que ha basado el análisis en más de 35.000 millones de interacciones entre empresas y usuarios.

El resultado es el siguiente:

1. Alphabet (Google).
2. Facebook.
3. Amazon.
4. Salesforce.
5. Deloitte.
6. Uber.
7. Apple.
8. Airbnb.
9. Oracle.
10. Dell.

Hay un dato que llama la atención, aunque no sorprende: ni un solo dinosaurio, son todas dragones.

Veamos ahora el resultado del estudio de Glassdoor, un portal para empleados y empresas en el que, de forma anónima, cada usuario cuenta con la posibilidad de evaluar a la empresa para la que trabaja, al CEO de la misma o el rango salarial, además de compartir fotos de la compañía. Glassdoor también ofrece un espacio a las empresas brindándoles la oportunidad de trabajar su *employer* y *employee branding*.

El resultado es el siguiente:

1. Bain & Company.
2. Zoom Video Communications.
3. In-N-Out Burger.
4. Procore Technologies.
5. Boston Consulting Group.
6. LinkedIn.
7. Facebook.
8. Google.
9. Lululemon.
10. Southwest Airlines.

Un ranking dominado por dragones y consultoras.

Para finalizar, vamos a ver el ranking de Fortune 500, que basa su análisis en cuatro parámetros: compensación, diversidad, tiempo libre remunerado y beneficios.

El resultado es el siguiente:

1. Hilton.
2. Sales Force.
3. Vegmans Food Markets.
4. Work Day.
5. Kimpton Hotels & Restaurants.
6. Cisco.
7. Edward Jones.
8. Ultimate Software.
9. Texas Health Resources.
10. Boston Consulting Group.

En este caso, el resultado es más heterogéneo. Al haberse utilizado métodos de análisis diferentes los resultados son muy diversos. Las tres empresas que lideran los tres grupos son Alphabet, Bain y Hilton.

Alphabet es una empresa multinacional estadounidense, cuya principal subsidiaria es Google. Desarrolla principalmente productos y servicios relacionados con Internet, software y dispositivos electrónicos.

Bain & Company es una empresa multinacional de consultoría estratégica con sede en Boston. Tiene presencia en 34 países y cuenta con más de 5.500 empleados.

Hilton es una compañía líder mundial en hostelería, que comprende más de 5.400 propiedades administradas y franquiciadas en 106 países y territorios. Entre sus más de 55.000 empleados, encontramos un equilibrio casi equitativo entre representantes de la generación Y, la X y los *baby boomers*. El 96 % de los empleados de la compañía considera que es un excelente lugar para trabajar y se siente orgulloso de pertenecer al grupo.

Hemos dado un vistazo a tres de las principales fuentes disponibles hoy en día para conocer "cuáles son las mejores empresas para trabajar" y hemos visto resultados muy dispares. Si utilizáramos otras fuentes, continuaríamos obteniendo resultados diferentes, ya que usan métodos distintos, pero esta es la típica situación que nos vamos a encontrar en pleno siglo XXI, en un mundo en el que la sobreinformación está a la orden del día.

La realidad nos muestra que, además, la gran mayoría de *bloggers* que escriben artículos sobre "las mejores empresas para trabajar" van a beber de esas fuentes, por lo que este tipo de noticias tienen un efecto multiplicador en el mercado.

Los *millennials* y, sobre todo, los Z van a tomar como referencia este tipo de evaluaciones de empresa del mismo modo que, antes de ir a un restaurante, comprobamos los resultados en El Tenedor o en TripAdvisor. Al final, estamos ante el mismo tipo de sistema. Es como las cosas funcionan hoy en día y se trata sobre todo de una cuestión de transparencia. El modelo no es perfecto, pero es mucho mejor que lo que teníamos antes: ¡NADA!

En el fondo, todo está relacionado, la forma en que hacemos las cosas, cómo estamos organizados, el estilo de dirección o nuestro pensamiento organizacional va a ser cada vez más conocido por futuros candidatos que, a su vez, son más jóvenes y que dan más importancia a la forma de trabajar de las empresas. Si queremos atraer a los talentos del futuro, debemos revisar nuestro modelo organizativo, nuestros procesos internos y nuestro "*Go to market*".

El pensamiento organizacional debe ser siempre dinámico y estar en evolución constante. En un mundo en que los jóvenes talentos sueñan con trabajar en Google, Netflix, Uber, Wallapop, Apple o Huawei, la atracción y fidelización de talento es un reto para las organizaciones más tradicionales. Afortunadamente, los nuevos modelos de *employer branding*, *employee branding* e *inbound recruiting* nos van a ayudar a integrar mucho mejor a las nuevas generaciones en las organizaciones, pero estos métodos deben estar en consonancia con toda la organización.

EMPLOYER BRANDING

A primera vista, el concepto de *employer branding* puede dar la sensación de ser un concepto en el que aplicamos *branding* a la organización con el objetivo de atraer talento, pero la realidad es que se trata esencialmente de un cambio cultural que pasa sobre todo por transformar la organización hacia un modelo de "*human centricity*", en la que situamos a los humanos, es decir, a los empleados, en el centro.

El *employer branding* es todo un arte, ya que, en el fondo, se trata de ser percibido como un excelente lugar de trabajo tanto a nivel interno como externo, es decir, tanto por parte de los empleados de la propia organización como por todos los *stakeholders* de la misma. Estamos hablando de marca, pero, sobre todo, de reputación.

La primera o primero que tiene que dar ejemplo es el CEO de la organización, algo que empieza por una persona que cree en la transformación digital y que cuenta con una marca personal fuerte o, en su defecto, que tiene un plan estratégico claro para trabajar su marca personal.

En segundo lugar, todos los empleados deben vivir y hacer vivir el concepto, algo que se genera fundamentalmente desde las experiencias vividas por los empleados, desde la primera entrevista hasta la convivencia diaria con todos los miembros de la organización. Cada experiencia suma, pero las primeras son fundamentales: el primer contacto, la primera entrevista, los primeros días en la empresa, hay que cuidar cada detalle.

Es muy posible que el primer contacto de un/una joven talento se produzca a través de las redes sociales o en la página web corporativa, por lo que es muy importante diseñar una estrategia de comunicación que cubra los principales puntos de contacto con el candidato. El diseño de un buen plan transmedia será clave a la hora maximizar todas las oportunidades posibles. Para ello, podemos usar herramientas como ZMOT o mapas de curvas de experiencia de los empleados.

Si queremos generar una gran experiencia de usuario, debemos enviar el portal de empleados al baúl de los recuerdos y apostar por un software de colaboración empresarial, es decir, una plataforma *online* que integre todas las herramientas digitales disponibles en la empresa, así como los sistemas corporativos. La herramienta debe ser capaz de integrar Office 365 o G-Suite, permitiendo que las conversaciones, los contenidos, la información y los proyectos se den en espacios de colaboración compartidos entre los empleados mediante sistemas de búsqueda ágiles y eficaces. Este tipo de software debería permitir, además, la integración de redes sociales, aportar soporte inteligente a los análisis y sugerir contenido a los usuarios en base a su experiencia de uso, por lo que idealmente deberían estar soportadas por inteligencia artificial.

Hablar de software y de hardware siempre me transporta a las interesantes tertulias que mantengo con mi amigo Fernando Escribano. A ambos nos encanta la comida japonesa y tratamos de quedar una vez al mes para charlar sobre nuevas tecnologías, los últimos avances en software o cómo afectarán al SEO los últimos cambios en el algoritmo de Google, así que le pedí que nos aportara su perspectiva sobre la transformación digital en el departamento de RR. HH.

TRANSFORMACIÓN DIGITAL APLICADA A RR. HH.

FERNANDO ESCRIBANO

DIRECTOR GENERAL DE CLA&VIC Y PROFESOR DE ESERP

Cuando hablamos de términos actualmente claves para cualquier empresa, como pueden ser la transformación digital, la sostenibilidad o la responsabilidad civil corporativa, es fácil olvidar que el fin de cualquier proyecto empresarial es ser competitivo con el objetivo de generar beneficio económico para permitir el crecimiento.

No es difícil ver cómo la transformación incide de forma directa en la competitividad y, por ello, en el objetivo y razón de ser de todo proyecto empresarial.

Pero es necesario recordar que la transformación es una estrategia transversal a todos los ámbitos de una empresa, permitiendo mejorar los procesos internos de muchas de sus áreas.

La transformación mejora la competitividad, ya sea cualitativa o cuantitativamente, en áreas tan dispares como ventas, marketing, finanzas, recursos humanos, producción e I+D.

Vamos a centrarnos, por ejemplo, en un caso concreto de cómo la transformación digital aplicada a los recursos humanos, orientada a la formación interna y mejora de productividad del empleado, da como resultado en un aumento de la productividad y percepción de calidad por parte de los clientes externos y de los internos o empleados.

Incidir en acciones que mejoren la productividad del empleado no solo es una acción que afecta la calidad percibida por este, sino que permite una mejora directa y cuantificable en sus resultados, la mejora de la motivación y capacitación de dicho empleado y, por tanto, una mejora directa en la rentabilidad de la compañía.

Es fácil de entender que un empleado capaz de hacer la misma tarea de forma más segura, eficiente, rápida y con calidad superior redunda en el objetivo final de la empresa.

Establecemos pues, como acción clara de transformación digital, el uso de herramientas actualizadas, la implantación de estas y formar al personal en la explotación de estas para mejorar la productividad en los procesos.

Lo importante es que la empresa y su directiva debe comprender que transformación digital no es solo implementar nuevas tecnologías. La revolución 4.0, como también nos referimos a todo esto, es una transformación de las personas, el resto es un medio y soporte para conseguirlo.

Este va a ser el caso en el que vamos a entrar en detalle: en qué manera la formación de los empleados en la gestión de los datos y en herramientas de colaboración usando la plataforma de la compañía es un ejemplo claro de transformación digital asumible por cualquier tipo de compañía, independientemente de su sector o tamaño.

Definiendo la plataforma

Todo empleado de la compañía tiene a su alcance una serie de herramientas para la realización de su trabajo y estas dependen directamente de las funciones que debe realizar este.

Pese a que la industria manufacturera, según estadísticas, no se digitaliza al mismo ritmo que otros sectores, es evidente la importancia que puede tener la inversión en maquinaria en una planta de producción y capacitación del personal en su uso. Esta maquinaria puede permitir que la planta sea más segura y eficiente.

Pero ¿se puede trasladar esto a todas las áreas de la empresa? Por supuesto, la Inteligencia Artificial, la computación en la nube, el uso de dispositivos móviles, la realidad aumentada, *blockchain*, redes sociales o "Internet de las cosas" son claros ejemplos de tecnologías aplicables de forma transversal a áreas tan dispares como finanzas, ventas o marketing.

Pero nuestro caso es otro: buscamos la mejora de la productividad general del personal de oficina de nuestra empresa.

Nuestro caso, en este ejemplo, no es trivial, pero sí de una escala más accesible para la mayoría que hablar de maquinaria especializada o implementación de inteligencia artificial y explotación de datos aplicadas a las finanzas.

Hablamos de la definición de, por ejemplo, una *suite* ofimática de compañía. Esta simple decisión tiene ya múltiples consecuencias.

De esto dependerán aspectos como la seguridad, la privacidad y definición de procesos internos. Nos toca ahora definir los criterios de elección, que evidentemente serán más complejos en un entorno internacional.

Los criterios pueden ser:

- Facilidad de mantenimiento por el equipo de IT.
- Seguridad de la plataforma.
- Facilidad de despliegue por todos los dispositivos de la compañía.
- Facilidad de uso.
- Gestión de procesos.
- Optimización de costes.
- Calidad percibida.

Es evidente que todos ellos deben ser criterios a definir ante la elección de una plataforma u otra, pero hay dos no mencionadas que necesitan de especial atención, en las que nos vamos a centrar desde este momento:

- Tratamiento y proceso de los datos.
- Posibilidades de colaboración entre usuarios.

Hay muchas herramientas corporativas orientadas a estos dos últimos puntos, de diversa complejidad y coste, pero, siguiendo nuestro ejemplo, veremos que no han de ser complejas o costosas en absoluto.

Desarrollaremos un ejemplo práctico de cómo hemos abordado mediante la formación del empleado y la capacitación de estos en herramientas incluidas en la *suite* de Microsoft Office 365 el tratamiento de los datos y la colaboración entre estos con el objetivo de mejorar su productividad.

La gestión de los datos en la transformación digital

Es fácil, cuando definimos a una empresa como *data driven*, pensar en grande y asociar de forma inmediata el uso del *Big Data* con este tipo de compañías. Es una afirmación correcta, pero la escala nos puede hacer olvidar otros puntos de vista.

Podemos definir una compañía como DDC (*Data Driven Company*) cuando basa sus decisiones estratégicas en la explotación, análisis e interpretación de los datos.

Pero esto se lleva a todos los niveles de la compañía. Si bajamos a nivel de empleado o usuario, podemos analizar los efectos percibidos por este:

- **Infoxicación:** Es fácil percibir la cantidad de información que se genera de forma continua y la sobrecarga que eso genera tanto a empleados como a empresas. Este efecto ha sido facilitado por la democratización de los datos y capacidad de difusión de estos que han permitido las nuevas tecnologías.

  En 1996, David Lewis definió el problema de forma acertada al afirmar que el conocimiento es poder, pero la información no. De esta forma aludía a los quebraderos de cabeza que genera esta cantidad de información a la que tenemos alcance.

  Si queremos ver la escala del problema, podemos acudir a algunos datos. En 60 segundos, se calcula que pasa lo siguiente:

  - En Twitter se crean 660 cuentas y se publican 350.000 tuits.
  - En YouTube se suben 300 horas de vídeo.
  - En Google se hacen unas 276.000 búsquedas.
  - Se envían unos 200.000.000 de emails.
  - En WhatsApp se envían 14.000.000 mensajes.
  - En Instagram se hacen 60.000 comentarios.
  - En WordPress se publican 1.500 entradas de blogs.

  Para hacernos una idea, es fácil pensar la cantidad de papel impreso que hay generado en bibliotecas y archivos del mundo. Pues bien, se calcula que solo un 0,007 % de la información está en ese soporte. La cantidad es abrumadora y crece día a día.

- **Dispersión:** Un segundo efecto es la dificultad de consolidar los datos. La cantidad de medios de soporte y almacenamiento hacen que estos se hallen muy dispersos. Esto genera claros problemas de redundancia, indexación y búsqueda.

  Todos nos sentimos identificados cuando hemos buscado una información y, si tenemos suerte, lo hallaremos en nuestro correo electrónico, en un directorio de nuestro ordenador y en una carpeta de "la nube de empresa".

  No es extraño que además existan pequeñas variaciones entre ellos. ¿Cuál es el correcto? No solo se duplican los datos, consumiendo recursos innecesarios, sino que sufrimos de falta de coherencia y velocidad al buscarlos.

- **Validación:** Como consecuencia del anterior, se generan dudas sobre la validez real de estos, ya que en estas situaciones cabe dudar de la veracidad de los datos.

  Es evidente, además, que el fácil acceso y publicación a datos que permite Internet no asegura en absoluto la fiabilidad de la información publicada, pudiendo ser esta errónea, maliciosa y dañina, ya sea de forma intencionada o no. Las *fake news*, los plagios, el *spam*, etcétera, quedan claramente incluidos en estas problemáticas.

- **Inmediatez:** El avance de la tecnología ha permitido el acceso rápido, en ocasiones inmediato, a la información. Una sola búsqueda en Google permite en décimas de segundo la presentación de posibilidades de respuesta al usuario.

  Así mismo, esta inmediatez permite la comunicación síncrona entre los usuarios, gracias a la cual se consigue interactividad. Este concepto no es trivial, pues, como veremos más adelante, es importante definir qué canales son los adecuados para el tipo de comunicación requerido. Esta inmediatez se da también a la hora de generar contenidos e información, lo cual ayuda a multiplicar el efecto de saturación percibido.

- **Multimedialidad:** La información, como hemos visto, se halla dispersa en diversos medios y canales de transmisión. Pero, además, la información la encontramos en formatos diversos: imágenes, vídeos, *podcasts*, artículos, notas de voz, infografías, etc.

  Esto creó, de facto, la necesidad de disponer de herramientas que sean capaces de interpretar de forma correcta todos estos formatos. Solo en imágenes podemos encontrar una misma publicación en decenas de formatos diferentes, creando potenciales problemas de compatibilidad con nuestros sistemas.

- **Colaboración:** La colaboración es un efecto percibido capital en toda compañía DDC. La línea entre emisor y receptor de una comunicación o dato se difumina. Los receptores, gracias a la colaboración, empiezan a intervenir en la creación de la información y no son meros consumidores de ella.

  Como consecuencia, las herramientas y recursos de la compañía se comparten de forma fácil, independientemente de la jerarquía y organigrama de la organización.

  No hay que buscar ejemplos complejos de este efecto. Por ejemplo, cualquier usuario puede hacer una publicación en Facebook y recibirá comentarios que pueden enriquecer dicha información. Las valoraciones de Amazon, los *forward* con comentarios de un email, las entradas de un formulario, etc., todo son formas de colaboración.

Cómo afrontar los efectos percibidos

Hemos establecido que la transformación digital se debe dar a nivel transversal de la compañía, independientemente de su escala.

En nuestro ejemplo, el departamento de recursos humanos establece la necesidad de formación de los empleados de diferentes departamentos y niveles jerárquicos en herramientas propias de Office 365 para mejorar, como objetivo principal su productividad. Queda fuera del alcance de estas líneas la formación en detalle de estas herramientas, pero sí que podemos ver el enfoque que podemos dar a un plan formativo para conseguir nuestro objetivo.

Una vez la empresa contacta con nosotros para hacernos partícipes de esa necesidad y nos define la plataforma que usan, le ofrecemos la capacitación en algunas herramientas que permitan la mejora de procesos en los ámbitos principales de actuación. En este caso:

- **Comunicación:** Outlook, Skype, etc.
- **Gestión de la información:** OneDrive, OneNote, etc.

Todas estas herramientas están adaptadas a la perfección a entornos colaborativos y, desde ese enfoque, se llevará a cabo la formación. Cabe destacar que estas herramientas son algunas de las posibles, ya que otras soluciones de Office 365, como Teams o Sharepoint, por ejemplo, ofrecen entornos colaborativos de gran potencia y flexibilidad.

Búsqueda y filtrado de información

Todos hemos usado un buscador para encontrar respuestas en Internet, pero no todos sabemos de qué modo funcionan y si podemos optimizar estas búsquedas.

Lo primero que debemos entender es que, cuando hacemos una búsqueda en Google, por ejemplo, no estamos buscando realmente en Internet. Lo que hacemos es buscar en los servidores de Google la información que esta compañía ha decidido como interesante o relevante a indexar para mostrarla después ante las búsquedas de los usuarios, según su criterio y algoritmos.

Desde nuestra agencia, ayudamos a las empresas a mejorar su posicionamiento en los buscadores y captación de tráfico en Internet, trabajando los criterios establecidos por los buscadores. Pero ¿cómo manejar desde el punto de vista del usuario estos resultados?

La respuesta es los comandos de búsqueda avanzados. Normalmente, en la casilla de búsqueda hacemos la búsqueda de un concepto: "Iphone". Producirá resultados diversos: la información comercial de Apple, las entradas de la Wikipedia, sitios donde lo venden, etc. Es evidente que, si quiero información sobre el dispositivo de fuentes independientes, puedo tener problemas en encontrar un resultado adecuado.

Mediante el comando `Iphone -site:apple.es`, eliminaremos los resultados de `apple.es`. Al contrario, si usamos `Iphone site:apple.es`, solo saldrán resultados de la web oficial de Apple.

Pero podemos afinar más nuestra búsqueda, si introducimos `Iphone -site:apple.es inurl:blog`. Nos mostrará toda página que no pertenezca a Apple España y que tenga la palabra blog en su dirección de Internet o URL, filtrando de esta forma la mayoría de resultados de ventas de los resultados.

Google es capaz de mostrar la información de una forma más adecuada, desde una definición (por ejemplo, *define:iphone*) a un resultado de una operación (por ejemplo, 324*34), según nuestra necesidad o intención de búsqueda.

Mediante estos comandos avanzados, tenemos la capacidad de filtrar y acotar los resultados que presenta el buscador según nuestras necesidades. Sirva esto como ejemplo básico de todas las posibilidades a nuestro alcance para el filtrado de la información.

Outlook

Es fácil cometer el error de ver a Outlook como un gestor de correo. Esta herramienta debe ser vista como un panel de control. Outlook es un gestor de correo, un gestor de tareas y un calendario. Outlook debe ser el centro de nuestra gestión de información y, para ello, debe ser configurado y usado de la forma correcta.

Debemos recordar que el correo es una herramienta de comunicación asincrónica y debemos ser conscientes de lo que ello implica, puesto que leer de forma continua el correo suele ir en contra de la productividad.

- Los correos entrantes no son tareas.
- Nuestro gestor de correo no puede dictar nuestra agenda o prioridades.
- Un gestor de correo no es un chat, es una herramienta asíncrona.
- El mail no es un medio adecuado para lo urgente.
- No es un repositorio de información.
- Es una gran herramienta de asignación y seguimiento de tareas.

En consecuencia, hay varias prácticas recomendadas para sacar el máximo provecho de herramientas de este tipo:

- Evitar distracciones mediante *pop-ups* y alertas de email entrantes. Estamos trabajando, ¿no? Ya decidiremos nosotros cuándo revisarlo.
- Leer el correo solo en algunos momentos del día, entre 2 y 4 veces podría ser suficiente. Leer el correo justo antes de salir de la oficina ayuda en poco.
- No inicies la jornada realizando lo que te piden por correo, ya que eso son las prioridades de otros, no las tuyas. Iniciar con la lista de tareas o el calendario es más productivo.
- No escribir correos esperando respuesta inmediata o simultánea. Del mismo modo, si alguien requiere urgencia de nosotros, deberá usar otro medio síncrono más adecuado como Skype, teléfono o WhatsApp.
- No almacenar información en nuestros buzones. Es difícil de compartir y de colaborar.
- Revisar los correos entrantes no debe consumirnos más de 10-15 minutos, con estos somos capaces de dar entrada a los correos y clasificarlos según importancia en nuestra lista de tareas o flujo de información. No es necesario leer un informe ahora, por ejemplo, podemos clasificarlo y guardarlo para el momento adecuado.
- No nos dedicamos a contestar emails, sino a procesar las entradas según nuestro método de gestión de la información. Hay muchos métodos de proceso de la información, da igual cuál elijas, pero define uno que te funcione. En nuestra agencia, nosotros usamos como método uno llamado GTD, del que puedes encontrar información fácilmente en Internet.

OneDrive

Uno de los principales términos usado en tecnología es el llamado "la nube" (*cloud*). El *cloud computing* es un término muy extendido y no todos somos conscientes de hasta qué punto lo tenemos asimilado en nuestro quehacer diario.

La nube es un nuevo modelo de uso de los equipos informáticos basada en trasladar tus archivos y programas a un conjunto de servidores a los que puedes acceder a través de Internet. Permite almacenar tus datos en esos servidores, utilizarlos o usar programas que no están en tu equipo, sino en esos servidores.

OneDrive es la herramienta de Microsoft similar a otras existentes, como pueden ser Dropbox o Google Drive, entre otras. Todas ellas son claros ejemplo de software como servicio (SaaS), donde el aplicativo no reside en nuestro ordenador, sino en servidores en la nube.

Las principales funciones de las herramientas de este tipo son cuatro:

- Almacenar información.
- Sincronizar información.
- Compartir información.
- Colaborar.

Estas herramientas no son complejas de utilizar si tenemos claro el concepto y para qué debemos usarlas.

Todas funcionan igual. Definimos una carpeta (o árbol de carpetas en nuestro ordenador) y de forma automática todo archivo incluido en esta estructura de carpetas se verá replicado fácilmente en una estructura idéntica en un espacio reservado a nosotros en la nube.

Vemos con este sencillo funcionamiento varias ventajas. La información se almacena de forma segura en 2 lugares físicos a la vez: nuestro dispositivo y la nube. Esto no puede nunca sustituir las bondades de una auténtica copia de seguridad, pero sí nos da un mayor nivel de seguridad de los datos al existir redundancia.

Al sincronizar la información a la nube, tenemos la posibilidad de acceder a estos desde cualquier punto o dispositivo. Podemos acceder a ellos tras proporcionar nuestro usuario y contraseña desde un navegador de un hotel o de nuestro móvil mientras estamos reunidos con un cliente de forma sencilla. Es como llevar una copia de estos datos siempre en el bolsillo. Es importante destacar que esta sincronización es por defecto en ambas direcciones. Si eliminamos un archivo desde nuestro móvil, se replicará esta acción y se eliminará en todos los dispositivos.

Compartir la información y colaborar es tarea sencilla. Ya que nuestro archivo está en la nube, podemos enviar un acceso a esto a otro usuario para que pueda trabajar sobre él de forma sencilla, modificando y aportando lo necesario. Una vez más, toda modificación hecha por alguien al que se lo hemos permitido alterará el documento en todos los dispositivos.

Conclusión

Cuando hablamos de términos relacionados con transformación digital, es fácil caer en el equívoco de que solo se aplica a gran escala en una organización mediante plataformas o procesos complejos. La transformación digital es una transformación, ante todo, de las personas y no podemos olvidar aspectos tan básicos como mejorar la productividad del usuario por medio de herramientas usadas en el día a día. No olvidarlo permite ver de forma clara su utilidad a todos los tamaños y sectores de empresa.

Una empresa que integre en su estrategia los conceptos de *employer branding* será capaz de atraer talento, esos superhéroes con sus superpoderes, y sobre todo de fidelizar a sus empleados y conseguir que sean estos los principales evangelizadores de marca, un concepto que conocemos como *employee branding.*

EMPLOYEE BRANDING

Transformar a tus empleados en tus mejores embajadores de marca no tiene precio. ¿Quién mejor para atraer a otros talentos que tus propios colaboradores y colaboradoras? Dales la oportunidad de compartir historias de marca y déjales que sean los protagonistas de esa historia. Hay muchos lugares donde pueden compartir: vídeos en la página web, artículos en el blog corporativo, historias en Instagram, vídeos en YouTube, audios en el *podcast* corporativo o *post* en el resto de redes sociales. Déjales mostrar al mundo lo bien que se sienten trabajando en la organización, que compartan sus conocimientos y experiencias a través del *branded content* y *el branding* corporativo, permíteles enamorarse de la organización y de lo que hacen, que se lo expliquen al mundo contagiando a otros talentos con su entusiasmo.

A los humanos nos gusta implicarnos, tener retos, participar, compartir, socializar... Y del mismo modo que todos comparten su plato favorito en un restaurante, la playa soñada o el último viaje, también disfrutarán mostrando al mundo lo *cool* que es trabajar en tu organización.

Quizá algunos estéis pensando que vuestra organización no está para compartir, que no motiva o que, según qué puestos de trabajo, no son idóneos para motivar al personal. Quizá penséis que para los dragones y los unicornios es más fácil, que si eres Google o Netflix todo es más sencillo. En parte, es así, pero el equipo de Starbucks no ha dejado de generar contenido corporativo y de mostrar lo orgullosos que se sienten sus colaboradores al trabajar en la organización. Hasta donde yo sé, Starbucks no es una empresa tecnológica ni ha pintado sus oficinas de colores. Pero lo está haciendo realmente bien.

Por otro lado, si consideras que tu organización no es el modelo idóneo para poner en marcha un proyecto de *employee branding*, quizás tengas razón. Pero entonces estaremos de acuerdo en que hay que cambiar algo, ¿no? Pues, cuando te decidas a cambiarlo, involucra en el proceso a tus futuros *brand champions* y dales la oportunidad de compartirlo con el mundo. Soy consciente de que explicando esto puedo parecer un ingenuo, pero te aseguro que soy muy consciente de las dificultades que entraña. También te puedo decir que es posible, porque lo he vivido y he visto el cambio que se produce en las organizaciones cuando las cosas se hacen con tiempo y bien.

Si te animas a dar ese paso o ese salto, todo depende del momento en que se encuentre tu organización, puedes tomar como referencia los siguientes puntos:

- Hacer un análisis inicial.
- Crear un mapa de experiencia de los colaboradores.
- Hacer un análisis ZMOT.
- Identificar a los *brand champions*.
- Involucrar a los *brand champions*.
- Identificar áreas de mejora.
- Definir una estrategia.
- Crear un plan de acción.
- Diseñar un plan de formación.
- Comunicar el plan mediante un buen plan de comunicación transmedia.
- Formar al equipo.

El círculo se cierra con tres pasos: atraer, fidelizar, evangelizar. El primero es la parte más importante del *employer branding*; el tercero, el apartado más importante del *employee branding*; y el segundo está a caballo entre ambos.

INBOUND RECRUITING

En mi última ponencia en IESE compartía con la audiencia mi punto de vista sobre la tendencia del ser humano a hacer las cosas complicadas. Cuando diseñamos el *funnel* para hacer *inbound recruiting* lo dividimos en tres apartados: tofu, mofu y bofu, es decir, *top of funnel*, *middle of funnel* y *botton of funnel*. Algo que en realidad es mucho más sencillo de lo que aparenta. Estamos hablando de un embudo al que dividimos en tres partes: la parte superior, la parte intermedia y la parte baja. Mucho más sencillo, ¿no?

Inbound recruiting es una metodología que se presenta como una alternativa a los métodos de selección tradicionales. La podemos dividir en cinco fases:

- **Atracción:** No se trata de buscar candidatos en el último momento, sino de atraer a los mejores, por lo que los portales de búsqueda de empleo pueden ser un apoyo, pero el núcleo de nuestra estrategia debe partir de nuestro ecosistema digital.

- **Identificación:** Es el momento de identificar a los superhéroes, aquellos que cuentan con los superpoderes que necesita nuestra organización.
- **Conversión:** Vamos a llevar la contratación un paso más allá, no se trata solo de contratarlos, lo que buscamos es que deseen trabajar con nosotros.
- **Fidelización:** Hemos atraído talento y contratado personas con superpoderes. Es el momento de que sean felices y aporten valor a nuestra organización. No deseamos retenerlos, lo que buscamos es fidelizarlos.
- **Evangelización:** Una vez fidelizado, ese talento tiene todo el potencial para convertirse en un evangelizador de marca.

Con *inbound recruiting*, esencialmente lo que hacemos es atraer al candidato a un *funnel* o embudo. Por este proceso pasarán muchos candidatos, pero nos quedaremos solo con los mejores, aquellos que marcan la diferencia. Con los métodos tradicionales vamos a buscar a los candidatos fuera de la organización, a través de publicidad o portales de empleo, mientras que con el *inbound recruiting* atraemos al candidato hasta nosotros, por lo que vamos a encontrarnos con personas que ya tienen un cierto vínculo emocional con la marca. Por tanto, hay una relación muy estrecha entre *employer branding* e *inbound recruiting*, dos conceptos que, juntos, multiplican las opciones de éxito.

Para cada una de las fases, disponemos de herramientas que nos ayudarán a completar el proceso.

- **Atracción:** Contenidos no corporativos de marca, frescos, informales, divertidos, compartidos en nuestros principales canales de comunicación mediante átomos narrativos que se conectan a través de transmedia *storytelling* en diversos formatos: vídeo, *podcast*, historias, *post*, eventos, *boomerang*, *newsletter*, *webinars*, *streaming*, contenido efímero...
- **Identificación:** Podremos identificar a los candidatos a través de formularios ubicados en *landing pages* o *microsites*.
- **Conversión:** El uso de herramientas como Zoho Recruit, Manatal o Hubspot permite hacer una evaluación y seguimiento personalizado de los candidatos y tomar decisiones basadas en datos.
- **Fidelización:** Si todo el proceso se lleva a cabo con experiencias positivas, desde el aterrizaje en la página web hasta la propia contratación, cuidando cada detalle, habremos hecho la primera parte del trabajo. Los siguientes 15 días son clave, por lo que es fundamental revisar cómo recibimos al nuevo empleado, cómo lo formamos y cómo lo integramos en la organización.

- **Evangelización:** De entre los nuevos talentos, algunos tienen el potencial para ser embajadores de marca. Dales la oportunidad de ser protagonistas y de compartir con el mundo sus experiencias de empresa en tus canales de comunicación.

INBOUND RECRUITING FUNNEL

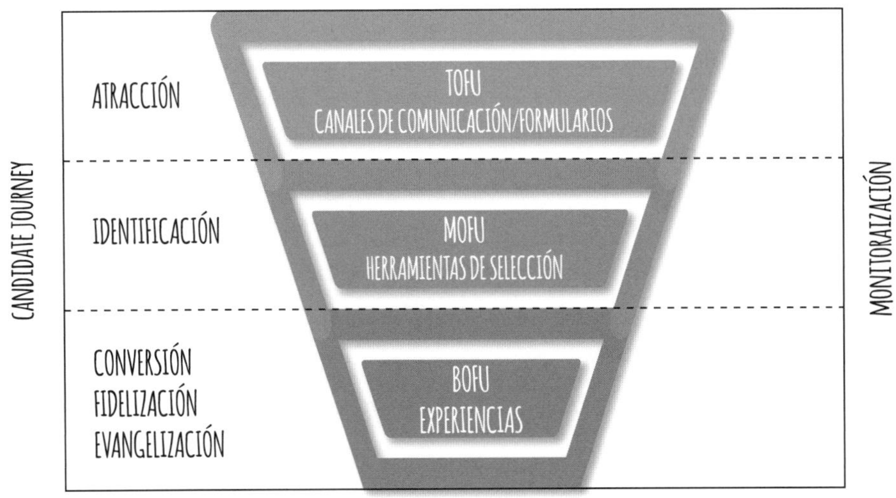

En este proceso, de cada 100 personas que lleguen a nuestra *landing page* o a la *microsite*, potencialmente podríamos identificar a 10 talentos, para seleccionar después al candidato ideal. Convierte a tus empleados en colaboradores, a tus colaboradores en *brand champions* y a tus *brand champions* en embajadores de marca.

CERRANDO EL CÍRCULO: RSC

No podía finalizar el libro sin cerrar el círculo estratégico a través de la sostenibilidad. Las grandes corporaciones tienen departamentos específicos de responsabilidad social corporativa, algunas empresas lo ubican bajo comunicación corporativa, otras bajo RR. HH., también hay las que no tienen ese departamento. Soy consciente de que no siempre es posible dedicar a una o varias personas a esta función, todo depende del tamaño. Pero lo más relevante no es tener o no un departamento dedicado al tema, lo más importante es la concienciación de toda la organización, independientemente de lo grande o pequeña que sea.

En pleno siglo XXI, una organización debe definir de manera clara qué significa responsabilidad social corporativa y sostenibilidad para la organización, un concepto que debe estar totalmente vinculado y alineado con el propósito, con el *why*.

El pacto global de la ONU, la Declaración Tripartita de Principios sobre Empresas Multinacionales y Política Social de la OIT o la normativa ISO 26.000 pueden ser nuestro punto de partida a la hora de establecer altos estándares, tanto en la definición estratégica como en la implementación.

La normativa ISO 26.000 establece lo siguiente: "La responsabilidad de una organización ante los impactos que sus decisiones y actividades ocasionan en la sociedad y el medio ambiente, mediante un comportamiento ético y transparente que:

- Contribuya al desarrollo sostenible, incluyendo la salud y el bienestar de la sociedad.
- Tome en consideración las expectativas de sus partes interesadas.
- Cumpla con la legislación aplicable y sea coherente con la normativa internacional de comportamiento.
- Esté integrada en toda la organización y se lleve a la práctica en sus relaciones".

Para gestionar una organización de forma sostenible, podemos partir de un modelo que contemple tres dimensiones:

- Económica.
- Ambiental.
- Social.

El pacto mundial de las Naciones Unidas, firmado en el año 2000, surgió como una iniciativa de sostenibilidad corporativa con el objetivo de que sus miembros establezcan y unifiquen estrategias bajo una serie de principios universales relacionados con los derechos humanos, el medio ambiente y el trabajo. Los objetivos son los siguientes:

1. Fin de la pobreza.
2. Hambre cero.
3. Salud y bienestar.
4. Educación de calidad.

5. Igualdad de género.
6. Agua limpia y saneamiento.
7. Energía asequible y no contaminante.
8. Trabajo decente y crecimiento económico.
9. Industria, innovación e infraestructura.
10. Reducción de las desigualdades.
11. Ciudades y comunidades sostenibles.
12. Producción y consumo responsables.
13. Acción por el clima.
14. Vida submarina.
15. Vida en ecosistema terrestres.
16. Paz, justicia e instituciones sólidas.
17. Alianzas para lograr objetivos.

Estos objetivos deberían estar muy presentes en cualquier organización del siglo XXI, formar parte de su estrategia y ser compartidos con todos los miembros de la organización y con el resto de *stakeholders*. De nada sirve que en tu empresa haya igualdad de género si tus proveedores no la tienen; o si tu empresa no vierte residuos, pero lo hace alguno de tus socios empresariales.

Las empresas pueden formar parte del pacto mundial de Naciones Unidas como firmantes o como participantes. Los firmantes se dividen en dos tipos: firmantes y socios firmantes.

Los firmantes son todas las entidades que se adhieran a la iniciativa sin hacer una contribución económica (este nivel aplicará solo a organizaciones empresariales que facturan menos de 48 millones de euros u organizaciones no empresariales).

Los socios firmantes participan de forma activa en la iniciativa a nivel nacional, haciendo una contribución económica, que les permitirá disponer de:

- Acceso a todos los servicios, recursos y actividades específicos de la Red española en 3 áreas fundamentales: aprendizaje, visibilidad y *networking*.
- Acceso básico a la plataforma digital y a las herramientas de UN Global Compact.

Los socios participantes colaboran activamente en la iniciativa a nivel nacional e internacional, haciendo una contribución económica y obteniendo a cambio:

- Acceso a todos los servicios, recursos y actividades específicos de la Red española en 3 áreas fundamentales: aprendizaje, visibilidad y *networking*.
- Acceso total a la plataforma digital y a las herramientas de UN Global Compact.
- Acceso a recursos y actividades a nivel internacional.

El pacto ha establecido los 10 principios del pacto mundial de Naciones Unidas y guiar a las empresas en su compromiso con el mismo:

1. Las empresas deben apoyar y respetar la protección de los derechos humanos fundamentales reconocidos internacionalmente, dentro de su ámbito de influencia.
2. Las empresas deben asegurarse de que no son cómplices en la vulneración de los derechos humanos.
3. Las empresas deben apoyar la libertad de afiliación y el reconocimiento efectivo del derecho a la negociación colectiva.
4. Las empresas deben apoyar la eliminación de toda forma de trabajo forzoso o realizado bajo coacción.
5. Las empresas deben apoyar la erradicación del trabajo infantil.
6. Las empresas deben apoyar la abolición de las prácticas de discriminación en el empleo y la ocupación.
7. Las empresas deberán mantener un enfoque preventivo que favorezca el medio ambiente.
8. Las empresas deben fomentar las iniciativas que promuevan una mayor responsabilidad ambiental.
9. Las empresas deben favorecer el desarrollo y la difusión de las tecnologías respetuosas con el medio ambiente.
10. Las empresas deben trabajar contra la corrupción en todas sus formas, incluidas extorsión y soborno.

Hemos visto que la transformación digital va mucho más allá de la tecnología, es un cambio transformacional completo que también incluye aspectos sociales, sostenibilidad o medio ambiente, y tiene como objetivo alinearnos con las exigencias de los consumidores del siglo XXI, que están más informados y conocen mejor tanto las buenas como las malas prácticas de las empresas y organizaciones.

Deberíamos comprometernos con la responsabilidad social corporativa simplemente para conseguir un mundo mejor, pero, si eres de los pocos que aún cree que el planeta o la sociedad no lo necesita, hazlo por la sostenibilidad de tu propia organización. Las nuevas generaciones de consumidores, sobre todo los Z, no van a comprar productos a empresas que no apuesten por la sostenibilidad, por cuidar el medio ambiente o por conseguir un mundo más equilibrado y mejor.

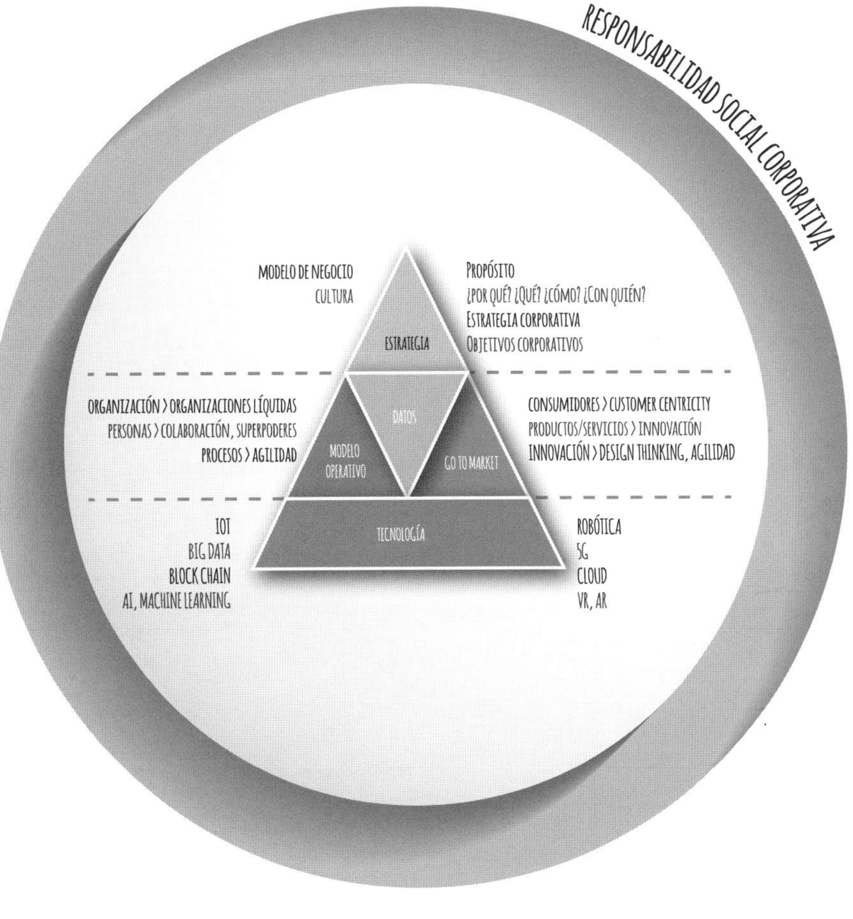

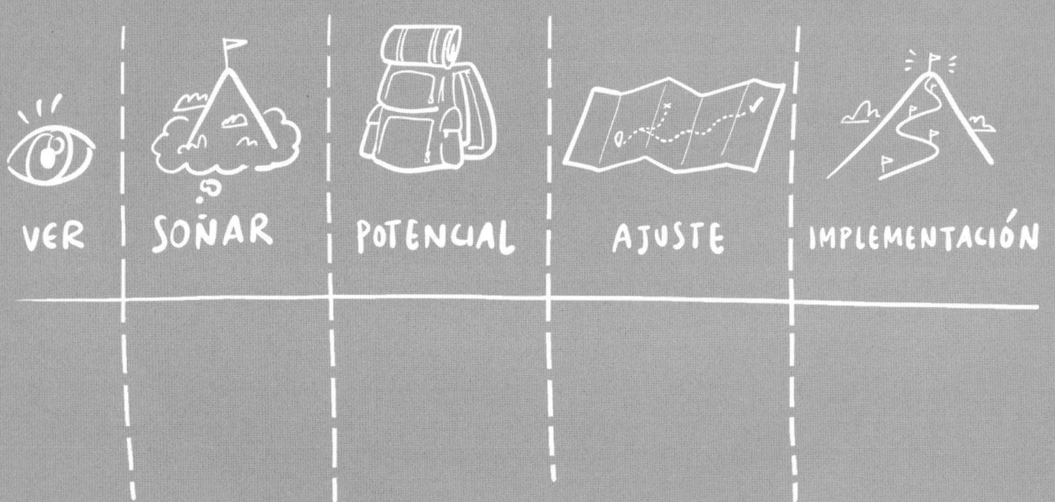
VER
SOÑAR
POTENCIAL
AJUSTE
IMPLEMENTACIÓN

15 LA HOJA DE RUTA HACIA LA TRANSFORMACIÓN DIGITAL

Para afrontar un cambio tan profundo como la transformación digital, será necesario diseñar una hoja de ruta que nos ayude a dar los pasos adecuados para garantizar el éxito.

Podemos dividir nuestra hoja de ruta en 5 apartados: estrategia, modelo operativo, "*Go to market*", ajuste e implementación.

1. **Estrategia:** Una primera fase en la que haremos una evaluación detallada para conocer la realidad digital en la que se encuentra la empresa al inicio del proceso. A partir del análisis, definiremos el propósito, haremos un esbozo del futuro modelo de negocio, si se van a producir cambios en el mismo y de la futura estrategia involucrando a *stakeholders* y clientes en el proceso, lo que debería proporcionarnos tanto una mejor comprensión de la realidad digital como un punto de partida. En esta fase deberíamos dar respuestas a las 4 preguntas del millón: por qué transformamos, qué transformamos, cómo transformamos y con quién transformamos.

   Esta fase podemos dividirla en los siguientes subapartados:

   - Análisis: Entorno, mejores prácticas de transformación digital, competidores, referentes, facilitadores de transformación digital, nuevas tecnologías...
   - Definición del propósito.
   - Respuesta a las preguntas: Por qué, qué, cómo y con quién.
   - Evaluación de la cadena de valor y los principales *stakeholders*.
   - Requisitos de consumidores, clientes y *stakeholders*.

- Identificación de nuevos modelos u oportunidades de negocio.
- Diseño del esbozo del nuevo modelo de negocio (no siempre es necesario).
- Definición de la orientación estratégica.
- Definición de los posibles objetivos.

2. **Modelo operativo:** Partiendo de la realidad digital y apoyándonos en los esbozos del nuevo modelo de negocio y la nueva estrategia, vamos a definir el modelo organizativo, los perfiles de las personas que nos ayudarán a afrontar el cambio y el rediseño de los procesos. El nuevo modelo debe basar sus decisiones en datos y apoyarse en la tecnología como facilitador de los procesos y la colaboración entre personas.
3. **"*Go to market*":** Partimos de nuevo de la realidad digital y de la nueva estrategia para centrarnos en los procesos de innovación ágil, el diseño de nuevos productos y servicios con la premisa de situar al consumidor en el centro.
4. **Ajuste:** En la cuarta fase, vamos a evaluar las diferentes alternativas de modelo de negocio y estratégicas, contrastándolas con el patrón actual, sin perder de vista los requisitos de los clientes. Una vez analizadas las diferentes alternativas, se ordenan en base a prioridades estratégicas para poder seleccionar las más adecuadas.
5. **Implementación:** En esta última fase, debemos finalizar el diseño del nuevo modelo de negocio, la estrategia a seguir y definir un plan detallado de implementación. El diseño de la experiencia digital para los consumidores, la puesta en marcha de una red digital de creación de valor que integre a todos los *partners* de la compañía y la formación serán claves a la hora de afrontar el cambio con éxito. En esta fase, no he incluido ni control ni KPIs. El control y los KPIs aseguran una buena ejecución, pero limitan la creatividad y la innovación. Para potenciar la innovación, debemos encontrar un buen equilibrio entre control y libertad de acción.

Afrontar un proceso de transformación no es fácil y requiere tiempo. En la mayoría de casos, es muy recomendable dividir la estrategia en diferentes fases para dar tiempo a la organización a asumir los cambios y permitir que se produzca un cambio de cultura progresivo y más natural, sin forzar, sin presionar.

El viaje que hemos hecho juntos está a punto de llegar a su fin y estoy convencido de haremos otros viajes, pero recuerda que, cuando era pequeñito, era un niño muy preguntón, por lo que para ser consecuente debo finalizar el libro con algunas preguntas:

¿Estás preparado para la transformación digital? ¡Siento que sí! El tablero está listo y las piezas ya han comenzado a moverse, pero, antes de empezar, responde a esta pregunta: ¿prefieres la pastilla roja o la pastilla azul? Tal y como le pasaba a Neo en *Matrix*, tú decides. ¿Te animas a dar el salto digital?

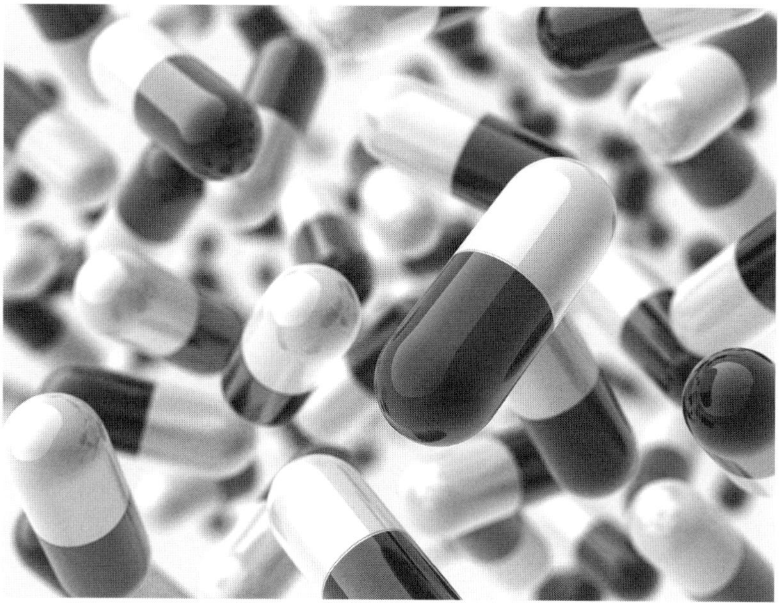

EPÍLOGO

DRA. MIREIA LAS HERAS

PROFESORA DE IESE BUSINESS SCHOOL

Hace ya algunos meses Miguel Ángel me invitó a tomar un café. Nunca desaprovecho estas ocasiones, pues, además de ver a un buen amigo, sé que algo aprenderé y será relevante. En esta ocasión, además de ponernos al día sobre nuestros proyectos, me pidió, con su habitual sencillez y amabilidad, hacer el epílogo de su libro. Todavía era un plan, pero en su cabeza ya estaba todo, puesto que era la culminación de años de estudio, de experiencia, de trabajo duro y apasionante. Este es el libro que tú y yo, querido lector, acabamos de leer.

Acepté su amable invitación, pues, para mí, sin duda, suponía la ocasión de tener acceso temprano su escrito y, más aún, el honor de contribuir a su obra. Y esto segundo es algo que le agradezco enormemente, ya que muestra su confianza, personal y profesionalmente.

A través de estas páginas, Miguel Ángel nos ha llevado de la mano, como si de un viaje apacible se tratase, a lo largo de la fascinante historia de la evolución tecnológica que hemos experimentado en las últimas tres décadas, desde la invención de Internet en los 90, y de cómo ha afectado a las empresas, los clientes y la sociedad en su conjunto. Miguel Ángel ha demostrado ser un extraordinario "cuentacuentos" y nos ha teletransportado a su infancia, a la mía, en la que un *walkie-talkie* era tecnología punta y la mecanografía, una competencia indispensable. De allí nos ha conducido a las tecnologías gemelas digitales, los métodos ágiles, el *design thinking*... de un modo tan sereno, tan natural, que no nos hemos dado cuenta del vertiginoso viaje realizado.

En las páginas de este libro, Miguel Ángel nos ha hecho sentir protagonistas de su historia al hablarnos de ejemplos tan comprensibles para nosotros como el de Kodak, empresa que podría haber sido pionera en la imagen digital y que falló en su transformación; como el de Porsche, empresa con un producto aspiracional y clásico que está sabiendo utilizar las nuevas posibilidades que le ofrece la tecnología para dar un mejor servicio al cliente; de Estocolmo, ciudad pionera y avanzada en la digitalización de los servicios urbanos; de Starbucks, empresa ejemplar en la integración holística de todos los canales de compra y punto de contacto con el cliente; el de YouTube, Disney y Netflix, que, al hacer buen uso del *Big Data* para personalizar, consiguen que la experiencia de cliente sea lo más grata que uno pueda imaginar; y el de Amazon que, junto con el uso del *Big Data*, utiliza herramientas para escuchar al cliente, mostrarle cercanía y dar respuestas a sus necesidades.

Pero Miguel Ángel no solo nos habla de grandes empresas en capitalización y alcance geográfico, sino también de "grandes" empresas locales y en sectores tradicionales, como VistaOptica, una empresa familiar que nació en el año 2002 en Barcelona y que actualmente cuenta con más de 100 establecimientos en toda España. O de empresas medianas, internacionales, en sectores digitales, como SEMrush, que nació en Boston en el 2008, y es hoy empresa líder en servicios de análisis de competencia *online* a través de un kit de herramientas de análisis de marketing *online* con una clara vocación de situar a las personas en el centro de los procesos. Con ello, Miguel Ángel nos hace sentir que la transformación es factible, es para todos: grandes y pequeños, locales o internacionales, sectores tradicionales o de tecnología punta. Que muchos lo han hecho, no sin esfuerzo, y lo han conseguido, no sin errores. Y el resultado ha valido la pena: para clientes, inversores y empleados.

A lo largo del libro, Miguel Ángel nos ha hecho comprender conceptos que escuchamos en el día a día, aunque, sin embargo, su significado se nos escapa. Mejor dicho, se nos escapaba, igual que "empresas dinosaurio", "unicornios", "dragones" e "híbridos", organizaciones "ágiles", equipos "donut", *customer journey*, *customer centricity* y tantos otros conceptos que, tras leer el libro, pueden cobrar vida y dar fruto en la mente de cada uno.

Miguel Ángel no abandona un presupuesto básico de la dirección de empresas, que no por ser obvio se olvida a menudo: las empresas están hechas por y para personas. Por ello, Miguel Ángel nos recuerda a lo largo del libro la importancia del "por qué". Al fin y a al cabo, las personas nos movemos por metas que valen la pena. Formamos una familia. Vamos a la guerra. Votamos a uno u otro partido en las elecciones (¡en este país con una inusitada frecuencia en los últimos años!). Somos hinchas de uno u otro equipo de fútbol. Miguel Ángel nos recuerda que es un tema de identidad, de propósito, de "por qué". Y, como dice el refrán, "a donde el corazón se inclina, el pie camina": cuando hay un propósito, algo que vale la pena, siempre se encuentra el cómo y se está dispuesto a hacer el sacrificio que sea necesario.

Miguel Ángel nos ofrece herramientas muy útiles. Nos las explica paso a paso. Eso de es de admirar y de agradecer, ya que primero nos hace comprender su relevancia y, después, nos ayuda a conocer cómo implementarlas. Por ejemplo, nos ofrece un proceso de cómo transformar la empresa (de organización piramidal a líquida) en cuatro pasos, en cierta medida, secuenciales y, en cierto modo, cíclicos, ya que ¡el proceso de trasformación no termina nunca! Y nos explica de un modo sencillo pero eficaz cómo hacer un uso del "mapa de ciclo de vida del cliente".

Cabe acabar este epílogo agradeciendo que nos hayas hecho partícipes de tu experiencia, de tu conocimiento y, de un modo tan magistral, nos hayas hecho sentir inteligentes, puesto que tus claras explicaciones, los ejemplos cercanos (desde Mercadona a Netflix, desde Amazon a BBVA), los "viajes al pasado" (¿Quién no recuerda *Benny Hill*?, ¿el Commodore o el Spectrum?), nos han hecho sentir "como en casa" en un terreno desconocido, apasionante y relevante para nuestras vidas profesionales y para nuestro día a día personal.

Gracias, Miguel Ángel.

BIBLIOGRAFÍA Y COLABORADORES

BIBLIOGRAFÍA

ANDERSON, Chris. *The long tail: Why the future of business is selling less of more.* Ed. Hyperion.

BOULLOSA, Nicolás. *Blockchain: ¿fuego prometeico o aceite de serpiente?* Ed. Anaya.

BRYNJOLFSSON, Erik y MCAFEE, Andrew. *The second machine age.* Ed. W.W. Norton & Company.

CAMPBELL, Joseph. *El héroe de las mil caras.* Ed. Fondo Cultura Económica.

CHRISTENSEN, Clayton M. *El dilema innovador.* Ed. Granica.

COLLINS, Jim. *Empresas que sobresalen.* Ed. Deusto.

DARWIN, Charles. *El origen de las especies.* Ed. E-artnow.

DRUCKER, Peter F. *The practice of Management.* Ed. Harper Collins.

GALLO, Carmine. *Talk like TED.* Ed. MacMillan.

GODIN, Seth. *La vaca púrpura.* Ed. Gestión 2000.

GUNTHER MCGRATH, Rita. *The end of competitive advantage.* Ed. Harvard Business Review Press.

HOWE, Neil y STRAUSS, William. *Generations, The History of America's future, 1584 to 2069.* Ed. Harper Collins.

HUFFMAN, Ken. *8 Mandates for Social Media Marketing Success*. Ed. C-Suite Press.

ISMAIL, Salim. *Exponential Organizations*. Ed. Diversion Books.

KAWASAKI, Guy. *El arte de cautivar*. Ed. Gestión 2000.

LECINSKI, Jim. *Winning the Zero Moment of Truth*. Ed. Vook.

LOIS, George. *Damn Good Advice*. Ed. Phaidon.

MEFFERT, Jürgen y MENDONÇA, Pedro. *Uno o cero*. Ed. Gestión 2000.

MOOTEE, Idris. *Design thinking para la innovación estratégica*. Ed. Empresa Activa.

RIES, Eric. *El método Lean startup*. Ed. Deusto.

ROGERS, David L. *The Digital Transformation Playbook*. Ed. Columbia Business School Publishing.

SCHAWBEL, Dan. *Yo 2.0*. Ed. Conecta.

SINEK, Simon. *Empieza con el porqué*. Ed. Empresa Activa.

SNIUKAS, Marc, LEE, Parker y MORASKY, Matt. *The art of opportunity*. Ed. Wiley.

VENTOCILLA, Eleodoro y VENTOCILLA, Elio Alejandro. *Tiempo de unicornios. Teoría y práctica de la organización innovadora*.

WADE, Michael, LOUCKS, Jeff, MACAULAY, James y NORONHA, Andy. *Digital Vortex*. Ed. LID.

WESTERMAN, George, BONNET, DIDIER y MCAFFE, Andrew. *Leading Digital*. Ed. Harvard Business Review Press.

WOMACK, J. P., JONES, D. T. y ROOS, D. *La máquina que cambió el mundo*. Ed. Profit.

COLABORADORES

1. José Daniel Barquero:
   https://www.linkedin.com/in/catedr%C3%A1tico-dr-jos%C3%A9-daniel-barquero-cabrero-5410a81/
2. Mireia las Heras:
   https://www.linkedin.com/in/mireialasheras/
3. Edgar Sanjuán:
   https://www.linkedin.com/in/visual-thinking-innovation/
4. Norbert Monfort:
   https://www.linkedin.com/in/norbert-monfort-villarroya-0575701a/
5. Cristina Matute:
   https://www.linkedin.com/in/cristina-matute-grasas-17433825/
6. JJ Delgado:
   https://www.linkedin.com/in/juanjosedelgado/
7. Miguel Florido:
   https://www.linkedin.com/in/miguelangelflorido/
8. Èlia Guardiola:
   https://www.linkedin.com/in/eliaguardiola/
9. Ángel Farriols:
   https://www.linkedin.com/in/angel-farriols-509539111/
10. Carlos Xifré:
    https://www.linkedin.com/in/carlosxifre/
11. Álex López:
    https://www.linkedin.com/in/alexlopezsocialselling/
12. Iolanda Marchueta:
    https://www.linkedin.com/in/iolanda-marchueta-029b2417/
13. Jorge Ortega:
    https://www.linkedin.com/in/jorgeortegaserrano/
14. Alicia Rodríguez:
    https://www.linkedin.com/in/aliciarodriguezruiz/
15. Álvaro Fontela:
    https://www.linkedin.com/in/alvarofontela/
16. Guillem Bosch:
    https://vistaoptica.es/es/
17. Fernado Escribano:
    https://www.linkedin.com/in/feresc/

ÍNDICE ALFABÉTICO

D

E

F

G

H

I

R

S

T

U

V

W

Y